S0-BJM-793

Russian Business Dictionary

WITHDRAWN

Russian Business Dictionary

Morry Sofer

Schreiber Publishing
Rockville, Maryland

3812400060428y
650. 03
SOFER

Russian Business Dictionary
Morry Sofer

Published by:

Schreiber Publishing
Post Office Box 4193
Rockville, MD 20849 USA
www.schreiberpublishing.com

All rights reserved. No part of this book may be reproduced or transmitted in any form or by any means, electronic or mechanical, including photocopying, recording or by any information storage and retrieval system without written permission from the publisher, except for the inclusion of brief quotations in a review.

Copyright © 2005 by Schreiber Publishing, Inc.

Library of Congress Cataloging-in-Publication Data

Sofer, Morry.
    Russian business dictionary : English-Russian / Morry Sofer. -- 1st ed.
        p. cm.
    ISBN 0-88400-312-4
    1. Business--Dictionaries. 2. English language--Dictionarie--Russian.   I.
Title.

HF1002 .S57 2005
650'. 03--dc22

                                                            2005012496

Printed in the United States of America

Introduction

Business language around the world in the twenty-first century is in a state of rapid change. This creates the need for new business dictionaries that are not tied to the past but rather reflect the new global economy. This is particularly true in regard to an English-Russian business dictionary, which brings together two economic systems that are far from identical. Until a few years ago, the Russian economy was a closed socialist economy that sought to replace the Western system of free trade and capitalism. Hence, Russian business terminology was significantly different from the business terminologies of the West. Since the end of the Cold War in the 1980s, Russia and other former Eastern Bloc countries have transformed their economies to match those of the West, and a linguistic process was set in motion to coin new business terms in Slavic and other languages. Even common business terms such as "liquidity" and "annuity" had to be invented for the first time. And the process still goes on.

The main corollary of this new reality is that even a new English-Russian business dictionary is not going to be exhaustive and definitive. But at least it is a start. It is to be expected that such a dictionary will be updated at least once a year or every two years at the most.

Many of the English business terms in this dictionary are very American-specific. As such, they do not always have equivalent terms in Russian and therefore are explained in some detail.

This dictionary covers many areas of business, such as banking, insurance, real estate, export-import, stock market, and more. In addition, several hundred business-related computer and internet terms have been included.

Many of the Russian business terms used today are directly copied from English. Some of the English business terms have both a Russian term and a "Russified" English term. The user of this dictionary is advised not to look upon all the Russian terms herein included as cast in stone. Some may be questioned by business professionals in Russia, or in certain parts of Russia. But it goes without saying that the need for this kind of dictionary is urgent and should go a long way in contributing to better trade relations between English-speaking and Russian-speaking business partners.

A

ABANDONMENT
ДОБРОВОЛЬНЫЙ ОТКАЗ (от прав, притязаний); ОСТАВЛЕНИЕ;
АБАНДОНИРОВАНИЕ
ABANDONMENT CLAUSE
ПОЛОЖЕНИЕ (ПУНКТ) ОБ ОТКАЗЕ (от прав, притязаний)
ABATEMENT
ОТМЕНА; ПРЕКРАЩЕНИЕ; СНИЖЕНИЕ; УМЕНЬШЕНИЕ
ABC METHOD
МЕТОД УПРАВЛЕНИЯ ЗАПАСАМИ, ОСНОВАННЫЙ НА РАЗДЕЛЕ ВСЕХ
ЗАПАСОВ НА ТРИ КАТЕГОРИИ: НАИБОЛЕЕ ЦЕННЫЕ (А), СРЕДНЕЙ
ЦЕННОСТИ (В) И МЕНЕЕ ЦЕННЫЕ (С)
ABILITY TO PAY
ПЛАТЕЖЕСПОСОБНОСТЬ
ABORT
1. ПРЕЖДЕВРЕМЕННОЕ ПРЕКРАЩЕНИЕ ПРОЦЕССА 2. АВАРИЙНО
ЗАВЕРШАТЬСЯ 3. ПРЕРВАТЬ ВЫПОЛНЕНИЕ ПРОГРАММЫ В СВЯЗИ С
ОШИБКОЙ
ABOVE THE LINE
"НАД ЛИНИЕЙ"
СУММА, ВЫЧИТАЕМАЯ ИЗ ВАЛОВОГО ДОХОДА ДЛЯ ПОЛУЧЕНИЯ
СКОРЕКТИРОВАННОГО ВАЛОВОГО ДОХОДА ПРИ ЗАПОЛНЕНИИ
НАЛОГОВОЙ ДЕКЛАРАЦИИ
ABROGATE
ОТМЕНИТЬ; АННУЛИРОВАТЬ; УПРАЗДНИТЬ
ABSENCE RATE, ABSENTEEISM
ЧАСТОТА НЕЯВКИ НА РАБОТУ, ПРОГУЛОВ;
УКЛОНЕНИЕ ОТ УЧАСТИЯ ИЛИ ПРИСУТСТВИЯ; АБСЕНТЕИЗМ
ABSENTEE OWNER
ВЛАДЕЛЕЦ СОБСТВЕННОСТИ (обычно, недвижимости), ПОСТОЯННО
ПРОЖИВАЮЩИЙ ЗА ЕЁ ПРЕДЕЛАМИ
ABSOLUTE ADVANTAGE
АБСОЛЮТНОЕ ПРЕИМУЩЕСТВО, (в мировой экономике)
СПОСОБНОСТЬ ОДНОГО ПРОИЗВОДИТЕЛЯ ПРОИЗВОДИТЬ
КОНКРЕТНЫЙ ТОВАР С МЕНЬШИМИ
ЗАТРАТАМИ, ЧЕМ КОНКУРЕНТЫ
ABSOLUTE LIABILITY
АБСОЛЮТНАЯ, ПОЛНАЯ (юридическая)
ОТВЕТСТВЕННОСТЬ
ABSOLUTE SALE
ОКОНЧАТЕЛЬНАЯ (АБСОЛЮТНАЯ) ПРОДАЖА
ABSORB
ПОГЛОЩАТЬ; АБСОРБИРОВАТЬ
ABSORPTION COSTING
ОТНЕСЕНИЕ ИЗДЕРЖЕК НА СЧЁТ ПРОИЗВОДСТВА
ABSORPTION RATE
ЁМКОСТЬ РЫНКА

ABSTENTION
ВОЗДЕРЖАНИЕ (от совершения действий)
ABSTRACT OF RECORD
ВЫПИСКА ИЗ ПРОТОКОЛА
ABSTRACT OF TITLE
ДОКУМЕНТ НА ПРАВО ВЛАДЕНИЯ
ABUSIVE TAX SHELTER
НЕЗАКОННЫЙ МЕТОД СНИЖЕНИЯ НАЛОГОВ
ACCELERATED COST RECOVERY SYSTEM (ACRS)
СИСТЕМА УСКОРЕННОГО ВОЗМЕЩЕНИЕ ЗАТРАТ
ACCELERATED DEPRECIATION
УСКОРЕННАЯ АМОРТИЗАЦИЯ
ACCELERATION
УСКОРЕНИЕ
ACCELERATION CLAUSE
ОГОВОРКА В КОНТРАКТЕ, ПОЗВОЛЯЮЩАЯ ЗАИМОДАТЕЛЮ ПРИ
ОПРЕДЕЛЁННЫХ ОБСТОЯТЕЛЬСТВАХ ТРЕБОВАТЬ ОТ ЗАЁМЩИКА
ДОСРОЧНОЙ ВЫПЛАТЫ ЗАЙМА
ACCELERATOR, ACCELERATOR PRINCIPLE
УСКОРИТЕЛЬ, ПРИНЦИП УСКОРЕНИЯ, ВЗАИМОСВЯЗЬ МЕЖДУ
ИЗМЕНЕНИЕМ ОБЪЁМА ПРОИЗВОДСТВА И УРОВНЕМ
ИНВЕСТИЦИЙ
ACCEPTANCE
ПРИНЯТИЕ; АКЦЕПТ, АКЦЕПТОВАНИЕ
ACCEPTANCE SAMPLING
СТАТИСТИЧЕСКИЙ ПОДХОД ПРОВЕРКИ КАЧЕСТВА, ПРИ КОТОРОМ
АНАЛИЗИРУЕТСЯ НАЛИЧИЕ ОПРЕДЕЛЁННЫХ АТРИБУТОВ У
СПЕЦИАЛЬНО ОТОБРАННОЙ ПАРТИИ ИЗДЕЛИЙ
ACCESS
1. ДОСТУП 2. ОБРАЩЕНИЕ 2. ОСУЩЕСТВЛЯТЬ ДОСТУП
ACCESSION
ВСТУПЛЕНИЕ (в должность, в права); ПРИСОЕДИНЕНИЕ (к договору);
ПРИРАЩЕНИЕ (имущества)
ACCESS RIGHT
ПРАВО ДОСТУПА
ACCESS TIME
ВРЕМЯ,ТРЕБУЕЩЕЕСЯ КОМПЬЮТЕРУ ДЛЯ ПОИСКА ИНФОРМАЦИИ В
ПАМЯТИ
ACCOMMODATION ENDORSER, MAKER or PARTY
ЛИЦО (или СТОРОНА), УТВЕРЖДАЮЩЕЕ СОГЛАСОВАНИЕ или
РАЗРЕШЕНИЕ СПОРА
ACCOMMODATION PAPER
ДОКУМЕНТ О СОГЛАСОВАНИИ или РАЗРЕШЕНИИ СПОРА
ACCORD AND SATISFACTION
ВЫПЛАТА ДЕНЕГ ИЛИ ДРУГИХ ЦЕННОСТЕЙ (ОБЫЧНО В МЕНЬШЕМ
РАЗМЕРЕ) В ОБМЕН НА ПОГАШЕНИЕ ЗАДОЛЖЕННОСТИ
ACCOUNT
СЧЕТ
ACCOUNTABILITY
ПОДОТЧЕТНОСТЬ; ОТЧЕТНОСТЬ
ACCOUNTANCY
БУХГАЛТЕРСКИЙ УЧЕТ
ACCOUNTANT
БУХГАЛТЕР

ACCOUNTANT'S OPINION
ЗАКЛЮЧЕНИЕ БУХГАЛТЕРА
ACCOUNT EXECUTIVE
ЛИЦО, УПОЛНОМОЧЕННОЕ НА ОПЕРАЦИИ СО СЧЕТОМ;
ЗАРЕГИСТРИРОВАННЫЙ ПРЕДСТАВИТЕЛЬ (бирж.)
ACCOUNTING CHANGE
ИЗМЕНЕНИЕ СИСТЕМЫ БУХГ. УЧЕТА
ACCOUNTING CYCLE
ПЕРИОДИЧНОСТЬ БУХГ. ОТЧЕТНОСТИ (например, налоговой)
ACCOUNTING EQUATION
ФОРМУЛА БУХГ. УЧЕТА, ПО КОТОРОЙ АКТИВЫ ДОЛЖНЫ
РАВНЯТЬСЯ СУММЕ ПАССИВОВ И СОБСТВЕННЫХ СРЕДСТВ
ACCOUNTING ERROR
ОШИБКА В БУХГ. УЧЕТЕ
ACCOUNTING METHOD
МЕТОДИКА ВЕДЕНИЯ БУХГ. УЧЕТА
ACCOUNTING PERIOD
ПЕРИОД ОФОРМЛЕНИЯ БУХГ. ОТЧЕТНОСТИ; ФИНАНСОВЫЙ ГОД
ACCOUNTING PRINCIPLES, ACCOUNTING STANDARDS
ПРИНЦИПЫ, НОРМЫ ВЕДЕНИЯ БУХГ. УЧЕТА
ACCOUNTING PROCEDURE
ПОРЯДОК ВЕДЕНИЯ БУХГ. УЧЕТА
ACCOUNTING RATE OF RETURN
МЕТОД ОПРЕДЕЛЕНИЯ НОРМЫ ПРИБЫЛИ ПО БУХГАЛТЕРСКОЙ
ОТЧЁТНОСТИ
ACCOUNTING RECORDS
БУХГАЛТЕРСКАЯ ОТЧЕТНОСТЬ
ACCOUNTING SOFTWARE
ПРОГРАМНОЕ ОБЕСПЕЧЕНИЕ БУХГАЛТЕРСКОГО УЧЕТА
ACCOUNTING SYSTEM
СИСТЕМА ВЕДЕНИЯ БУХГ. УЧЕТА
ACCOUNT NUMBER
НОМЕР СЧЕТА
ACCOUNTS PAYABLE
СЧЕТА К ОПЛАТЕ
ACCOUNTS PAYABLE LEDGER
КНИГА КРЕДИТОВЫХ ПРОВОДОК
ACCOUNTS RECEIVABLE
СЧЕТА К ПОЛУЧЕНИЮ
ACCOUNTS RECEIVABLE FINANCING
КРАТКОСРОЧНОЕ ФИНАНСИРОВАНИЕ, ПРИ КОТОРОМ СЧЕТА К
ПОЛУЧЕНИЮ СЛУЖАТ ЗАЛОГОМ
ACCOUNTS RECEIVABLE LEDGER
КНИГА ЗАДОЛЖЕННОСТЕЙ ОТДЕЛЬНЫХ
КЛИЕНТОВ
ACCOUNTS RECEIVABLE TURNOVER
ОБОРОТ ДЕБЕТОВАНИЯ
ACCOUNT STATEMENT
ВЫПИСКА С БАНКОВСКОГО СЧЕТА
ACCREDITED INVESTOR
АККРЕДИТОВАННЫЙ ИНВЕСТОР
ACCRETION
ПРИРАЩЕНИЕ; УВЕЛИЧЕНИЕ ФОНДОВ ЗА СЧЁТ РОСТА ОСНОВНОГО
КАПИТАЛА И ПРОЦЕНТОВ.АККРЕЦИЯ

ACCRUAL METHOD
БУХГАЛТЕРСКИЙ УЧЁТ ПО МЕТОДУ НАЧИСЛЕНИЙ
ACCRUE
НАКАПЛИВАТЬ (причитающийся доход, проценты)
ACCRUED INTEREST
НАКОПЛЕННЫЙ ПРОЦЕНТНЫЙ ДОХОД
ACCRUED LIABILITIES
НАКОПЛЕННЫЕ ПАССИВЫ
ACCRUED TAXES
НАКОПЛЕННЫЕ НАЛОГОВЫЕ ОБЯЗАТЕЛЬСТВА
ACCUMULATED DEPLETION
КУМУЛЯТИВНОЕ ИСТОЩЕНИЕ
ACCUMULATED DEPRECIATION
КУМУЛЯТИВНАЯ (НАКАПЛИВАЕМАЯ) АМОРТИЗАЦИЯ
ACCUMULATED DIVIDEND
КУМУЛЯТИВНЫЙ (НАКОПЛЕННЫЙ) ДИВИДЕНД
ACCUMULATED EARNINGS TAX or ACCUMULATED PROFITS
НАКОПЛЕННЫЙ НАЛОГ НА ПОСТУПЛЕНИЯ или НАКОПЛЕННАЯ
ПРИБЫЛЬ
ACID TEST
НАИБОЛЕЕ СУРОВОЕ ИСПЫТАНИЕ НАДЁЖНОСТИ
ACKNOWLEDGMENT
ПОДТВЕРЖДЕНИЕ
ACQUISITION
ПРИОБРЕТЕНИЕ; ПОГЛОЩЕНИЕ
ACQUISITION COST
ЗАТРАТЫ НА ПРИОБРЕТЕНИЕ
ACRE
АКР
ACREAGE
ЗЕМЕЛЬНАЯ ПЛОЩАДЬ
ACROSS THE BOARD
ПО ВСЕМУ ДИАПАЗОНУ
ACTIVATE
1. АКТИВИЗИРОВАТЬ 2. ВЫЗЫВАТЬ
ACTIVATE A FILE
ОТКРЫТЬ ФАЙЛ
ACTIVATE A MACRO
АКТИВИЗИРОВАТЬ МАКРОКОМАНДУ
ACTIVE CELL
АКТИВНАЯ ЯЧЕЙКА
ACTIVE INCOME
(в налогообложении) СТАТЬЯ ДОХОДОВ, ВКЛЮЧАЮЩАЯ ЗАРАБОТНУЮ
ПЛАТУ И КОМИССИОННЫЕ
ACTIVE MARKET
АКТИВНЫЙ РЫНОК, АКТИВНАЯ ТОРГОВЛЯ НА БИРЖЕ
ACT OF BANKRUPTCY
ОСНОВАНИЕ ДЛЯ ДЕЛА О БАНКРОТСТВЕ
ACT OF GOD
ФОРС-МАЖОРНОЕ ОБСТОЯТЕЛЬСТВО, СТИХИЙНОЕ БЕДСТВИЕ
ACTUAL CASH VALUE
ФАКТИЧЕСКАЯ ДЕНЕЖНАЯ ЦЕННОСТЬ
ACTUAL COST
ФАКТИЧЕСКАЯ СТОИМОСТЬ (СЕБЕСТОИМОСТЬ)

ACTUAL DAMAGES
ФАКТИЧЕСКИЙ УЩЕРБ
ACTUARIAL SCIENCE
ДЕЛОПРОИЗВОДСТВО
ACTUARY
СЕКРЕТАРЬ СУДА; АКТУАРИЙ
ADDENDUM
ПРИЛОЖЕНИЕ; ДОПОЛНЕНИЕ
ADDITIONAL FIRST-YEAR DEPRECIATION (TAX)
ДОПОЛНИТЕЛЬНАЯ АМОРТИЗАЦИЯ ПЕРВОГО ГОДА (НАЛ.)
ADDITIONAL MARK-ON
ДОПОЛНИТЕЛЬНАЯ НАЦЕНКА
ADDITIONAL PAID-IN CAPITAL
СУММА, УПЛАЧЕННАЯ ЗА АКЦИИ ВЫШЕ ИХ ПАРИТЕТА
ADD-ON INTEREST
ДОБАВЛЕННЫЙ ПРОЦЕНТ
ADEQUACY OF COVERAGE
АДЕКВАТНОСТЬ СТРАХОВОГО ПОКРЫТИЯ
ADHESION CONTRACT
ТИПОВОЙ ДОГОВОР МЕЖДУ ПРОДАВЦОМ И ПОТРЕБИТЕЛЕМ,
ИСКЛЮЧАЮЩИЙ ВОЗМОЖНОСТЬ ТОРГОВАТЬСЯ
ADHESION INSURANCE CONTRACT
ТИПОВОЙ СТРАХОВОЙ ДОГОВОР
AD INFINITUM
БЕЗ ОГРАНИЧЕНИЯ
AD ITEM
КОМПЛЕКТУЮЩИЕ ПРИНАДЛЕЖНОСТИ
ADJECTIVE LAW
ПРОЦЕДУРНОЕ ПРАВО
ADJOINING
ПРИЛЕГАЮЩИЙ; ПРИМЫКАЮЩИЙ
ADJUDICATION
ПРИЗНАНИЕ, ОБЪЯВЛЕНИЕ (в судебном порядке)
ADJUSTABLE LIFE INSURANCE
СТРАХОВАНИЕ ЖИЗНИ С ВАРЬИРУЕМЫМИ УСЛОВИЯМИ
ADJUSTABLE MARGIN
РЕГУЛИРУЕМЫЙ РАЗМЕР ПОЛЯ
ADJUSTABLE MORTGAGE LOAN (AML)
ИПОТЕКА С ИЗМЕНЯЕМЫМИ УСЛОВИЯМИ
ADJUSTABLE-RATE MORTGAGE (ARM)
ИПОТЕКА С ПЛАВАЮЩЕЙ СТАВКОЙ
ADJUSTED BASIS or ADJUSTED TAX BASIS
СКОРРЕКТИРОВАННАЯ БАЗА или СКОРРЕКТИРОВАННАЯ БАЗА ДЛЯ
НАЛОГООБЛОЖЕНИЯ
ADJUSTED GROSS INCOME
СКОРРЕКТИРОВАННЫЙ ВАЛОВОЙ ДОХОД
ADJUSTER
ОЦЕНЩИК
ADJUSTING ENTRY
КОРРЕКТИРУЮЩАЯ ПОЗИЦИЯ
ADMINISTER
УПРАВЛЯТЬ
ADMINISTERED PRICE
РЕГУЛИРУЕМАЯ ЦЕНА

ADMINISTRATIVE EXPENSE
АДМИНИСТРАТИВНЫЕ РАСХОДЫ
ADMINISTRATIVE LAW
ЗАКОНОДАТЕЛЬСТВО О ДЕЯТЕЛЬНОСТИ АДМИНИСТРАТИВНЫХ
ОРГАНОВ
ADMINISTRATIVE MANAGEMENT SOCIETY
ОБЩЕСТВО АДМИНИСТРАТИВНЫХ РУКОВОДИТЕЛЕЙ
ADMINISTRATIVE SERVICES ONLY (ASO)
ТОЛЬКО АДМИНИСТРАТИВНЫЕ УСЛУГИ, СИСТЕМА, ПРИ КОТОРОЙ
РАБОТОДАТЕЛЬ НАНИМАЕТ ТРЕТЬЕ ЛИЦО ДЛЯ
АДМИНИСТРАТИВНОЙ ОБРАБОТКИ ЛЬГОТ И ПОСОБИЙ
РАБОТНИКАМ
ADMINISTRATOR
АДМИНИСТРАТОР; ПОПЕЧИТЕЛЬ; РУКОВОДИТЕЛЬ
ADMINISTRATOR'S DEED
ДОКУМЕНТ , РАСПОРЯЖАЮЩИЙСЯ СОБСТВЕННОСТЬЮ ЛИЧНОСТИ,
УМЕРШЕЙ БЕЗ ЗАВЕЩАНИЯ
AD VALOREM
ПО ФАКТИЧЕСКОЙ СТОИМОСТИ
ADVANCE
АВАНС; ПРЕДОПЛАТА
ADVANCED FUNDED PENSION PLAN
СХЕМА НАЧИСЛЕНИЯ ПЕНСИИ С ПРЕДОПЛАТОЙ
ADVERSARY
ПРОТИВНАЯ СТОРОНА
ADVERSE OPINION
ОТРИЦАТЕЛЬНОЕ МНЕНИЕ
ADVERSE POSSESSION
МЕТОД ПРИОБРЕТЕНИЯ ПРАВА НА ЗЕМЛЮ ПУТЁМ ПОСТОЯННОГО И
ОТКРЫТОГО НА НЕЙ ПРОЖИВАНИЯ ОПРЕДЕЛЁННЫЙ ОТРЕЗОК
ВРЕМЕНИ ВОПРЕКИ ЕЁ ЗАКОННОМУ ВЛАДЕЛЬЦУ
ADVERTISING
РЕКЛАМА
ADVERTISING APPROPRIATION
АССИГНОВАНИЯ НА РЕКЛАМУ
AFFECTIVE BEHAVIOR
ПОВЕДЕНИЕ, НАПРАВЛЕННОЕ НА ДОСТИЖЕНИЕ ОПРЕДЕЛЁННОГО
РЕЗУЛЬТАТА
AFFIDAVIT
ПОКАЗАНИЕ ПОД ПРИСЯГОЙ; АФФИДЕВИТ
AFFILIATED CHAIN
ДОЧЕРНЯЯ (АФФИЛИИРОВАННАЯ) ЦЕПЬ; ФИЛИАЛЫ
AFFILIATED COMPANY
ДОЧЕРНЯЯ КОМПАНИЯ
AFFILIATED RETAILER
РОЗНИЧНЫЙ ТОРГОВЕЦ – ДОЧЕРНЯЯ КОМПАНИЯ
AFFIRMATIVE ACTION
ОБЯЗАТЕЛЬНЫЕ ДЕЙСТВИЯ ВО ИЗБЕЖАНИЕ ДИСКРИМИНАЦИИ
AFFIRMATIVE RELIEF
ЛЬГОТА ИЛИ КОМПЕНСАЦИЯ, ПРИСУЖДАЕМАЯ ОТВЕТЧИКУ
AFTER-ACQUIRED CLAUSE
ОГОВОРКА «ПО ПРИОБРЕТЕНИИ»
AFTER-ACQUIRED PROPERTY
СОБСТВЕННОСТЬ ПОСЛЕДУЮЩЕГО ПРИОБРЕТЕНИЯ

AFTER MARKET
ВТОРИЧНЫЙ РЫНОК
AFTER-TAX BASIS
УЧЕТ «ПОСЛЕ НАЛОГОВ»
AFTER-TAX CASH FLOW
ПОТОК СРЕДСТВ ПОСЛЕ УПЛАТЫ НАЛОГОВ
AFTER-TAX REAL RATE OF RETURN
РЕАЛЬНАЯ ОКУПАЕМОСТЬ (ДОХОДНОСТЬ) ПОСЛЕ УПЛАТЫ
НАЛОГОВ
AGAINST THE BOX
«КОРОТКАЯ» ПРОДАЖА ВЛАДЕЛЬЦА «ДЛИННОЙ» ПОЗИЦИИ ПО ТЕМ
ЖЕ АКЦИЯМ (бирж.); «ПРОТИВ СЕЙФА»
AGE DISCRIMINATION
ДИСКРИМИНАЦИЯ ПО ВОЗРАСТУ
AGENCY
ПОСРЕДНИЧЕСТВО; АГЕНСТВО
AGENCY BY NECESSITY
ПОСРЕДНИЧЕСТВО или ПРЕДСТАВИТЕЛЬСТВО «ПО
НЕОБХОДИМОСТИ», Т. Е. ПРИЗНАНЫЕ СУДОМ ОТНОШЕНИЯ,
ПОЗВОЛЯЮЩИЕ ОДНОМУ ИЗ СУПРУГОВ ВЗЫСКИВАТЬ С ДРУГОГО
СУПРУГА (ИЛИ ИЖДИВЕНЦУ С РОДИТЕЛЕЙ) НЕОБХОДИМЫЕ К
ПРОЖИВАНИЮ СРЕДСТВА
AGENT
ПРЕДСТАВИТЕЛЬ; АГЕНТ
AGGLOMERATION
УКРУПНЕНИЕ (компаний), АГЛОМЕРАЦИЯ
AGGLOMERATION DISECONOMIES
ЭКОНОМИЧЕСКИЕ ИЗДЕРЖКИ УКРУПНЕНИЯ
AGGREGATE DEMAND
СОВОКУПНЫЙ СПРОС
AGGREGATE INCOME
СОВОКУПНЫЙ ДОХОД
AGGREGATE INDEMNITY (AGGREGATE LIMIT)
СОВОКУПНОЕ ВОЗМЕЩЕНИЕ (СОВОКУПНЫЙ ПРЕДЕЛ)
AGGREGATE SUPPLY
СОВОКУПНОЕ ПРЕДЛОЖЕНИЕ
AGING OF ACCOUNTS RECEIVABLE or AGING SCHEDULE
ХРОНОЛОГИЧЕСКАЯ ОРГАНИЗАЦИЯ ДЕБЕТА или СЧЕТОВ
AGREEMENT
СОГЛАШЕНИЕ; ДОГОВОР
AGREEMENT OF SALE
ДОГОВОР О ПРОДАЖЕ
AGRIBUSINESS
АГРОБИЗНЕС
AIR BILL
НАКЛАДНАЯ НА СРОЧНУЮ ДОСТАВКУ
AIRFREIGHT
ИСПОЛЬЗОВАНИЕ ВОЗДУШНОГО ТРАНСПОРТА ДЛЯ ПЕРЕВОЗКИ
ГРУЗОВ
AIR RIGHTS
ПРАВА ИСПОЛЬЗОВАНИЯ И КОНТРОЛЯ ВОЗДУШНОГО ПРОСТРАНСТВА
НАД ЗЕМЕЛЬНОЙ СОБСТВЕННОСТЬЮ
ALEATORY CONTRACT
РИСКОВЫЙ, АЛЕАТОРНЫЙ ДОГОВОР

ALIENATION
ОТЧУЖДЕНИЕ; ДОБРОВОЛЬНАЯ ПЕРЕДАЧА ПРАВА СОБСТВЕННОСТИ
НА НЕДВИЖИМОСТЬ ДРУГОМУ ЛИЦУ
ALIEN CORPORATION
КОРПОРАЦИЯ, СОЗДАННАЯ ПО ЗАКОНАМ ДРУГОЙ СТРАНЫ
ALIMONY
АЛИМЕНТЫ; СОДЕРЖАНИЕ
ALLEGATION
УТВЕРЖДЕНИЕ
ALLOCATE
ВЫДЕЛЕНИЕ; АССИГНОВАНИЕ
ALLOCATED BENEFITS
ВЫПЛАТЫ В ПЕНСИОННЫЙ ФОНД
ALLOCATION OF RESOURCES
ВЫДЕЛЕНИЕ, РАСПРЕДЕЛЕНИЕ РЕСУРСОВ
ALLODIAL
ВЛАДЕНИЕ ПО БЕЗУСЛОВНОМУ ПРАВУ СОБСТВЕННОСТИ
ALLODIAL SYSTEM
СИСТЕМА ВЛАДЕНИЯ БЕЗ ПОВИННОСТЕЙ, АЛЛОДИАЛЬНАЯ
СИСТЕМА
ALLOWANCE
РАЗРЕШЕНИЕ, ДОПУЩЕНИЕ; СОДЕРЖАНИЕ, ПОСОБИЕ;
СНИЖЕНИЕ ЦЕНЫ
ALLOWANCE FOR DEPRECIATION
СКИДКА НА АМОРТИЗАЦИЮ
ALLOWED TIME
ВЫДЕЛЕННОЕ, НАЗНАЧЕННОЕ ВРЕМЯ
ALL RISK/ALL PERIL
СТРАХОВОЙ ПОЛИС, ПОКРЫВАЮЩИЙ ВСЕ РИСКИ КРОМЕ
СПЕЦИАЛЬНО ОГОВОРЕННЫХ
ALTERNATE CODING KEY (ALT KEY)
РЕГИСТРОВАЯ КЛАВИША ALT
ALTERNATIVE HYPOTHESIS
АЛЬТЕРНАТИВНАЯ ГИПОТЕЗА
ALTERNATIVE MINIMUM TAX
АЛЬТЕРНАТИВНЫЙ МИНИМАЛЬНЫЙ НАЛОГ, Т. Е.
ЕДИНООБРАЗНАЯ НАЛОГОВАЯ СТАВКА, ПОЗВОЛЯЮЩАЯ
ВЗЫСКИВАТЬ НАЛОГИ С КРУПНЫХ КОРПОРАЦИЙ НЕСМОТРЯ
НА ИХ НАЛОГОВЫЕ УДЕРЖАНИЯ
ALTERNATIVE MORTGAGE INSTRUMENT
АЛЬТЕРНАТИВНЫЙ ИПОТЕЧНЫЙ ИНСТРУМЕНТ, Т. Е. ОТЛИЧНЫЙ
ОТ ЗАЙМА С ФИКСИРОВАННЫМ ПРОЦЕНТОМ И РАВНОМЕРНОЙ
ВЫПЛАТОЙ
AMASS
НАКОПИТЬ,
СКОПИТЬ
AMEND
ИЗМЕНИТЬ, ИСПРАВИТЬ
AMENDED TAX RETURN
СКОРРЕКТИРОВАННАЯ НАЛОГОВАЯ ДЕКЛАРАЦИЯ
AMENDMENT
ИЗМЕНЕНИЕ; ПОПРАВКА
AMENITIES
УДОБСТВА

AMERICAN STOCK EXCHANGE (AMEX)
АМЕРИКАНСКАЯ ФОНДОВАЯ БИРЖА
AMORTIZATION
АМОРТИЗАЦИЯ; СПИСАНИЕ СТОИМОСТИ АКТИВА; ПОСТЕПЕННОЕ
ПОГАШЕНИЕ КРЕДИТА
AMORTIZATION SCHEDULE
ГРАФИК СПИСАНИЯ ПО АМОРТИЗАЦИИ; ГРАФИК ПОГАШЕНИЯ
КРЕДИТА
ANALYSIS
АНАЛИЗ
ANALYSIS OF VARIANCE (ANOVA)
СТАТИСТИЧЕСКАЯ МОДЕЛЬ, АНАЛИЗИРУЮЩАЯ НАЛИЧИЕ СХОДСТ И
РАЗЛИЧИЙ ОТДЕЛЬНЫХ ГРУПП
ANALYSTS
АНАЛИТИКИ
ANALYTIC PROCESS
АНАЛИТИЧЕСКИЙ ПРОЦЕСС
ANALYTICAL REVIEW
АНАЛИТИЧЕСКИЙ ОБЗОР
ANCHOR TENANT
ОСНОВНОЙ (БАЗОВЫЙ) СЪЕМЩИК
ANIMATE
МУЛЬЦИПЛИЦИРОВАТЬ
ANNEXATION
ПРИСОЕДИНЕНИЕ; АННЕКСИЯ
ANNUAL BASIS
ЕЖЕГОДНАЯ ОСНОВА
ANNUAL DEBT SERVICE
ТРЕБУЕМОЕ ЕЖЕГОДНОЕ ПОГАШЕНИЕ ДОЛГА
ANNUAL EARNINGS
ГОДОВОЙ ДОХОД, ЗАРАБОТОК
ANNUALIZED RATE
ПЕРЕСЧЕТ В ГОДОВОЕ ИСЧИСЛЕНИЕ
ANNUAL MEETING
ЕЖЕГОДНОЕ СОБРАНИЕ
ANNUAL MORTGAGE CONSTANT
ГОДОВАЯ ИПОТЕЧНАЯ КОНСТАНТА. Т. Е. ОТНОШЕНИЕ СУММЫ
ТРЕБУЕМОГО ЕЖЕГОДНОГО ПОГАШЕНИЯ ДОЛГА К СУММЕ ДОЛГА
ANNUAL PERCENTAGE RATE (APR)
ГОДОВАЯ СТАВКА ПРОЦЕНТА
ANNUAL RENEWABLE TERM INSURANCE
СТРАХОВОЙ ПОЛИС С ЕЖЕГОДНЫМ ОБНОВЛЕНИЕМ
ANNUAL REPORT
ГОДОВОЙ ОТЧЕТ
ANNUAL WAGE
ГОДОВАЯ ЗАРПЛАТА
ANNUITANT
ПОЛУЧАТЕЛЬ ГОДОВОЙ РЕНТЫ,
АННУИТЕТА
ANNUITY
ЕЖЕГОДНАЯ РЕНТА, АННУИТЕТ
ANNUITY DUE
РАВНОМЕРНАЯ РЕНТА, КОТОРАЯ ВЫПЛАЧИВАЕТСЯ В КОНЦЕ
ОПРЕДЕЛЁННОГО ПЕРИОДА

ANNUITY FACTOR
КОЭФФИЦИЕНТ ГОДОВОЙ ВЫПЛАТЫ, РЕНТЫ
ANNUITY IN ADVANCE
РАВНОМЕРНАЯ РЕНТА, КОТОРАЯ ВЫПЛАЧИВАЕТСЯ В НАЧАЛЕ
ОПРЕДЕЛЁННОГО ПЕРИОДА
ANNUITY IN ARREARS
СМ. ANNUITY DUE
ANSWER
ОТВЕТ; РЕАГИРОВАНИЕ; АРГУМЕНТИРОВАННОЕ ОТРИЦАНИЕ
ОТВЕТЧИКОМ ОБВИНЕНИЙ, ПРЕДЪЯВЛЕННЫЙ ИСТЦОМ
ANTICIPATED HOLDING PERIOD
ОЖИДАЕМЫЙ СРОК ВЛАДЕНИЯ ФИН. АКТИВОМ
ANTICIPATORY BREACH
НАРУШЕНИЕ УСЛОВИЙ КОНТРАКТА ДО ВРЕМЕНИ ЕГО ИСТЕЧЕНИЯ
ANTITRUST ACTS
АНТИМОНОПОЛЬНОЕ ЗАКОНОДАТЕЛЬСТВО
APPARENT AUTHORITY
УТВЕРЖДЕНИЕ, ЧТО ПРИНЦИПАЛ НЕСЁТ ОТВЕТСТВЕННОСТЬ ЗА
ДЕЙСТВИЯ СВОЕГО ТОРГОВОГО АГЕНТА
APPEAL BOND
ОБЯЗАТЕЛЬСТВО ВОЗМЕЩЕНИЯ ИЗДЕРЖЕК ПО АПЕЛЛЯЦИИ
APPELLATE COURT (APPEALS COURT)
АПЕЛЛЯЦИОННЫЙ СУД
APPLET
ПРОГРАММА, НАПИСАННАЯ НА ЯЗЫКЕ JAVAБ КОТОРАЯ
ВСТАВЛЯЕТСЯ В HTML СТРАНИЦУ НА ПОДОБИИ ИЗОБРАЖЕНИЯ
APPLICATION OF FUNDS
РАСХОДОВАНИЕ (РАЗМЕЩЕНИЕ) СРЕДСТВ
APPLICATION PROGRAM
ПРИКЛАДНАЯ ПРОГРАММА
APPLICATION SOFTWARE
ПРИКЛАДНОЕ ПРОГРАМНОЕ ОБЕСПЕЧЕНИЕ
APPLICATION WINDOW
ПРИКЛАДНОЕ ОКНО
APPLIED ECONOMICS
ПРИКЛАДНАЯ ЭКОНОМИКА
APPLIED OVERHEAD
ПРИМЕНЕННЫЕ НАКЛАДНЫЕ РАСХОДЫ
APPLIED RESEARCH
ПРИКЛАДНЫЕ ИССЛЕДОВАНИЯ
APPORTIONMENT
СОРАЗМЕРНОЕ РАСПРЕДЕЛЕНИЕ
APPRAISAL
ОЦЕНКА СТОИМОСТИ
APPRAISAL RIGHTS
ПРАВА ОЦЕНКИ СТОИМОСТИ
APPRAISE
ОЦЕНИВАТЬ СТОИМОСТЬ
APPRAISER
ОЦЕНЩИК
APPRECIATE
ВОЗРАСТАТЬ В СТОИМОСТИ; ОЦЕНИВАТЬ
APPRECIATION
РОСТ ЦЕННОСТИ, СТОИМОСТИ

APPROPRIATE
ОБРАЩАТЬ В СОБСТВЕННОСТЬ: ПРИСВАИВАТЬ; АССИГНОВАТЬ
APPROPRIATED EXPENDITURE
ВЫДЕЛЕНИЕ СРЕДСТВ НА РАСХОДЫ
APPROPRIATION
АССИГНОВАНИЕ; РАСПРЕДЕЛЕНИЕ ПРИБЫЛИ
APPROVED LIST
УТВЕРЖДЕННЫЙ СПИСОК, ПЕРЕЧЕНЬ;
СПИСОК ИНВЕСТИЦИЙ, КОТОРЫЕ МОЖЕТ СДЕЛАТЬ
ОПРЕДЕЛЁННЫЙ ИНВЕСТИЦИОННЫЙ ФОНД ИЛИ ДРУГОЕ
ФИНАНСОВОЕ УЧРЕЖДЕНИЕ
APPURTENANT
ПРИНАДЛЕЖАЩИЙ
APPURTENANT STRUCTURES
ВСТРОЕННЫЕ СТРУКТУРЫ, УСЛОВИЯ
A PRIORI STATEMENT
УТВЕРЖДЕНИЕ, СДЕЛАННОЕ НА ОСНОВЕ УМОЗАКЛЮЧЕНИЙ, НО НЕ
ОСНОВАННОЕ НА ФАКТАХ
ARBITER
НАЗНАЧЕННЫЙ СУДОМ ТРЕТЕЙСКИЙ СУДЬЯ, РЕШЕНИЯ КОТОРОГО
ДОЛЖНЫ УТВЕРЖДАТЬСЯ СУДОМ
ARBITRAGE
ТРЕТЕЙСКИЙ СУД, АРБИТРАЖ
ARBITRAGE BOND
АРБИТРАЖНАЯ ОБЛИГАЦИЯ
ARBITRATION
РАССМОТРЕНИЕ В ТРЕТЕЙСКОМ СУДЕ, АРБИТРАЖЕ
ARBITRATOR
ТРЕТЕЙСКИЙ СУДЬЯ, АРБИТР, СПОСОВНЫЙ ПРИНЯТЬ
ОКОНЧАТЕЛЬНОЕ РЕШЕНИЕ В СПОРЕ
ARCHIVE STORAGE
АРХИВНЫЕ ДОКУМЕНТЫ; АРХИВ
ARM'S LENGTH TRANSACTION
СДЕЛКА «НА РАССТОЯНИИ ВЫТЯНУТОЙ РУКИ» , Т. Е. СДЕЛКА, В
КОТОРОЙ ВСЕ УЧАВСТВУЮЩИЕ СТОРОНЫ ДЕЙСТВУЮТ, ИСХОДЯ ИЗ
СОБСТВЕННЫХ ИНТЕРЕСОВ
ARRAY
СЕРИЯ; АССОРТИМЕНТ
ARREARAGE
СУММА ПРОСРОЧЕННОГО ДОЛГОВОГО ОБЯЗАТЕЛЬСТВА;
НЕВЫПЛАЧЕННЫЕ ПРОЦЕНТЫ И ДИВИДЕНТЫ
ARREARS, IN
ЗАДОЛЖЕННОСТЬ;
В КОНЦЕ СРОКА (в отличае от in advance)
ARTICLES OF INCORPORATION
УСТАВ КОРПОРАЦИИ
ARTIFICIAL INTELLIGENCE (AI)
ИСКУССТВЕННЫЙ РАЗУМ
AS IS
«КАК ЕСТЬ»
ASKED
ЗАПРОШЕНО
ASKING PRICE
ЗАПРАШИВАЕМАЯ ЦЕНА

ASSEMBLAGE
СБОРКА; ОБЪЕДИНЕНИЕ
ASSEMBLY LINE
СБОРОЧНЫЙ КОНВЕЙЕР
ASSEMBLY PLANT
СБОРОЧНЫЙ ЗАВОД
ASSESS
ОПРЕДЕЛЯТЬ; ОЦЕНИВАТЬ
ASSESSED VALUATION
ОЦЕНЕННАЯ СТОИМОСТЬ
ASSESSMENT
ОЦЕНКА; ОПРЕДЕЛЕНИЕ
ASSESSMENT OF DEFICIENCY
СУММА НАЛОГА К ВЫПЛАТЕ ПОСЛЕ АППЕЛЯЦИИ В НАЛОГОВОМ
СУДЕ
ASSESSMENT RATIO
СООТНОШЕНИЕ МЕЖДУ ОЦЕНЕННОЙ СТОИМОСТЬЮ И РВНОЧНОЙ
СТОИМОСТЬЮ
ASSESSMENT ROLL
ОБЩЕДОСТУПНЫЙ ПРОТОКОЛ ОЦЕНКИ СТОИМОСТИ
СОБСТВЕННОСТИ НАЛОГОВОЙ ЮРИСДИКЦИЕЙ
ASSESSOR
ОЦЕНЩИК, В ЧАСТНОСТИ НЕДВИЖИМОСТИ
ASSET
АКТИВ
ASSET DEPRECIATION RANGE (ADR)
ДИАПАЗОН АМОРТИЗАЦИИ АКТИВОВ
ASSIGN
ПЕРЕДАТЬ, ПЕРЕУСТУПИТЬ ПРАВА; НАЗНАЧИТЬ
ASSIGNEE
ПРАВОПРАВОПРЕЕМНИК
ASSIGNMENT
ПЕРЕДАЧА, ПЕРЕУСТУПКА ПРАВ; НАЗНАЧЕНИЕ, ЗАДАНИЕ
ASSIGNMENT OF INCOME
ПЕРЕДАЧА НАЛОГОПЛАТЕЛЬЩИКОМ СВОЕГО ДОХОДА ДРУГОМУ
ЛИЦУ (чтобы последний облагался федеральным налогом)
ASSIGNMENT OF LEASE
ПЕРЕДАЧА ПРАВА НА АРЕНДУ
ASSIGNOR
ЛИЦО, ПЕРЕДАЮЩЕЕ ИЛИ УСТУПАЮЩЕЕ
ПРАВО
ASSIMILATION
ПРИВЛЕЧЕНИЕ; ОСВОВЕНИЕ
ASSOCIATION
АССОЦИАЦИЯ; ОБЪЕДИНЕНИЕ
ASSUMPTION OF MORTGAGE
ПРИНЯТИЕ НА СЕБЯ ИПОТЕЧНОЙ ЗАДОЛЖЕННОСТИ ПРЕДЫДУЩЕГО
ВЛАДЕЛЬЦА
ASTERISK
ВСПОМОГАТЕЛЬНЫЙ ФАЙЛ
ASYNCHRONOUS
АСИНХРОННЫЙ; НЕОДНОВРЕМЕННЫЙ
AT PAR
ПО НОМИНАЛЬНОЙ СТОИМОСТИ

AT RISK
НА УСЛОВИЯХ РИСКА
ATTACHMENT
ПРИЛОЖЕНИЕ; СКРЕПЛЕНИЕ ПЕЧАТЬЮ; ЗАКЛЮЧЕНИЕ ПОД СТРАЖУ
ATTAINED AGE
ДОСТИГНУТЫЙ ВОЗРАСТ (СРОК)
ATTENTION
ВНИМАНИЕ
ATTENTION LINE
СТРОКА НА КОНВЕРТЕ, ГДЕ УКАЗЫВАЕТСЯ ИМЯ ПРЕДНАЗНАЧЕННОГО ПОЛУЧАТЕЛЯ
ATTEST
УДОСТОВЕРЯТЬ, СВИДЕТЕЛЬСТВОВАТЬ
AT THE CLOSE
ПРИ ЗАВЕРШЕНИИ; ИСТРУКЦИИ БРОКЕРУ, ПРЕДПИСЫВАЮЩИЕ ПОКУПКУ ЦЕННЫХ БУМАГ В ПОСЛЕДНИЕ МИНУТЫ РАБОТЫ БИРЖИ
AT THE OPENING
ПРИ НАЧАЛЕ; ИСТРУКЦИИ БРОКЕРУ, ПРЕДПИСЫВАЮЩИЕ ПОКУПКУ ЦЕННЫХ БУМАГ В ПЕРВЫЕ МИНУТЫ РАБОТЫ БИРЖИ
ATTORNEY-AT-LAW
АДВОКАТ
ATTORNEY-IN-FACT
УПОЛНОМОЧЕННОЕ ЛИЦО
ATTRIBUTE SAMPLING
ВЫБОРКА АТРИБУТОВ, СТАТИСТИЧЕСКИЙ МЕТОД ИЗУЧЕНИЯ ОСОБЫХ ХАРАКТЕРИСТИК СОВОКУПНОСТИ
ATTRITION
ИСТОЩЕНИЕ; НОРМАЛЬНОЕ СОКРАЩЕНИЕ РАБОЧЕЙ СИЛЫ В СВЯЗИ С УХОДОМ ПЕНСИЮ, СМЕРТЬЮ, БОЛЕЗНЬЮ И ИЗМЕНЕНИЕМ МЕСТА ЖИТЕЛЬСТВА
AUCTION or AUCTION SALE
АУКЦИОН или АУКЦИОННАЯ ПРОДАЖА
AUDIENCE
АУДИТОРИЯ
AUDIT
БУХГАЛТЕРСКАЯ РЕВИЗИЯ; АУДИТ
AUDITING STANDARDS
НОРМЫ АУДИТА
AUDITOR
АУДИТОР, РЕВИЗОР
AUDITOR'S CERTIFICATE
УДОСТОВЕРЕНИЕ, СВИДЕТЕЛЬСТВО АУДИТОРА
AUDITOR'S CERTIFICATE, OPINION, OR REPORT
СВИДЕТЕЛЬСТВО, ЗАКЛЮЧЕНИЕ или ОТЧЕТ АУДИТОРА
AUDIT PROGRAM
ПОСЛЕДОВАТЕЛЬНОСТЬ АУДИТА, РЕВИЗИИ
AUDIT TRAIL
ПОЭТАПНАЯ ДОКУМЕНТАЦИЯ ПОЛУЧЕНИЯ БУХГАЛТЕСКОЙ ИНФОРМАЦИИ
AUTHENTICATION
УДОСТОВЕРЕНИЕ ПОДЛИННОСТИ
AUTHORIZED SHARES or AUTHORIZED STOCK
РАЗРЕШЁННЫЙ КАПИТАЛ

AUTOMATIC CHECKOFF
АВТОМАТИЧЕСКИЙ ЗАЧЕТ
AUTOMATIC (FISCAL) STABILIZERS
АВТОМАТИЧЕСКИЕ (НАЛОГОВО-БЮДЖЕТНЫЕ) ФАКТОРЫ
СТАБИЛИЗАЦИИ
AUTOMATIC MERCHANDISING
АВТОМАТИЧЕСКАЯ РЕАЛИЗАЦИЯ (ЧЕРЕЗ ТОРГОВЫЕ АВТОМАТЫ)
AUTOMATIC REINVESTMENT
АВТОМАТИЧЕСКАЯ РЕИНВЕСТИЦИЯ
AUTOMATIC WITHDRAWAL
АВТОМАТИЧЕСКОЕ СНЯТИЕ СРЕДСТВ
AVERAGE
СРЕДНИЙ; В СРЕДНЕМ
AVERAGE COST
СРЕДНЯЯ СЕБЕСТОИМОСТЬ
AVERAGE (DAILY) BALANCE
СРЕДНИЙ (ДНЕВНОЙ) БАЛАНС
AVERAGE DOWN
СРЕДНЕЕ СНИЖЕНИЕ; СТРАТЕГИЯ СНИЖЕНИЯ СРЕДНЕЙ ЦЕНЫ
ПОКУПКИ АКЦИЙ КОМПАНИИ
AVERAGE FIXED COST
СРЕДНИЕ ФИКСИРОВАННЫЕ ИЗДЕРЖКИ
AVERAGE TAX RATE
СРЕДНЯЯ СТАВКА НАЛОГА
AVOIRDUPOIS
СИСТЕМА ВЕСОВ (16 УНЦИЙ НА ФУНТ)
AVULSION
ВНЕЗАПНОЕ ИЗМЕНЕНИЕ (ЗЕМЛЯНОГО) НАДЕЛА

B

BABY BOND
ОБЛИГАЦИИ НОМИНАЛОМ МЕНЕЕ 1 ТЫС. ДОЛЛ.
BABY BOOMERS
ПОСЛЕВОЕННОЕ ПОКОЛЕНИЕ, (РОДИВШИЕСЯ В ГОДЫ ПОСЛЕ 2-ОЙ МИРОВОЙ ВОЙНЫ)
BACKDATING
ДАТИРОВАНИЕ ЛЮБОГО ДОКУМЕНТА ЗАДНИМ ЧИСЛОМ
BACKGROUND INVESTIGATION
АНАЛИЗ КВАЛИФИКАЦИИ ПРЕТЕНДЕНТА НА ДОЛЖНОСТЬ
BACKGROUND CHECK
ПРОВЕРКА ПРЕДЫСТОРИИ; КВАЛИФИКАЦИИ
BACK HAUL
ДОСТАВКА ПОРОЖНЯКА
BACKLOG
НЕВЫПОЛНЕННАЯ РАБОТА или ЗАКАЗЫ
BACK OFFICE
«С ЧЕРНОГО ВХОДА»
BACK PAY
ВЫПЛАТА ПРИЧИТАЮЩЕЙСЯ РАЗНИЦЫ ЗА ПРЕЖНИЙ ПЕРИОД
BACKSLASH
ОБРАТНАЯ КОСАЯ ЧЕРТА
BACKSPACE KEY
КЛАВИША ВОЗВРАТА
BACK UP
РЕЗЕРВ
BACKUP FILE
ФАЙЛ РЕЗЕРВА
BACKUP WITHHOLDING
УДЕРЖАНИЕ 31% С ВЫПЛАТ ПРОЦЕНТОВ, ДИВИДЕНТОВ И Т.П. В ПОЛЬЗУ ФЕДЕРАЛЬНОГО ПРАВИТЕЛЬСТВА В СЛУЧАЕ ЕСЛИ ПОЛУЧАТЕЛЬ НЕ ПРЕДСТАВЛЯЕТ СВОЙ СОЦИАЛЬНЫЙ НОМЕР
BACKWARD-BENDING SUPPLY CURVE
КРИВАЯ ПРЕДЛОЖЕНИЯ С ОТРИЦАТЕЛЬНЫМ НАКЛОНОМ
BACKWARD VERTICAL INTEGRATION
ОБРАТНАЯ ВЕРТИКАЛЬНАЯ ИНТЕГРАЦИЯ
BAD DEBT
БЕЗНАДЁЖНЫЙ ДОЛГ
BAD DEBT RECOVERY
ВЗЫСКАНИЕ БЕЗНАДЁЖНОГО ДОЛГА
BAD DEBT RESERVE
РЕЗЕРВЫ ПО БЕЗНАДЁЖНЫМ ДОЛГАМ
BAD TITLE
НЕЗАКОННЫЙ ПРАВОВОЙ ТИТУЛ
BAIL BOND
ЗАЛОГ ЗА ЯВКУ ОТВЕТЧИКА В СУД

BAILEE
ЗАВИСИМЫЙ ДЕРЖАТЕЛЬ; ДЕПОЗИТАРИЙ
BAILMENT
ЗАВИСИМОЕ ДЕРЖАНИЕ
BAIT AND SWITCH ADVERTISING
СТРАТЕГИЯ РЕКЛАМИРОВАНИЯ ОДНОГО ТОВАРА ДЛЯ ПРИВЛЕЧЕНИЯ
КЛИЕНТОВ, С ПОСЛЕДУЮЩЕЙ ЕГО ЗАМЕНОЙ ДРУГИМ ТОВАРОМ
BAIT AND SWITCH PRICING
ЦЕНООБРАЗОВАНИЕ ДЛЯ «ЗАМАНИВАНИЯ» (см. выше)
BALANCE
БАЛАНС; РАВНОВЕСИЕ
BALANCED MUTUAL FUND
СБАЛАНСИРОВАННЫЙ ИНВЕСТИЦИОННЫЙ ФОНД
BALANCE OF PAYMENTS
ПЛАТЕЖНЫЙ БАЛАНС
BALANCE OF TRADE
ТОРГОВЫЙ БАЛАНС
BALANCE SHEET
БАЛАНС КОМПАНИИ
BALANCE SHEET RESERVE
РЕЗЕРВЫ ПО БАЛАНСУ КОМПАНИИ
BALLOON PAYMENT
БОЛЬШОЙ ОДНОРАЗОВЫЙ ПЛАТЕЖ
BALLOT
ГОЛОСОВАНИЕ, ИЗБИРАТЕЛЬНЫЙ БЮЛЛЕТЕНЬ; ЖЕРЕБЬЕВКА
BANDWIDTH
ШИРОТА ДИАПАЗОНА
BANK
БАНК
BANKER'S ACCEPTANCE
БАНКОВСКИЙ АКЦЕПТ; ВЕКСЕЛЬ, АКЦЕПТОВАННЫЙ БАНКОМ
BANK HOLDING COMPANY
БАНК КАК ХОЛДИНГОВАЯ КОМПАНИЯ
BANK LINE
КРЕДИТНАЯ ЛИНИЯ
BANKRUPTCY
БАНКРОТСТВО; НЕСОСТОЯТЕЛЬНОСТЬ
BANK TRUST DEPARTMENT
ТРАСТОВЫЙ ОТДЕЛ БАНКА
BAR
ЮРИДИЧЕСКАЯ КОЛЛЕГИЯ
BAR CODE
ШТРИХОВОЙ КОД
BAR CODE LABEL
МЕТКА ШТРИХОВОГО КОДА
BARGAIN AND SALE
ПОТОРГОВАТЬСЯ И ПРОДАТЬ
BARGAIN HUNTER
ИСКАТЕЛЬ ВЫГОДНЫХ ПРИОБРЕТЕНИЙ ПО НИЗКОЙ
ЦЕНЕ
BARGAINING AGENT
ПРЕДСТАВИТЕЛЬ В ПЕРЕГОВОРАХ ПО ЦЕНЕ
BARGAINING UNIT
ПРЕДМЕТ ТОРГА

BAROMETER
БАРОМЕТР; ПОКАЗАТЕЛЬ
BARTER
БАРТЕР
BASE RATE PAY
ОПЛАТА ПО БАЗОВОЙ СТАВКЕ
BASE PERIOD
БАЗОВЫЙ СРОК
BASE RENT
БАЗОВАЯ АРЕНДНАЯ СТАВКА
BASE-YEAR ANALYSIS
АНАЛИЗ ПО БАЗОВОМУ ГОДУ
BASIC INPUT-OUTPUT SYSTEM (BIOS)
БАЗОВАЯ СИСТЕМА ВВОДА-ВЫВОДА
BASIC LIMITS OF LIABILITY
БАЗОВЫЙ ПРЕДЕЛ ОТВЕТСТВЕННОСТИ
BASIC MODULE
БАЗОВЫЙ МОДУЛЬ
BASIC OPERATING SYSTEM
БАЗОВАЯ ОПЕРАЦИОННАЯ СИСТЕМА
BASIS
БАЗИС
BASIS POINT
ОТПРАВНОЙ ПУНКТ
BATCH APPLICATION
СИСТЕМА ПАКЕТНОЙ ОБРАБОТКИ ДАННЫХ
BATCH FILE
(BAT) КОМАНДНЫЙ ФАЙЛ
BATCH PROCESSING
ПАКЕТНАЯ ОБРАБОТКА
BATTERY
АККУМУЛЯТОРНАЯ БАТАРЕЯ
BAUD
БОД (единица скорости передачи)
BAUD RATE
СКОРОСТЬ ПЕРЕДАЧИ ИНФОРМАЦИИ В БОДАХ
BEAR
«МЕДВЕДЬ» (бирж.), СПЕКУЛЯНТ, ИГРАЮЩИЙ НА ПОНИЖЕНИЕ
BEARER BOND
ОБЛИГАЦИЯ НА ПРЕДЪЯВИТЕЛЯ
BEAR HUG
«МЕДВЕЖЬЕ ОБЪЯТИЕ», Т. Е. СТРАТЕГИЯ ПОГЛОЩЕНИЯ КОМПАНИИ
ПУТЕМ ПРЕДЛОЖЕНИЯ ЗАВЫШЕННОЙ ЦЕНЫ НА ЕЁ АКЦИИ
BEAR MARKET
«РЫНОК МЕДВЕДЕЙ» (бирж.)ДЛИТЕЛЬНЫЙ ПЕРИОД ПАДЕНИЯ ЦЕН
НА БИРЖЕ
BEAR RAID
«НАЛЕТ МЕДВЕДЕЙ» (бирж.) , Т. Е. НЕЛЕГАЛЬНАЯ ПОПЫТКА
ИНВЕСТОРОВ МАНИПУЛИРОВАТЬ ЦЕНЫ АКЦИЙ В СТОРОНУ ИХ
ПОНИЖЕНИЯ
BEFORE-TAX CASH FLOW
ПОТОК СРЕДСТВ ДО УПЛАТЫ НАЛОГОВ
BELLWETHER
ЦЕННЫЕ БУМАГИ, СЛУЖАЩИЕ ИНДИКАТОРАМИ СОСТОЯНИЯ

РЫНКА
BELOW PAR
НИЖЕ НОМИНАЛЬНОЙ СТОИМОСТИ
BENCHMARK
ВЕХА; ОРИЕНТИР; БАЗА
BENEFICIAL INTEREST
ВЫГОДА, ПОЛУЧАЕМАЯ БЕНЕФИЦИАРОМ
BENEFICIAL OWNER
ПОДЛИННЫЙ ВЛАДЕЛЕЦ
BENEFICIARY
БЕНЕФИЦИАРИЙ; ПОЛУЧАТЕЛЬ
BENEFIT
ВЫГОДА; ЛЬГОТА; ПОСОБИЕ; ПРИВИЛЕГИЯ
BENEFIT-BASED PENSION PLAN
ПЕНСИОННЫЙ ПЛАН НА ОСНОВЕ ЛЬГОТНЫХ ВЫПЛАТ
BENEFITS, FRINGE
ДОПОЛНИТЕЛЬНЫЕ ВЫПЛАТЫ, ЛЬГОТЫ
BENEFIT PRINCIPLE
ПРИНЦИП , СОГЛАСНО КОТОРОГО ТЕ, КТО ПОЛУЧАЮТ
ФЕДЕРАЛЬНЫЕ ЛЬГОТУ ФИНАНСИРУЕМЫЕ НАЛОГАМИ, ТОЖЕ
ДОЛЖНЫ ПЛАТИТЬ НАЛОГИ
BEQUEATH
ЗАВЕЩАТЬ (ИМУЩЕСТВО)
BEQUEST
ЗАВЕЩАТЕЛЬНЫЙ ОТКАЗ (ИМУЩЕСТВА)
BEST'S RATING
РЕЙТИНГ ФИНАНСОВОГО СОСТОЯНИЯ СТРАХОВЫХ КОМПАНИЙ
BETA COEFFICIENT
КОЭФФИЦИЕНТ «БЕТА» (показатель неустойчивости цен акций)
BETTERMENT
УЛУЧШЕНИЕ; СОВЕРШЕНСТВОВАНИЕ
BIANNUAL
ПРОИСХОДЯЩИЙ ДВА РАЗА В ГОД
BID AND ASKED
РАЗНОСТЬ МЕЖДУ ЦЕНАМИ ПРОДАВЦА И ПОКУПАТЕЛЯ
BID BOND
ГАРАНТИЯ ПРЕДЛОЖЕНИЯ
BIDDING UP
НАБАВИТЬ ЦЕНУ
BIENNIAL
ПРОИСХОДЯЩИЙ РАЗ В ДВА ГОДА
BIG BOARD
НЬЮ-ЙОРКСКАЯ ФОНДОВАЯ БИРЖА («БОЛЬШОЕ ТАБЛО»)
BIG-TICKET ITEMS
ДОРОГОЙ ПОТРЕБИТЕЛЬСКИЙ ТОВАР (длительного пользования)
BILATERAL CONTACT
ДВУСТОРОННИЙ КОНТАКТ
BILATERAL MISTAKE
ОБОЮДНАЯ ОШИБКА
BILL
СЧЕТ; НАКЛАДНАЯ; ПЕРЕВОДНОЙ ВЕКСЕЛЬ (ТРАТТА); БАНКНОТА;
ЗАКОНОПРОЕКТ
BILLING CYCLE
ПЕРИОДИЧНОСТЬ ВЫСТАВЛЕНИЯ СЧЕТОВ

BILL OF EXCHANGE
ПЕРЕВОДНОЙ ВЕКСЕЛЬ, ТРАТТА
BILL OF LADING
КОНОСАМЕНТ
BINDER
СКОРОСШИВАТЕЛЬ; ВРЕМЕННЫЙ СТРАХОВОЙ
ДОКУМЕНТ
BIT ERROR RATE
ЧАСТОТА ПОЯВЛЕНИЯ ОШИБОК В БИТ/СЕК
BIT MAP
1) БИТОВЫЙ МАССИВ, ПОРАЗРЯДНОЕ ПРЕДСТАВЛЕНИЕ; РАСТР
ИЗОБРАЖЕНИЯ) СООТВЕТСТВУЕТ РАЗРЯД ПАМЯТИ
2) БУФЕР ИЗОБРАЖЕНИЯ
BLACK LIST
«ЧЕРНЫЙ» СПИСОК
BLACK MARKET
«ЧЕРНЫЙ» РЫНОК
BLANK CELL
ПУСТАЯ ЯЧЕЙКА
BLANKET CONTRACT
АККОРДНОЕ СОГЛАШЕНИЕ
BLANKET INSURANCE
ГРУППОВОЕ СТРАХОВАНИЕ
BLANKET MORTGAGE
СОВОКУПНАЯ ЗАКЛАДНАЯ
BLANKET RECOMMENDATION
ОБЩАЯ РЕКОМЕНДАЦИЯ (БРОКЕРА) (бирж.)
BLEED
ОБОБРАТЬ; ВЫКАЧАТЬ ДЕНЬГИ
BLENDED RATE
СМЕШАННАЯ СТАВКА
BLENDED VALUE
СМЕШАННАЯ СТОИМОСТЬ
BLIGHTED AREA
ПОРАЖЕННАЯ ЗОНА
BLIND POOL
ТОВАРИЩЕСТВО С ОГРАНИЧЕННОЙ ОТВЕТСТВЕННОСТЬЮ, НЕ
РАСКРЫВАЮЩЕЕ ЗАРАНИЕ ОБЪЕКТ ИНВЕСТИЦИЙ
BLIND TRUST
«СЛЕПОЙ» ТРАСТ
BLISTER PACKAGING
БЛИСТЕРНАЯ УПАКОВКА
BLOCK
БЛОК; ПАКЕТ; КВАРТАЛ; БЛОКИРОВАТЬ
BLOCKBUSTER
ПРОГРАММА, ПРЕДМЕТ, ФИЛЬМ И Т. П. ИМЕЮЩИЙ НЕОЖИДАННО
ВЫСОКИЙ УСПЕХ
BLOCKBUSTING
ОСНОВАННАЯ НА РАССОВОЙ ДИСКРИМИНАЦИИ НЕЛЕГАЛЬНАЯ
ТАКТИКА СНИЖЕНИЯ ЦЕН НА ДОМА В ОПРЕДЕЛЁННОМ РАЙОНЕ
ПУТЁМ ПОСЕЛЕНИЯ ТАМ ПРЕДСТАВИТЕЛЕЙ "НЕЖЕЛАТЕЛЬНОЙ"
НАЦИОНАЛЬНОСТИ
BLOCK POLICY
БЛОК-ПОЛИС

BLOCK SAMPLING
БЛОКОВАЯ ВЫБОРКА
BLOWOUT
БЫСТРАЯ ПРОДАЖА (АКЦИЙ НОВОГО ВЫПУСКА)
BLUE-CHIP STOCK
АКЦИИ НАИБОЛЕЕ ИЗВЕСТНЫХ КРУПНЫХ КОМПАНИЙ, ИМЕЮЩИХ СТАБИЛЬНЫЙ РОСТ ПРИБЫЛИ И ВЫПЛАТЫ ДИВИДЕНТОВ
BLUE COLLAR
"СИНИЙ ВОРОТНИЧОК", РАБОЧИЙ
BLUE LAWS
ОТМЕНЁННЫЕ ЗАКОНЫ, РЕГУЛИРОВАВШИЕ РАЗРЕШЕННУЮ ДЕЯТЕЛЬНОСТЬ ПО ВОСКРЕСЕНЬЯМ
BLUEPRINT
ПЛАН; ПРОЕКТ; ПРОГРАММА
BLUE-SKY LAW
ЗАКОНЫ «ГОЛУБОГО НЕБА" ДЛЯ ЗАЩИТЫ ОТ МОШЕННИЧЕСТВА С ЦЕННЫМИ БУМАГАМИ
BOARD OF DIRECTORS
СОВЕТ (КОЛЛЕГИЯ) ДИРЕКТОРОВ; ПРАВЛЕНИЕ
BOARD OF EQUALIZATION
МЕСТНЫЙ ОРГАН ПО РАВНОМУ НАЛОГООБЛОЖЕНИЮ НЕДВИЖИМОСТИ
BOARDROOM
ЗАЛ ЗАСЕДАНИЙ ПРАВЛЕНИЯ
BOILERPLATE
СТАНДАРТНЫЕ ФОРМУЛИРОВКИ В ДОКУМЕНТАХ; СТАНДАРТНЫЕ СОГЛАШЕНИЯ
BONA FIDE
ДОБРОСОВЕСТНО
BONA FIDE PURCHASER
ПОДЛИННЫЙ ПОКУПАТЕЛЬ
BOND
ОБЛИГАЦИЯ; ДОЛГОВОЕ ОБЯЗАТЕЛЬСТВО
BOND BROKER
ОБЛИГАЦИОННЫЙ БРОКЕР
BOND DISCOUNT
ПРОДАЖА ОБЛИГАЦИЙ ПО ЦЕНЕ НИЖЕ НОМИНАЛА
BONDED DEBT
ОБЛИГАЦИОННАЯ ЗАДОЛЖЕННОСТЬ КОМПАНИИ ИЛИ ГОСУДА РСТВА
BONDED GOODS
НАХОДЯЩИЕСЯ В ЗАЛОГЕ НА ТАМОЖЕННОМ СКЛАДЕ ТОВАРЫ
BOND PREMIUM
ПРЕВЫШЕНИЕ ЦЕНЫ ОБЛИГАЦИЙ НАД НОМИНАЛОМ
BOND RATING
РЕЙТИНГ ОБЛИГАЦИИ
BOOK
КНИГА; БУХГАЛТЕРСКАЯ КНИГА
BOOK-ENTRY SECURITIES
ЦЕННЫЕ БУМАГИ ТОЛЬКО В ФОРМЕ БУХГ. ЗАПИСЕЙ
BOOK INVENTORY
ПЕРЕЧЕНЬ АКТИВОВ ПО ГРОССБУХУ
BOOKKEEPER
БУХГАЛТЕР; УЧЕТЧИК

BOOKMARK
ЗАКЛАДКА; В СИСТЕМАХ ПОДГОТОВКИ ТЕКСТОВ - СРЕДСТВО,
ПОЗВОЛЯЮЩЕЕ ОТМЕТИТЬ ПОЗИЦИЮ В ТЕКСТЕ И ВЕРНУТЬСЯ К
НЕЙ ВПОСЛЕДСТВИИ
BOOK VALUE
БАЛАНСОВАЯ СТОИМОСТЬ ПО БУХГ. КНИГАМ
BOONDOGGLE
НАДУМАННАЯ, БЕСПОЛЕЗНАЯ ДЕЯТЕЛЬНОСТЬ (иногда с нечестными
намерениями)
BOOT
ДЕНЬГИ ИЛИ СОБСТВЕННОСТЬ, НЕ ВКЛЮЧАЕМЫЕ В ОПРЕДЕЛЕНИЕ
ИСКЛЮЧЕНИЙ ИЗ НАЛОГООБЛОЖЕНИЯ;
ВКЛЮЧИТЬ КОМПЬЮТЕР
BOOT
1) НАЧАЛЬНАЯ ЗАГРУЗКА; 2) ЗАГРУЖАТЬ(СЯ), ЗАПУСКАТЬ(СЯ
BOOT RECORD
ПРОТОКОЛ ЗАГРУЗКИ
BORROWED RESERVE
ЗАИМСТВОВАННЫЕФОНДЫ (банк.)
BORROWING POWER OF SECURITIES
ЗАЕМНАЯ СИЛА ЦЕННЫХ БУМАГ
BOTTOM
НИЖНИЙ ПРЕДЕЛ
BOTTOM FISHER
ИНВЕСТОР, ИЩУЩИЙ ЦЕННЫЕ БУМАГИ С ЦЕНАМИ, ДОСТИГШИМИ
«ДНА»
BOTTOM LINE
КОНЕЧНЫЙ РЕЗУЛЬТАТ; ЧИСТЫЙ ДОХОД ИЛИ УБЫТОК ПОСЛЕ
УПЛАТЫ НАЛОГОВ (бухг.)
BOULEWARISM
НЕЛЕГАЛЬНАЯ ТАКТИКА ВЕДЕНИЯ ПЕРЕГОВОРОВ ПО ТРУДОВЫМ
СОГЛАШЕНИЯМ
BOYCOTT
БОЙКОТ
BRACKET CREEP
ПЕРЕХОД В БОЛЕЕ ВЫСОКИЙ НАЛОГОВЫЙ РАЗРЯД В РЕЗУЛЬТАТЕ
ИНФЛЯЦИИ
BRAINSTORMING
"МОЗГОВАЯ АТАКА", КОЛЛЕКТИВНОЕ ОБСУЖДЕНИЕ ПРОБЛЕМЫ
BRANCH OFFICE MANAGER
РУКОВОДИТЕЛЬ ФИЛИАЛА
BRAND
ТОВАРНАЯ МАРКА
BRAND ASSOCIATION
АССОЦИАТИВНОЕ ВОСПРИЯТИЕ ПОТРЕБИТЕЛЕМ ТОВАРНОЙ МАРКИ
BRAND DEVELOPMENT
РАЗВИТИЕ УЗНАВАЕМОСТИ, ПРИВЛЕКАТЕЛЬНОСТИ ТОВАРНОЙ
МАРКИ
BRAND DEVELOPMENT INDEX (BDI)
ПОКАЗАТЕЛЬ РАЗВИТИЯ ТОВАРНОЙ МАРКИ
BRAND EXTENSION
РАСШИРЕНИЕ АССОРТИМЕНТА ТОВАРНОЙ МАРКИ
BRAND IMAGE
«ИМИДЖ» ТОВАРНОЙ МАРКИ

BRAND LOYALTY
ПРИВЕРЖЕННОСТЬ ТОВАРНОЙ МАРКЕ
BRAND MANAGER
ОТВЕТСТВЕННЫЙ ЗА ТОВАРНУЮ МАРКУ
BRAND NAME
ФИРМЕННОЕ НАЗВАНИЕ
BRAND POTENTIAL INDEX (BPI)
ПОКАЗАТЕЛЬ ПОТЕНЦИАЛА ТОВАРНОЙ МАРКИ
BRAND SHARE
ДОЛЯ ТОВАРНОЙ МАРКИ
BREACH
НАРУШЕНИЕ
BREACH OF CONTRACT
НАРУШЕНИЕ ДОГОВОРА
BREACH OF WARRANTY
НАРУШЕНИЕ ГАРАНТИИ
BREADWINNER
«КОРМИЛЕЦ»; РАБОТАЮЩИЙ ЧЛЕН СЕМЬИ
BREAK
НАРУШЕНИЕ; ПЕРЕРЫВ; ПРЕДСТАВИВШАЯСЯ ВОЗМОЖНОСТЬ
BREAK-EVEN ANALYSIS
АНАЛИЗ ПО БЕЗУБЫТОЧНОСТИ
BREAK-EVEN POINT
СОСТОЯНИЕ БЕЗУБЫТОЧНОСТИ
BREAKUP
РАЗДЕЛЕНИЕ; РАЗУКРУПНЕНИЕ
BRIDGE LOAN
КРАТКОСРОЧНЫЙ ЗАЁМ ДО ПОЛУЧЕНИЯ ФИНАНСИРОВАНИЯ ИЗ
ДРУГОГО ИСТОЧНИКА
BRIGHTNESS
ЯРКОСТЬ
BROKEN LOT
НЕПОЛНЫЙ ЛОТ
BROKER
БРОКЕР; МАКЛЕР
BROKERAGE
БРОКЕРСКАЯ ДЕЯТЕЛЬНОСТЬ; БРОКЕРСКИЕ КОМИССИ
ОННЫЕ
BROKERAGE ALLOWANCE
БРОКЕРСКАЯ НАДБАВКА
BROKER LOAN RATE
ПРОЦЕНТНАЯ СТАВКА ПО ССУДАМ БАНКОВ БРОКЕРАМ
BROWSER
ОКНО ПРОСМОТРА; В СИСТЕМАХ ПРОГРАММИРОВАНИЯ С
МНОГООКОННЫМ ДОСТУПОМ - СРЕДСТВА, ПОЗВОЛЯЮЩИЕ
ПРОСМАТРИВАТЬ В ГРУППЕ ВЫДЕЛЕННЫХ ОКОН ТЕКСТОВЫЕ
ПРЕДСТАВЛЕНИЯ ПРОГРАММ И ДАННЫХ
BUCKET SHOP
НЕЗАКОННАЯ БРОКЕРСКАЯ ФИРМА
BUDGET
БЮДЖЕТ; СМЕТА
BUDGET MORTGAGE
ИПОТЕЧНЫЙ КРЕДИТ, В ВЫПЛАТУ КОТОРОГО ВКЛЮЧАЮТСЯ
НАЛОГИ И СТРАХОВКА

BUILDING CODE
СТРОИТЕЛЬНЫЕ НОРМЫ
BUILDING LINE
УСТАНОВЛЕННАЯ ЛИНИЯ ФАСАДОВ ЗДАНИЙ
BUILDING LOAN AGREEMENT
КРЕДИТ, СРЕДСТВА КОТОРОГО ПОСТУПАЮТ ПОЛУЧАТЕЛЮ НА
ОПРЕДЕЛЁННЫХ ОГОВОРЕННЫХ СТАДИЯХ СТРОИТЕЛЬСТВА
BUILDING PERMIT
РАЗРЕШЕНИЕ НА СТРОИТЕЛЬСТВО
BUILT-IN STABILIZER
«ВСТРОЕННЫЙ» СТАБИЛИЗАТОР
BULL
«БЫК» (бирж.), СПЕКУЛЯНТ, ИГРАЮЩИЙ НА ПОВЫШЕНИЕ
BULLETIN
БЮЛЛЕТЕНЬ
BULLETIN BOARD SYSTEM (BBS)
«СИСТЕМА ТАБЛО»
BULL MARKET
«РЫНОК БЫКОВ» (бирж.), ДЛИТЕЛЬНЫЙ ПЕРИОД ПОВЫШЕНИЯ ЦЕН
НА БИРЖЕ
BUNCHING
СКОПЛЕНИЕ, НАКОПЛЕНИЕ
BUNDLE-OF-RIGHTS THEORY
ТЕОРИЯ «СОВОКУПНОСТИ ПРАВ»
BURDEN OF PROOF
БРЕМЯ ДОКАЗЫВАНИЯ
BUREAU
БЮРО; СТОЛ ДЛЯ ДЕЛОВЫХ БУМАГ
BUREAUCRAT
БЮРОКРАТ
BURNOUT
НЕУДАЧНАЯ ОПЕРАЦИЯ; КРАХ
BUSINESS
ДЕЛО; БИЗНЕС
BUSINESS COMBINATION
ДЕЛОВОЕ СОЧЕТАНИЕ
BUSINESS CONDITIONS
УСЛОВИЯ ВЕДЕНИЯ ДЕЛ
BUSINESS CYCLE
ЦИКЛ ДЕЛОВЫХ ОПЕРАЦИЙ
BUSINESS DAY
РАБОЧИЙ ДЕНЬ
BUSINESS ETHICS
ЭТИКА ВЕДЕНИЯ ДЕЛ
BUSINESS ETIQUETTE
ЭТИКЕТ В ВЕДЕНИИ ДЕЛ
BUSINESS INTERRUPTION
ПРЕРЫВАНИЕ ДЕЛОВЫХ ОПЕРАЦИЙ
BUSINESS REPLY CARD
ПРЕДОПЛАЧЕННАЯ ОТПРАВИТЕЛЕМ ОТКРЫТКА ДЛЯ ОТВЕТА НА
ПРЕДЛОЖЕНИЕ ТОВАРА, УСЛУГИ
BUSINESS REPLY ENVELOPE
ПРЕДОПЛАЧЕННЫЙ КОНВЕРТ ДЛЯ ОТВЕТА НА ПРЕДЛОЖЕНИЕ

ТОВАРА, УСЛУГИ
BUSINESS REPLY MAIL
ПРЕДОПЛАЧЕННАЯ ОТПРАВИТЕЛЕМ ОТКРЫТКА ИЛИ КОНВЕРТ ДЛЯ
ОТВЕТА НА ПРЕДЛОЖЕНИЕ ТОВАРА, УСЛУГИ
BUSINESS RISK EXCLUSION-
ПОЛОЖЕНИЕ СТРАХОВОГО КОНТРАКТА, ИСКЛЮЧАЮЩЕЕ
ПОКРЫТИЕ ИЗДЕРЖЕК В СЛУЧАЕ, ЕСЛИ ПРОДУКЦИЯ
СТРАХУЮЩЕГОСЯ ПРОИЗВОДИТЕЛЯ НЕ ВЫПОЛНЯЕТ СВОИ
ФУНКЦИИ
BUSINESS-TO-BUSINESS ADVERTING
РЕКЛАМА МЕЖДУ ДЕЛОВЫМИ ПРЕДПРИЯТИЯМИ
BUFFER STOCK
БУФЕРНЫЕ ЗАПАСЫ
BUST-UP ACQUISITION
АГРЕССИВНОЕ ПРИОБРЕТЕНИЕ
BUY
ПОКУПКА; ПОКУПАТЬ
BUY-AND-SELLAGREEMENT
ДОГОВОР ОПРЕДЕЛЯЮЩИЙ КАК БУДЕТ ВЫКУПАТЬСЯ ДОЛЯ
УМЕРШЕГО ИЛИ ИНАЧЕ УШЕДШЕГО ИЗ БИЗНЕСА ПАРТНЁРА
ОСТАВШИМИСЯ ЧЛЕНАМИ ТОВАРИЩЕСТВА ИЛИ АКЦИОНЕРНОГО
ОБЩЕСТВА ЗАКРЫТОГО ТИПА
BUY-BACK AGREEMENT
ДОГОВОР ОБ ОБРАТНОЙ ПОКУПКЕ
BUY DOWN
СИТАЦИЯ, КОГДА ПРОАДАЮЩИЙ БРОКЕР НЕ МОЖЕТ ВОВРЕМЯ
ПРЕДОСТАВИТЬ ЦЕННЫЕ БУМАГИ И ТЕМ ВЫНУЖДАЕТ
ПОКУПАЮЩЕГО БРОКЕРА ПОКУПАТЬ ИХ ИЗ ДРУГИХ ИСТОЧНИКОВ
BUYER
ПОКУПАТЕЛЬ
BUYER BEHAVIOR
ПОВЕДЕНИЕ ПОКУПАТЕЛЯ
BUYER'S MARKET
«РЫНОК ПОКУПАТЕЛЕЙ», СИТУАЦИЯ НА РЫНКЕ, КОГДА
ПРЕДЛОЖЕНИЕ ПРЕВЫШАЕТ СПРОС
BUY IN
ПОКУПКА УЧАСТИЯ В КАПИТАЛЕ
BUYING ON MARGIN
ПОКУПКА «НА МАРЖЕ»
BUY ORDER
ЗАКАЗ (ПОРУЧЕНИЕ) НА ПОКУПКУ
BUYOUT
ВЫКУП (КОМПАНИИ)
BUZZ WORDS
ВЫСПРЕННИЕ СЛОВА (чтобы произвести
впечатление)
BYLAWS
УСТАВНЫЕ НОРМЫ; ВНУТРЕННИЕ ПРАВИЛА
BYPASS TRUST
ТРАСТ для снижения налогов на наследство
BY-PRODUCT
ПОБОЧНЫЙ ПРОДУКТ
BY THE BOOK
«ПО ВСЕМ ПРАВИЛАМ»

C

CABLE TRANSFER
ТЕЛЕГРАФНЫЙ ПЕРЕВОД
CACHE
СВЕРХОПЕРАТИВНАЯ ПАМЯТЬ; КЕШ
CADASTRE
КАДАСТР
CAFETERIA BENEFIT PLAN
СИСТЕМА ПРИ КОТОРОЙ РАБОТНИКИ САМИ ВЫБИРАЮТ
СТРУКТУРУ ЛЬГОТ, ПРЕДЛАГАЕМЫХ РАБОТОДАТЕЛЕМ
CALENDAR YEAR
КАЛЕНДАРНЫЙ ГОД
CALL
ЗВОНОК; ТРЕБОВАНИЕ БАНКА К ЗАЕМЩИКУ
CALLABLE
ОБЛИГАЦИЯ, ПОГАШАЕМАЯ ЭМИТЕНТОМ ДОСРОЧНО
CALL FEATURE
(ПРИ ВЫПУСКЕ ОБЛИГАЦИЙ) ОГОВОРКА О ПРАВЕ ДОСРОЧНОГО
ВЫКУПА
CALL OPTION
ОПЦИОН С ПРАВОМ ПОКУПКИ ПО ФИКСИРОВАННОЙ ЦЕНЕ В
ТЕЧЕНИЕ ОГОВОРЕННОГО ВРЕМЕНИ
CALL PREMIUM
ПРЕМИЯ, ВЫПЛАЧИВАЕМАЯ ЭМИТЕНТОИ ДЕРЖАТЕЛЮ ОБЛИГАЦИЙ
В СЛУЧАЕ ИХ ДОСРОЧНОГО ПОГАШЕНИЯ
CALL PRICE
ЦЕНА ДОСРОЧНОГО ВЫКУПА (ОБЛИГАЦИЙ)
CALL REPORT
ПРОТОКОЛ О СОВЕЩАНИЯХ МЕЖДУ ПРЕДСТАВИТЕЛЯМИ
РЕКЛАМНОГО АГЕНСТВА И ИХ КЛИЕНТАМИ
CANCEL
ОТМЕНА; АННУЛИРОВАНИЕ
CANCELLATION CLAUSE
УСЛОВИЕ АННУЛИРОВАНИЯ КОНТРАКТА
CANCELLATION PROVISION CLAUSE
ОГОВОРКА ОБ АННУЛИРОВАНИИ СТРАХОВОГО КОНТРАКТА
CAPACITY
МОЩНОСТЬ; ВОЗМОЖНОСТИ; ФУНКЦИИ УЧАСТНИКА
(РЫНКА)
CAPITAL
КАПИТАЛ
CAPITAL ACCOUNT
БАЛАНС ДВИЖЕНИЯ КАПИТАЛА
CAPITAL ASSETS
ОСНОВНОЙ КАПИТАЛ
CAPITAL BUDGET
БЮДЖЕТ ДОЛГОСРОЧНЫХ РАСХОДОВ

CAPITAL CONSUMPTION ALLOWANCE
ПОПРАВКА НА АММОРТИЗАЦИЮ КАПИТАЛА
CAPITAL CONTRIBUTED IN EXCESS OF PAR VALUE
КАПИТАЛ, ВНЕСЕННЫЙ СВЕРХ НОМИНАЛЬНОЙ ЦЕННОСТИ АКЦИЙ
CAPITAL EXPENDITURE
КАПИТАЛОВЛОЖЕНИЕ
CAPITAL FORMATION
ФОРМИРОВАНИЕ КАПИТАЛА
CAPITAL GAIN (LOSS)
ВЫИГРЫШ (ПОТЕРЯ) ПРИ ПРОДАЖЕ ОСНОВНОГО КАПИТАЛА
CAPITAL GOODS
КАПИТАЛЬНЫЕ ТОВАРЫ; СРЕДСТВА ПРОИЗВОДСТВА
CAPITAL IMPROVEMENT
ПРИРАЩЕНИЕ КАПИТАЛА
CAPITAL INTENSIVE
КАПИТАЛОЕМКИЙ
CAPITAL INVESTMENT
КАПИТАЛОВЛОЖЕНИЕ
CAPITALISM
КАПИТАЛИЗМ
CAPITALIZATION RATE
УРОВЕНЬ КАПИТАЛИЗАЦИИ
CAPITALIZE
КАПИТАЛИЗИРОВАТЬ
CAPITALIZED VALUE
КАПИТАЛИЗИРОВАННАЯ СТОИМОСТЬ
CAPITAL LEASE
КАПИТАЛЬНАЯ АРЕНДА
CAPITAL MARKET
РЫНОК КАПИТАЛОВ
CAPITAL NATURE FLIGHT
ОТТОК («БЕГСТВО») КАПИТАЛА
CAPITAL RATIONING
ДОЗИРОВАНИЕ КАПИТАЛА
CAPITAL REQUIREMENT
ПОТРЕБНОСТЬ В ПОСТОЯННОМ ФИНАНСИРОВАНИИ
CAPITAL RESOURCE
КАПИТАЛЬНЫЕ РЕСУРСЫ
CAPITAL STOCK
АКЦИОНЕРНЫЙ КАПИТАЛ; ОСНОВНЫЕ ФОНДЫ ЗА ВЫЧЕТОМ
АММОРТИЗАЦИИ И СПИСАНИЙ
CAPITAL STRUCTURE
СТРУКТУРА КАПИТАЛА
CAPITAL SURPLUS
ИЗБЫТОЧНЫЙ КАПИТАЛ
CAPITAL TURNOVER
ОБОРОТ КАПИТАЛА
CAPS
ПРЕДЕЛЫ СТАВОК
CAPSLOCK KEY
КЛАВИША ФИКСИРОВАНИЯ ПЕЧАТОНИЯ ЗАГЛАВНЫМИ БУКВАМИ
CAPTIVE FINANCE COMPANY
дочерняя компания, СОЗДАННАЯ для финансирования

ПОКУПКИПРОДУКЦИИ МАТЕРИНСКОЙ КОМПАНИИ
CARGO
ГРУЗ
CARGO INSURANCE
СТРАХОВАНИЕ ГРУЗА
CARLOAD RATE
УРОВЕНЬ ЗАГРУЗКИ АВТОМАШИН
CARRIER
ПЕРЕВОЗЧИК
CARRIER'S LIEN
ПРАВО НА ЗАДЕРЖАНИЕ ГРУЗА ДО ОПЛАТЫ
CARROT AND STICK
«КНУТ И ПРЯНИК»
CARRYBACK
ВОЗМОЖНОСТЬ ПОКРЫВАТЬ УБЫТКИ ЗА СЧЕТ ПРОШЛОЙ ПРИБЫЛИ
CARRYING CHARGE
СТОИМОСТЬ ХРАНЕНИЯ ТОВАРА
CARRYOVER
ПЕРЕХОДЯЩИЙ ОСТАТОК
CARTAGE
СТАВКА ОПЛАТЫ ЗА ПЕРЕВОЗКУ АВТОМОБИЛЬНЫМИ СРЕДСТВАМИ
CARTEL
КАРТЕЛЬ
CASE-STUDY METHOD
МЕТОД ОСНОВАННЫЙ НА АНАЛИЗЕ ГИПОТЕТИЧЕСКИХ ИЛИ РЕАЛЬНЫХ ПРОИЗВОДСТВЕННЫХ СИТУАЦИЙ
CASH
ДЕНЕЖНЫЕ СРЕДСТВА; НАЛИЧНОСТЬ
CASH ACKNOWLEDGEMENT
ПОДТВЕРЖДЕНИЕ ПОЛУЧЕНИЯ НАЛИЧНОСТИ
CASH BASIS
НАЛИЧНАЯ ОСНОВА (бухг.)
CASHBOOK
КАССОВАЯ КНИГА (бухг.)
CASH BUDGET
НАЛИЧНЫЙ БЮДЖЕТ
CASH BUYER
ПОКУПАТЕЛЬ ЗА НАЛИЧНЫЕ
CASH COW
«ДОЙНАЯ КОРОВА» (бизнес, дающий непрерывный приток наличности)
CASH DISBURSEMENT
 НАЛИЧНЫЕ РАСХОДЫ
CASH DISCOUNT
СКИДКА ЗА ОПЛАТУ НАЛИЧНЫМИ
CASH DIVIDEND
НАЛИЧНЫЙ ДИВИДЕНД
CASH EARNINGS
НАЛИЧНЫЕ ДОХОДЫ
CASH EQUIVALENCE
ФАКТИЧЕСКАЯ СТОИМОСТЬ
CASH FLOW
ПОТОК ДЕНЕЖНЫХ СРЕДСТВ (НАЛИЧНОСТИ)

CASHIER
КАССИР
CASHIER'S CHECK
КАССИРСКИЙ ЧЕК; ЧЕК, ВЫПИСАННЫЙ БАНКОМ
CASH MARKET
НАЛИЧНЫЙ РЫНОК
CASH ON DELIVERY (COD)
ОПЛАТА В МОМЕНТ ПОСТАВКИ
CASH ORDER
КАССОВЫЙ ОРДЕР
CASH PAYMENT JOURNAL
КНИГА ЗАПИСИ НАЛИЧНЫХ РАСХОДОВ
CASH POSITION
НАЛИЧНАЯ ПОЗИЦИЯ
CASH RATIO
ОТНОШЕНИЕ НАЛИЧНОСТИ И ДРУГИХ АКТИВОВ К СУММЕ
ОБЯЗАТЕЛЬСТВ
CASH REGISTER
КАССОВЫЙ АППАРАТ
CASH RESERVE
НАЛИЧНЫЙ РЕЗЕРВ
CASH SURRENDER VALUE
НАЛИЧНАЯ СУММА, ВОЗВРАЩАЕМАЯ СТРАХОВОЙ КОМПАНИЕЙ
ВЛАДЕЛЬЦУ ПОЛИСА ПРИ АННУЛИРОВАНИИ ПОСЛЕДНЕГО
CASUAL LABORER
НЕПОСТОЯННО ЗАНЯТЫЙ РАБОТНИК
CASUALTY INSURANCE
СТРАХОВАНИЕ ОТ НЕСЧАСТНОГО СЛУЧАЯ
CASUALTY LOSS
УБЫТОК В РЕЗУЛЬТАТЕ НЕСЧАСТНОГО СЛУЧАЯ
CATASTROPHE HAZARD
РИСК КАТАСТРОФИЧЕСКИХ СОБЫТИЙ
CATASTROPHE POLICY
 СТРАХОВАНМЕ КРУПНЫХ МЕДИЦИНСКИХ ЗАТРАТ
CATS AND DOGS
СПЕКУЛЯТИВНЫЕ АКЦИИ; «КОШКИ И СОБАКИ»
CAUSE OF ACTION
ОСНОВАНИЕ ДЛЯ СУДЕБНОГО ИСКА
CD-WRITER/CD-BURNER
УСТРОЙСТВО ЗАПИСИ НА КОМПАКТНОМ ДИСКЕ
CELL DEFINITION
ОПИСАНИЕ ЯЧЕЙКИ
CELL FORMAT
ФОРМАТ ЯЧЕЙКИ
CENSURE
ПОРИЦАНИЕ; ОСУЖДЕНИЕ; ЦЕНЗУРА
CENTRAL BANK
ЦЕНТРАЛЬНЫЙ БАНК
CENTRAL BUSINESS DISTRICT (CBD)
ЦЕНТРАЛЬНЫЙ ДЕЛОВОЙ РАЙОН
CENTRAL BUYING
ЦЕНТРАЛИЗОВАННЫЕ ЗАКУПКИ
CENTRALIZATION
ЦЕНТРАЛИЗАЦИЯ

CENTRAL PLANNING
ЦЕНТРАЛЬНОЕ ПЛАНИРОВАНИЕ
CENTRAL PROCESSING UNIT (CPU)
ЦЕНТРАЛЬНЫЙ ПРОЦЕССОР
CENTRAL TENDENCY
ПОКАЗАТЕЛЬ ТИПИЧНОЙ СРЕДИННОЙ ВЕЛИЧИНЫ ДИСТРИБУЦИИ
CERTIFICATE OF DEPOSIT (CD)
ДЕПОЗИТНЫЙ СЕРТИФИКАТ
CERTIFICATE OF INCORPORATION
ДОКУМЕНТ О СОЗДАНИИ КОРПОРАЦИИ
CERTIFICATE OF OCCUPANCY
ДОКУМЕНТ О СООТВЕТСТВИИ ЗДАНИЯ С НОРМАМИ
СТРОИТЕЛЬСТВА И БЕЗОПАСТНОСТИ
CERTIFICATE OF TITLE
УДОСТОВЕРЕНИЕ О ПРАВЕ СОБСТВЕННОСТИ
CERTIFICATE OF USE
СЕРТИФИКАТ ИСПОЛЬЗОВАНИЯ
CERTIFICATION
СЕРТИФИКАЦИЯ
CERTIFIED CHECK
ЧЕК КЛИЕНТА, ГАРАНТИРОВАННЫЙ БАНКОМ
CERTIFIED FINICAL STATEMENT
СЕРТИФИЦИРОВАННЫЙ ФИНАНСОВЫЙ ОТЧЕТ
CERTIFIED MAIL
ЗАКАЗНОЕ ПОЧТОВОЕ ОТПРАВЛЕНИЕ
C&F
СТОИМОСТЬ ДОСТАВКИ
CHAIN OF COMMAND
ИЕРАРХИЯ УПРАВЛЕНИЯ
CHAIN FEEDING
ПОСЛЕДОВАТЕЛЬНАЯ ПОДАЧА
CHAIN STORE
МАГАЗИН В СЕТИ ОБЩЕГО ПОДЧИНЕНИЯ
CHAIRMAN OF THE BOARD
ПРЕДСЕДАТЕЛЬ ПРАВЛЕНИЯ
CHANCERY
КАНЦЛЕРСКИЙ СУД; КАНЦЕЛЯРИЯ
CHANGE
ПЕРЕМЕНА; ИЗМЕНЕНИЕ
CHANGE OF BENEFICIARY PROVISION
ИЗМЕНЕНИЕ БЕНЕФИЦИАРИЯ
CHANNEL OF DISTRIBUTION
КАНАЛ СБЫТА
CHANNEL OF SALES
ПУТИ ПОСТУПЛЕНИЯ НОВЫХ ПОДПИСОК (В ИЗДАТЕЛЬСКОМ
ДЕЛЕ)
CHARACTER
СИМВОЛ
CHARGE
ПЛАТА; ДЕНЕЖНЫЙ СБОР; ПРЕДПИСАНИЕ; ОБВИНЕНИЕ
CHARGE BUYER
ПОКУПАТЕЛЬ ПО КРЕДИТНОМУ ДОКУМЕНТУ
CHART
КАРТА, ДИАГРАММА. СХЕМА. ЧЕРТЕЖ, ТАБЛИЦА

CHARTER
УСТАВ; УСТАВНЫЕ ДОКУМЕНТЫ; ФРАХТ; ЧАРТЕР
CHARTIST
ЭКОНОМИСТ-АНАЛИТИК, специалист по анализу рыночной конъюнктуры
CHART OF ACCOUNTS
ПЛАН СЧЕТОВ (бухг.)
CHAT FORUM
ИНТЕРНЕТ-КОНФЕРЕНЦИЯ
CHATTEL
ДВИЖИМОЕ ИМУЩЕСТВО
CHATTEL MORTGAGE
ИПОТЕЧНЫЙ КРЕДИТ ПОД ДВИЖИМОЕ ИМУЩЕСТВО
CHATTEL PAPER
ДОКУМЕНТ О КРЕДИТНОМ СОСТОЯНИИ ДВИЖИМОГО ИМУЩЕСТВА
CHECK
ЧЕК; ПЕРЕВОДНОЙ ВЕКСЕЛЬ; СДЕРЖИВАТЬ; ОГРАНИЧИВАТЬ
CHECK DIGIT
КОНТРОЛЬНАЯ ЦИФРА
CHECK-KITING
ВЫПИСЫВАНИЕ НЕОБЕСПЕЧЕННЫХ ЧЕКОВ ДЛЯ ПОЛУЧЕНИЯ
КРЕДИТА
CHECK PROTECTOR
ЗАЩИТА ЧЕКОВ ОТ ПОДДЕЛКИ
CHECK REGISTER
РЕГИСТР ПЛАТЕЖНЫХ ДОКУМЕНТОВ
CHECK STUB
КОРЕШОК ЧЕКА
CHIEF EXECUTIVE OFFICER
ГЛАВНЫЙ ИСПОЛНИТЕЛЬНЫЙ ДИРЕКТОР
CHIEF FINANCIAL OFFICER
ГЛАВНЫЙ ФИНАНСОВЫЙ ДИРЕКТОР
CHIEF OPERATING OFFICER
ГЛАВНЫЙ ОПЕРАЦИОННЫЙ ДИРЕКТОР
CHILD AND DEPENDENT CARE CREDIT
НАЛОГОВАЯ СКИДКА ПО УХОДУ ЗА ДЕТЬМИ И
ИЖДИВЕНЦАМИ
CHI-SQUARE TEST
СТАТИСТИЧЕСКИЙ МЕТОД ПРОВЕРКИ ТОГО, ЯВЛЯЮТСЯ ЛИ
ВЕЛИЧИНЫ НЕЗАВИСИМЫМИ ИЛИ ГОМОГЕННЫМИ
CHOSE IN ACTION
ПРАВО ВОЗБУЖДЕНИЯ ИСКА или ВОСТРЕБОВАНИЯ ДОЛГА
CHURNING
ЧРЕЗМЕРНОЕ КОЛИЧЕСТВО КУПЛЬ И ПРОДАЖ БРОКЕРОМ АКЦИЙ
СВОИХ КЛИЕНТОВ
CIF
СТОИМОСТЬ, СТРАХОВАНИЕ И ФРАХТ
CIPHER
ЗАКОДИРОВАННОЕ СООБЩЕНИЕ
CIRCUIT
ОКРУГ (СУДА)
CIRCUIT BOARD
МОНТАЖНАЯ ПЛАТА
CIVIL LAW
ГРАЖДАНСКОЕ ПРАВО

CIVIL LIABILITY
ГРАЖДАНСКАЯ ОТВЕТСТВЕННОСТЬ
CIVIL PENALTY
ДЕНЕЖНЫЕ ВЫПЛАТЫ В КАЧЕСТВЕ НАКАЗАНИЯ
CLAIM
ПРИТЯЗАНИЕ; ТРЕБОВАНИЕ; РЕКЛАМАЦИЯ: ПУНКТ (патентной формулы)
CLASS
КЛАСС
CLASS ACTION B SHARES
АКЦИИ «Б» ПО КОЛЛЕКТИВНОМУ ИСКУ
CLASSIFICATION
КЛАССИФИКАЦИЯ
CLASSIFIED STOCK
КЛАССИФИЦИРОВАННЫЕ АКЦИИ
CLAUSE
СТАТЬЯ; ПУНКТ; ОГОВОРКА
CLEAN
ЧИСТЫЙ; СВОБОДНЫЙ ОТ ДОЛГОВ; БЕЗ ПРИЛОЖЕНИЯ ДОКУМЕНТОВ
CLEAN HANDS
«ЧИСТЫЕ РУКИ» , ЧЕСТНОЕ И ПРОФЕССИОНАЛЬНОЕ ПОВЕДЕНИЕ
CLEANUP FUND
ФОНД НА ПРЕОДОЛЕНИЕ НЕПРЕДВИДЕННЫХ ЗАТРУДНЕНИЙ
CLEAR
ВЫПЛАТИТЬ ПО ЧЕКУ; ПОЛУЧИТЬ ПРИБЫЛЬ; ПРОЙТИ ПРОВЕРКУ
CLEARANCE SALE
РАСПРОДАЖА ПРИ ЛИКВИДАЦИИ ИНВЕНТАРНЫХ ЗАПАСОВ
CLEARINGHOUSE
РАСЧЕТНАЯ ПАЛАТА
CLEAR TITLE
ЧИСТЫЙ ПРАВОВОЙ ТИТУЛ
CLERICAL ERROR
ТЕХНИЧЕСКАЯ ОШИБКА
CLERK
КОНТОРСКИЙ РАБОТНИК; КЛЕРК; СУДЕБНЫЙ СЕКРЕТАРЬ
CLIENT
КЛИЕНТ
CLIPBOARD
БУФЕР ВЫРЕЗАННОГО ИЗОБРАЖЕНИЯ; В СИСТЕМАХ НЕПОСРЕДСТВЕННОГО ВЗАИМОДЕЙСТВИЯ - БУФЕР ДЛЯ ЫРЕЗАННОГО ИЗОБРАЖЕНИЯ, КОТОРОЕ МОЖЕТ БЫТЬ ПРЕОБРАЗОВАНО И ВСТАВЛЕНО В ТО ЖЕ ОКНО ИЛИ ОКНО, УПРАВЛЯЕМОЕ ДРУГОЙ ПРИКЛАДНОЙ ПРОГРАММОЙ
CLOSE
ЗАКРЫТЬ; ЗАКРЫТИЕ; ЗАВЕРШЕНИЕ
CLOSE CORPORATION PLAN
ДОГОВОР ОПРЕДЕЛЯЮЩИЙ КАК БУДЕТ ВЫКУПАТЬСЯ ДОЛЯ УМЕРШЕГО ДЕРЖАТЕЛЯ АКЦИЙ ОСТАВШИМИСЯ ЧЛЕНАМИ КОРПОРАЦИИ
CLOSED ACCOUNT
ЗАКРЫТЫЙ СЧЕТ
CLOSED ECONOMY
ЗАКРЫТАЯ ЭКОНОМИКА

CLOSED-END MORTGAGE
«ЗАКРЫТАЯ» ИПОТЕКА
CLOSED-END MUTUAL FUND
«ЗАКРЫТЫЙ» ВЗАИМНЫЙ ФОНД
CLOSED STOCK
«ЗАКРЫТЫЕ» АКЦИИ
CLOSELY HELD CORPORATION
АКЦИОНЕРНОЕ ОБЩЕСТВО ОТКРЫТОГО ТИПА С НЕБОЛЬШИМ
КОЛИЧЕСТВОМ АКЦИОНЕРОВ, ИЛИ СОСТОЯНИЕ, КОГДА 5 ИЛИ
МЕНЬШЕ АКЦИОНЕРОВ КОНТРОЛИРУЮТ БОЛЕЕ 50 % КОРПОРАЦИИ
CLOSE OUT
ЛИКВИДАЦИЯ ТОВАРНЫХ ЗАПАСОВ ПУТЁМ ПРОДАЖИ
CLOSING
ОКОНЧАТЕЛЬНОЕ ОФОРМЛЕНИЕ сделки
CLOSING AGREEMENT
СОГЛАШЕНИЕ ОБ ОКОНЧАТЕЛЬНОМ ОФОРМЛЕНИИ СДЕЛКИ
CLOSING COST
ЗАТРАТЫ НА ОКОНЧАТЕЛЬНОЕ ОФОРМЛЕНИЕ СДЕЛКИ(сверх
продажной цены недвижимости – на осмотр, страхование и т.п.)
CLOSING DATE
ДАТА ОКОНЧАТЕЛЬНОГО ОФОРМЛЕНИЯ СДЕЛКИ
CLOSING ENTRY
ВЫВЕДЕНИЕ ОСТАТКА; ЗАКРЫТИЕ СЧЁТА
CLOSING INVENTORY
ИНВЕНТАРНЫЙ ЗАПАС НА КОНЕЦ УЧЁТНОГО ГОДА
CLOSING PRICE or CLOSING QUOTE
ЦЕНА ЗАКРЫТИЯ или ПОСЛЕДНЯЯ КОТИРОВКА (перед закрытием
биржи)
CLOSING STATEMENT
ЗАКЛЮЧИТЕЛЬНЫЙ ОТЧЁТ
CLOUD ON TITLE
ИЗЪЯН ПРАВОВОГО ТИТУЛА
CLUSTER ANALYSIS
ГРУППОВОЙ АНАЛИЗ
CLUSTER HOUSING
ТЕСНАЯ ГРУППОВАЯ ЖИЛАЯ ЗАСТРОЙКА
CLUSTER SAMPLING
ГРУППОВАЯ ВЫБОРКА
CODE
КОДЕКС, НОРМЫ, КОД
CODE OF ETHICS
ЭТИЧЕСКИЙ КОДЕКС
CODICIL
ДОПОЛНЕНИТЕЛЬНОЕ РАСПОРЯЖЕНИЕ К ЗАВЕЩАНИЮ; КОДИЦИЛЬ
CODING OF ACCOUNTS
«КОДИРОВАНИЕ» СЧЕТОВ
COEFFICIENT OF DETERMINATION
ДЕТЕРМИНАНТНЫЙ КОЭФФИЦИЕНТ (СТАТ.)
COINSURANCE
СОСТРАХОВАНИЕ; РАЗДЕЛЕНИЕ РИСКА ПРИ СТРАХОВАНИИ
COLD CANVASS
АКТИВНЫЙ ПОИСК ЗАКАЗОВ
COLLAPSIBLE CORPORATION
«СВОРАЧИВАЕМАЯ» КОРПОРАЦИЯ (на один проект)

COLLATERAL
ОБЕСПЕЧЕНИЕ КРЕДИТА
COLLATERAL ASSIGNMENT
ВЫДЕЛЕНИЕ СТРАХОВОГО ПОЛИСА В ОБЕСПЕЧЕНИЕ КРЕДИТА
COLLATERALIZE
ОБЕСПЕЧИВАТЬ, ГАРАНТИРОВАТЬ (заем, кредит)
COLLATERALIZED MORTGAGE OBLIGATION (CMO)
ОБЛИГАЦИЯ, ОБЕСПЕЧЕННАЯ ПУЛОМ ИПОТЕК
COLLEAGUE
КОЛЛЕГА
COLLECTIBLE
ПОДЛЕЖАЩИЙ ВЗЫСКАНИЮ; ПРЕДМЕТ КОЛЛЕКЦИОНИРОВАНИЯ;
COLLECTION
ИНКАССАЦИЯ; ВЗЫСКАНИЕ; СБОР
COLLECTION RATIO
СРЕДНИЙ СРОК ИНКАССАЦИИ ПОСТУПЛЕНИЙ
COLLECTIVE BARGAINING
ВЫДВИЖЕНИЕ НАЁМНЫМИ РАБОТНИКАМИ СВОИХ
ПРЕДСТАВИТЕЛЕЙ ДЛЯ РЕШЕНИЯ С РАБОТОДАТЕЛЕМ
COLLUSION
СГОВОР (суд.)
COLLUSIVE OLIGOPOLY
СГОВОР МЕЖДУ ПРОИЗВОДИТЕЛЯМИ В ОЛИГОПОЛИИ
COLUMN CHART/GRAPH
СТОЛБИКОВАЯ ДИАГРАММА
COMBINATIONS
КОМБИНАЦИИ
COMFORT LETTER
ПОЛОЖИТЕЛЬНОЕ ЗАКЛЮЧЕНИЕ НЕЗАВИСИМОГО АУДИТОРА
COMMAND
ПРИКАЗ; РАСПОРЯЖЕНИЕ
COMMAND ECONOMY
КОМАНДНАЯ ЭКОНОМИКА
COMMENCEMENT OF COVERAGE
НАЧАЛО ПОКРЫТИЯ
COMMERCIAL
КОММЕРЧЕСКИЙ
COMMERCIAL BANK
КОММЕРЧЕСКИЙ БАНК
COMMERCIAL BLANKET BOND
КОММЕРЧЕСКАЯ ОБЩАЯ ОБЛИГАЦИЯ
COMMERCIAL BROKER
КОММЕРЧЕСКИЙ БРОКЕР
COMMERCIAL CREDIT INSURANCE
СТРАХОВАНИЕ КОММЕРЧЕСКОГО КРЕДИТА
COMMERCIAL FORGERY POLICY
СТРАХОВАНИЕ ОТ ПОДДЕЛЬНЫХ ЧЕКОВ
COMMERCIAL FORMS
КОММЕРЧЕСКИЕ БЛАНКИ
COMMERCIAL HEALTH INSURANCE
КОММЕРЧЕСКОЕ МЕДИЦИНСКОЕ
СТРАХОВАНИЕ
COMMERCIAL LAW
КОММЕРЧЕСКОЕ ПРАВО

COMMERCIAL LOAN
КОММЕРЧЕСКАЯ ССУДА
COMMERCIAL PAPER
КОММЕРЧЕСКИЙ ВЕКСЕЛЬ
COMMERCIAL PROPERTY
НЕДВИЖИМОСТЬ ИСПОЛЬЗУЕМАЯ В КОММЕРЧЕСКИХ ЦЕЛЯХ
COMMERCIAL PROPERTY POLICY
СТРАХОВАНИЕ КОММЕРЧЕСКОЙ СОБСТВЕННОСТИ
COMMINGLING OF FUNDS
СМЕШЕНИЕ ФОНДОВ ДОВЕРЕННОГО ЛИЦА И ЕГО КЛИЕНТОВ
COMMISSION
КОМИССИЯ; КОМИССИОННЫЙ СБОР; КОМИССИОННЫЕ
COMMISSION BROKER
БРОКЕР-КОМИССИОНЕР
COMMITMENT
ОБЯЗАТЕЛЬСТВО, ОБЯЗАННОСТЬ
COMMITMENT FREE
БЕЗ ОБЯЗАТЕЛЬСТВ
COMMODITIES FUTURES
ТОВАРНЫЕ ФЬЮЧЕРСЫ
COMMODITY
ТОВАР
COMMODITY CARTEL
ТОВАРНЫЙ КАРТЕЛЬ
COMMON AREA
ОБЩАЯ ПЛОЩАДЬ, ЗОНА
COMMON CARRIER
ПЕРЕВОЗЧИК НА ОБЩИХ ОСНОВАНИЯХ
COMMON DISASTER CLAUSE OR SURVIVORSHIP CLAUSE
ОГОВОРКА ОБ ОДНОВРЕМЕННОЙ ГИБЕЛИ ЗАВЕЩАТЕЛЯ И
БЕНЕФИЦИАРИЯ (с назначением альтернативного бенефициара)
COMMON ELEMENTS
(В КОНДОМИНИУМЕ) ЧАСТИ СОБСТВЕННОСТИ, НЕ
ПРИНАДЛЕЖАЩИЕ НИКАКОМУ КОНКРЕТНОМУ ЖИЛЬЦУ, НО
НАХОДЯЩИЕСЯ В ОБЩЕМ ПОЛЬЗОВАНИИ
COMMON LAW
ОБЩЕЕ ПРАВО
COMMON STOCK
ОБЫКНОВЕННЫЕ АКЦИИ
COMMON STOCK EQUIVALENT
ПРИВИЛЛЕГИРОВАННЫЕ АКЦИИ И ВЕКСЕЛЯ, ОБРАТИМЫЕ В
ОБЫКНОВЕННЫЕ АКЦИИ
COMMON STOCK FUND
ИНВЕСТИЦИОННЫЙ ФОНД ОБЫКНОВЕННЫХ АКЦИЙ
COMMON STOCK RATIO
ОТНОШЕНИЕ СУММ ОБЫКНОВЕННЫХ АКЦИЙ И ОБЩЕЙ
КАПИТАЛИЗАЦИИ (корпорации)
COMMUNICATIONS NETWORK
СЕТЬ СВЯЗИ
COMMUNISM
КОММУНИЗМ
COMMUNITY ASSOCIATION
АССОЦИАЦИЯ, ОБЪЕДИНЕНИЕ ЖИЛЬЦОВ ИЛИ
ЗЕМЛЕВЛАДЕЛЬЦЕВ

COMMUNITY PROPERTY
СОБСТВЕННОСТЬ ПРИОБРЕТЁННАЯ В БРАКЕ
COMMUTATION RIGHT
ПРАВО ЗАМЕНЫ ПЕРИОДИЧЕСКОГО ПЛАТЕЖА ЕДИНОВРЕМЕННОЙ
ВЫПЛАТОЙ
COMMUTER
ЛИЦО, СОВЕРШАЮЩЕЕ ПОЕЗДКИ МЕЖДУ ПРИГОРОДОМ И ГОРОДОМ
COMMUTER TAX
НАЛОГ НА ПОЕЗДКИ МЕЖДУ ПРИГОРОДОМ И ГОРОДОМ
CO-MORTGAGOR
УЧАСТНИК СОВМЕСТНОГО ИПОТЕЧНОГО ЗАЛОГА
COMPANY
КОМПАНИЯ
COMPANY BENEFITS
ЛЬГОТЫ РАБОТНИКА КОМПАНИИ
COMPANY CAR
СЛУЖЕБНЫЙ АВТОМОБИЛЬ
COMPANY UNION
ПРОФСОЮЗ, НАХОДЯЩИЙСЯ В ТЁПЛЫХ ОТНОШЕНИЯХ С
РУКОВОДСТВОМ КОМПАНИИ
COMPARABLES
СРАВНИМЫЕ ОБЪЕКТЫ СОБСТВЕННОСТИ ДЛЯ ОЦЕНКИ
КОНКРЕТНОЙ СОБСТВЕННОСТИ
COMPARABLE WORTH
ПРИНЦИП, СОГЛАСНО КОТОРОГО ТРУД ДОЛЖЕН ОПЛАЧИВАТЬСЯ
ИСХОДЯ ИЗ КОНЕЧНОГО РЕЗУЛЬТАТА, А НЕ ЛИЧНОСТИ
РАБОТНИКА
COMPARATIVE FINANCIAL STATEMENTS
СОПОСТАВИМАЯ ФИНАНСОВАЯ ОТЧЕТНОСТЬ
COMPARATIVE NEGLIGENCE
ВИНА УЧАСТНИКОВ НЕСЧАСТНОГО СЛУЧАЯ В ОТНОСИТЕЛЬНОМ
(процентном) ВЫРАЖЕНИИ
COMPARISON SHOPPING
СБОР КАК МОЖНО БОЛЬШЕГО КОЛИЧЕСТВА ИНФОРМАЦИИ О
ТОВАРЕ ДО ЕГО ПОКУПКИ
COMPENSATING BALANCE
КОМПЕНСАЦИОННЫЙ ОСТАТОК
COMPENSATING ERROR
КОМПЕНСИРУЮЩАЯ ОШИБКА
COMPENSATION
КОМПЕНСАЦИЯ; ВОЗМЕЩЕНИЕ
COMPENSATORY STOCK OPTIONS
КОМПЕНСАЦИОННЫЙ ОПЦИОНЫ
COMPENSATORY TIME
КОМПЕНСАЦИОННЫЙ ПЕРИОД
COMPETENT PARTY
ДЕЕСПОСОБНАЯ, ПРАВОМОЧНАЯ
СТОРОНА
COMPETITION
КОНКУРЕНЦИЯ; СОРЕВНОВАНИЕ
COMPETITIVE BID
КОНКУРЕНТНАЯ ЗАЯВКА
COMPETITIVE PARTY
КОНКУРИРУЮЩАЯ СТОРОНА

COMPETITIVE PARTY METHOD
МЕТОД УСТАНОВЛЕНИЯ РАСХОДОВ НА РЕКЛАМУ НА УРОВНЕ
КОНКУРИРУЮЩЕЙ СТОРОНЫ
COMPETITIVE STRATEGY
СТРАТЕГИЯ РЕКЛАМЫ, ОСНОВАННАЯ НА СОРЕВНОВАНИИ С
КОНКУРЕНЦИЕЙ
COMPETITOR
КОНКУРЕНТ
COMPILATION
КОМПИЛЯЦИЯ;
COMPILER
КОМПИЛЯТОР
COMPLIANT
УДОВЛЕТВОРЯЮЩИЙ ТРЕБОВАНИЕ; СООТВЕТСТВУЮЩИЙ
COMPLETE AUDIT
ПОЛНЫЙ АУДИТ
COMPLETED CONTRACT METHOD
МЕТОД УЧЕТА ПО ВЫПОЛНЕНИЮ КОНТРАКТА (бухг.)
COMPLETED OPERATIONS INSURANCE
СТРАХОВАНИЕ ЗАВЕРШЕНИЯ ОПЕРАЦИЙ
COMPLETION BOND
ГАРАНТИЯ ЗАВЕРШЕНИЯ ПРОЕКТА
COMPLETE CAPITAL STRUCTURE
ПОЛНАЯ СТРУКТУРА КАПИТАЛА
COMPLEX TRUST
ТРАСТ, ИМЕЮЩИЙ ПРАВО ЛИБО РАСПРЕДЕЛЯТЬ, ЛИБО
УДЕРЖИВАТЬ ДОХОД
COMPLIANCE AUDIT
АУДИТ ВЫПОЛНЕНИЯ ОПРЕДЕЛЁННЫХ ТРЕБОВАНИЙ
COMPONENT PART
СОСТАВНАЯ ДЕТАЛЬ; ЧАСТЬ
COMPOSITE DEPRECIATION
ОБОБЩЕННАЯ АМОРТИЗАЦИЯ
COMPOSITION
СОСТАВ
COMPOUND GROWTH RATE
СОСТАВНОЙ ТЕМП РОСТА
COMPOUND INTEREST
СЛОЖНЫЕ ПРОЦЕНТЫ
COMPOUND JOURNAL ENTRY
СОСТАВНАЯ БУХГАЛТЕРСКАЯ ЗАПИСЬ
**COMPREHENSIVE ANNUAL FINACIAL REPORT
(CAFR)**
КОМПЛЕКСНЫЙ ГОДОВОЙ ФИНАНСОВЫЙ ОТЧЕТ
COMPREHENSIVE INSURANCE
ОБЩЕЕ СТРАХОВАНИЕ
COMPRESS
СЖИМАТЬ, СДАВЛИВАТЬ
COMPTROLLER
КОНТРОЛЕР; ГЛАВНЫЙ БУХГАЛТЕР-КОНТРОЛЁР
COMPULSORY ARBITRATION
ПРИНУДИТЕЛЬНЫЙ АРБИТРАЖ
COMPULSORY INSURANCE
ОБЯЗАТЕЛЬНОЕ СТРАХОВАНИЕ

COMPULSORY RETIREMENT
ОБЯЗАТЕЛЬНЫЙ ВЫХОД НА ПЕНСИЮ
COMPUTER
КОМПЬЮТЕР; ЭВМ
COMPUTER-AIDED
ОСУЩЕСТВЛЁННЫЙ С ПОМОЩЬЮ КОМПЬЮТЕРА
CONCEALMENT
СОКРЫТИЕ; УТАИВАНИЕ
CONCENTRATION BANKING
КОНЦЕНТРАЦИЯ БАНКОВСКИХ ОПЕРАЦИЙ
CONCEPT TEST
ПРОВЕРКА ОБЩЕГО ЗАМЫСЛА, КОНЦЕПЦИИ
CONCERN
КОНЦЕРН; ОБЕСПОКОЕННОСТЬ
CONCESSION
КОНЦЕССИЯ; УСТУПКА
CONCILIATION
ПРИМИРЕНИЕ
CONCILIATOR
МИРОВОЙ ПОСРЕДНИК
CONDEMNATION
ОСУЖДЕНИЕ; ОТКАЗ В ИСКЕ
CONDITIONAL CONTRACT
ДОГОВОР НА ОСОБЫХ УСЛОВИЯХ
CONDITION PRECEDENT
ПРЕЦЕДЕНТ СИТУАЦИИ
CONDITIONAL SALE
ПРОДАЖА НА ОСОБЫХ УСЛОВИЯХ
CONDITIONAL-USE PERMIT
РАЗРЕШЕНИЕ НА ИСПОЛЬЗОВАНИЕ НА ОСОБЫХ УСЛОВИЯХ
CONDITION SUBSEQUENT
ПОСЛЕДУЮЩАЯ СИТУАЦИЯ
CONFERENCE CALL
МНОГОСТОРОННИЙ ТЕЛЕФОННЫЙ РАЗГОВОР
CONFIDENCE GAME
МОШЕННИЧЕСТВО, ОСНОВАННОЕ НА ИСПОЛЬЗОВАНИИ ДОВЕРИЯ
CONFIDENCE INTERVAL
ИНТЕРВАЛ МЕЖДУ САМЫМ НИЖНИМ И САМЫМ ВЕРХНИМ
ВЗОМОЖНЫМ ЗНАЧЕНИЕМ, В КОТОРОМ ВЕРОЯТНО НАХОДИТСЯ
ЗНАЧЕНИЕ РАССМАТРИВАЕМОЙ ВЕЛИЧИНЫ (СТАТ.)
CONFIDENCE LEVEL
ВЕРОЯТНОСТЬ ТОГО, ЧТО РАССМАТРИВАЕМАЯ ВЕЛИЧИНА
НАХОДИТСЯ В ВЫШЕУПОМЯНУТОМ ИНТЕРВАЛЕ
CONFIDENTIAL
КОНФИДЕНЦИАЛЬНЫЙ
CONFIRMATION
ПОДТВЕРЖДЕНИЕ
CONFLICT OF INTEREST
КОНФЛИКТ ИНТЕРЕСОВ
CONFORMED COPY
КОПИЯ ДОКУМЕНТА, ГДЕ ПОДПИСЬ И ПЕЧАТЬ НАПЕЧАТАНЫ ИЛИ
ОПИСАНЫ
CONFUSION
ЗАМЕШАТЕЛЬСТВО; НЕДОПОНИМАНИЕ

CONGLOMERATE
КОНГЛОМЕРАТ
CONSERVATISM, CONSERVATIVE
КОНСЕРВАТИЗМ; КОНСЕРВАТИВНЫЙ (ОСТОРОЖНЫЙ)
CONSIDERATION
СООБРАЖЕНИЕ
CONSIGNEE
ГРУЗОПОЛУЧАТЕЛЬ; АДРЕСАТ; КОНСИГНАТОР
CONSIGNMENT
ПАРТИЯ ТОВАРА; ГРУЗ; КОНСИГНАЦИЯ
CONSIGNMENT INSURANCE
СТРАХОВАНИЕ ГРУЗА
CONSIGNOR
ГРУЗООТПРАВИТЕЛЬ; КОНСИГНАНТ
CONSISTENCY
СОГЛАСОВАННОСТЬ; ПОСЛЕДОВАТЕЛЬНОСТЬ
CONSOLE
КОНСОЛЬ; УСТРОЙСТВО, ПОЗВОЛЯЮЩЕЕ НАПРЯМУЮ СВЯЗЫВАТЬСЯ
С КОМПЬЮТЕРОМ
CONSOLIDATED FINANCIAL STATEMENT
КОНСОЛИДИРОВАННАЯ ОТЧЕТНОСТЬ КОРПОРАЦИИ
CONSOLIDATED TAX RETURN
СВОДНАЯ НАЛОГОВАЯ ОТЧЕТНОСТЬ ГРУППЫ АФФИЛИИРОВАННЫХ
КОМПАНИЙ
CONSOLIDATION LOAN
КОНСОЛИДИРУЮЩИЙ КРЕДИТ
CONSOLIDATOR
КОНСОЛИДИРУЮЩАЯ ОРГАНИЗАЦИЯ
CONSORTIUM
КОНСОРЦИУМ
CONSTANT
ПОСТОЯННАЯ ВЕЛИЧИНА; КОНСТАНТА
CONSTANT DOLLARS
ПОКУПАТЕЛЬНАЯ СПОСОБНОСТЬ ДОЛЛАРА В БАЗОВОМ
ГОДУ
CONSTANT-PAYMENT LOAN
КРЕДИТ , ПОГАШАЕМЫЙ РАВНЫМИ ПЕРИОДИЧЕСКИМИ
ВЫПЛАТАМИ
CONSTITUENT COMPANY
КОМПАНИЯ, ВХОДЯЩАЯ В СОСТАВ ГРУППЫ АФФИЛИИРОВАННЫХ
ИЛИ СЛИВШИХСЯ КОРПОРАЦИЙ
CONSTRAINING (LIMITING) FACTOR
ОГРАНИЧИВАЮЩИЙ, (ЛИМИТИРУЮЩИЙ) ФАКТОР
CONSTRUCTION LOAN
СТРОИТЕЛЬНЫЙ КРЕДИТ
CONSTRUCTIVE NOTICE
ДАННОЕ КОСВЕННЫМ ПУТЁМ ИЗВЕЩЕНИЕ, КОТОРОЕ СУД СЧИТАЕТ
ПОЛУЧЕННЫМ АДРЕСАТОМ
CONSTRUCTIVE RECEIPT OF INCOME
ПРИНЦИП НАЛОГООБЛОЖЕНИЯ, ТРЕБУЮЩИЙ, ЧТОБЫ
ДЕКЛАРИРОВАЛИСЬ КАК РЕАЛЬНО ПОЛУЧЕННЫЕ ДОХОДЫ, ТАК И
ТЕ, КОТОРЫЕ СЧИТАЮТСЯ ПОЛУЧЕННЫМИ
CONSULTANT
КОНСУЛЬТАНТ

CONSUMER
ПОТРЕБИТЕЛЬ
CONSUMER BEHAVIOR
ПОВЕДЕНИЕ, РЕАКЦИЯ ПОТРЕБИТЕЛЯ
CONSUMER GOODS
ПОТРЕБИТЕЛЬСКИЕ ТОВАРЫ
CONSUMERISM
ОБЕСПОКОЕННОСТЬ ОБЩЕСТВЕННОСТИ ПРАВАМИ ПОТРЕБИТЕЛЕЙ, КАЧЕСТВОМ ТОВАРОМ И ПРАВДИВОСТЬЮ РЕКЛАМЫ
CONSUMER PRICE INDEX (CPI)
ИНДЕКС ПОТРЕБИТЕЛЬСКИХ ЦЕН
CONSUMER PROTECTION
ЗАЩИТА ПОТРЕБИТЕЛЯ
CONSUMER RESEARCH
ИЗУЧЕНИЕ ПОТРЕБИТЕЛЕЙ
CONSUMPTION FUNCTION
ФУНКЦИЯ ПОТРЕБЛЕНИЯ
CONTAINER SHIP
СУДНО – КОНТЕЙНЕРОВОЗ
CONTESTABLE CLAUSE
ОСПАРИВАЕМОЕ УСЛОВИЕ
CONTINGENCY FUND
ФОНД НА НЕПРЕДВИДЕННЫЕ РАСХОДЫ
CONTINGENCY PLANNING
ПЛАНИРОВАНИЕ НЕПРЕДВИДЕННЫХ ОБСТОЯТЕЛЬСТВ
CONTINGENCY TABLE
ТАБЛИЦА ПРЕДСТАВЛЯЮЩАЯ КЛАССИФИКАЦИЮ ОБЪЕКТОВ НАБЛЮДЕНИЯ ПО ДВУМ И БОЛЕЕ ПАРАМЕТРАМ
CONTINGENT FEE
ГОНОРАР АДВОКАТА НА УСЛОВИИ ВЫИГРЫША ДЕЛА
CONTINGENT LIABILITY (VICARIOUS LIABILITY)
УСЛОВНАЯ ОТВЕТСТВЕННОСТЬ КОМПАНИИ ЗА ПОСТУПКИ ЛИЦ, НЕ ЯВЛЯЮЩИХСЯ ЕЁ РАБОТНИКАМИ
CONTINUING EDUCATION
КУРСЫ ПОВЫШЕНИЯ КАЛИФИКАЦИИ
CONTINUITY
ПРЕЕМСТВЕННОСТЬ
CONTINUOS AUDIT
НЕПРЕРЫВНЫЙ АУДИТ
CONTINUOS PROCESS
НЕПРЕРЫВНЫЙ ПРОЦЕСС
CONTINUOS PRODUCTION
НЕПРЕРЫВНОЕ ПРОИЗВОДСТВО
CONTRA-ASSET ACCOUNT
КОНТРСЧЕТ
CONTRACT
КОНТРАКТ; ДОГОВОР
CONTRACT CARRIER
ПЕРЕВОЗЧИК ПО КОНТРАКТУ
CONTRACTION
СЖАТИЕ; СОКРАЩЕНИЕ
CONTRACT OF INDEMNITY
СТРАХОВАНИЕ ОТ ПОНЕСЕНИЯУБЫТКОВ

CONTRACTOR
ПОДРЯДЧИК
CONTRACT PRICE (tax.)
ЦЕНА ПРОДАЖИ ЗА ВЫЧЕТОМ ИПОТЕЧНОЙ ЗАДОЛЖЕННОСТИ,
ПРИНЯТОЙ ОТ ПРЕДЫДУЩЕГО ВЛАДЕЛЬЦА (НАЛОГ,)
CONTRACT RATE
НОМИНАЛЬНАЯ ПРОЦЕНТНАЯ СТАВКА
CONTRACT RENT
ДОГОВОРНАЯ АРЕНДА
CONTRARIAN
ЛИЦО, ПОКУПАЮЩЕЕ АКЦИИ, КОГДА ДРУГИЕ ПРОДАЮТ, И
НАОБОРОТ; НЕСОГЛАСНОЕ ЛИЦО
CONTRAST
КОНТРАСТ
CONTRIBUTION
ВЗНОС; СОДЕЙСТВИЕ; УЧАСТИЕ
CONTRIBUTION PROFIT MARGIN
РАЗНИЦА МЕЖДУ ЦЕНОЙ И ПЕРЕМЕННЫМИ ИЗДЕРЖКАМИ
CONTRIBUTORY NEGLIGENCE
ВСТРЕЧНАЯ ВИНА; НЕБРЕЖНОСТЬ ИСТЦА
CONTRIBUTORY PENSION PLAN
ПЕНСИОННАЯ СХЕМА, ПО КОТОРОЙ И РАБОТОДАТЕЛЬ, И РАБОТНИК
ДЕЛАЮТ ВЗНОСЫ
CONTROL
УПРАВЛЕНИЕ; КОНТРОЛЬ
CONTROL ACCOUNT
КОНТРОЛЬНЫЙ СЧЕТ
CONTROL KEY (CTRL)
КЛАВИША УПРАВЛЕНИЯ
CONTROLLABLE COSTS
КОНТРОЛИРУЕМЫЕ РАСХОДЫ
CONTROLLED COMPANY
КОНТРОЛИРУЕМАЯ КОМПАНИЯ
CONTROLLED ECONOMY
КОНТРОЛИРУЕМАЯ ЭКОНОМИКА
CONTROLLER
КОНТРОЛЕР; РЕВИЗОР
CONTROLLING INTEREST
КОНТРОЛЬНЫЙ ПАКЕТ АКЦИЙ
CONVENIENCE SAMPLING
ПРОИЗВОЛЬНАЯ ВЫБОРКА
CONVENTIONAL MORTGAGE
ОБЫЧНАЯ ИПОТЕКА
CONVERSION
ПРЕОБРАЗОВАНИЕ; КОНВЕРСИЯ; КОНВЕРТИРОВАНИЕ
CONVERSION COST
ЗАТРАТЫ НА КОНВЕРТИРОВАНИЕ
CONVERSION FACTOR FOR EMPLOYEE CONTRIBUTIONS
КОЭФФИЦИЕНТ ПЕРЕСЧЕТА ВОЗНАГРАЖДЕНИЯ ЗА ВКЛАД
РАБОТНИКА
CONVERSION PARITY
КОНВЕРСИОННЫЙ ПАРИТЕТ
CONVERSION PRICE
ЦЕНА КОНВЕРСИИ ЗАЙМА

CONVERSION RATIO
СООТНОШЕНИЕ, ОПРЕДЕЛЯЮЩЕЕ СКОЛЬКО ОБЫКНОВЕННЫХ
АКЦИЙ БУДЕТ ПОЛУЧЕНО В ОБМЕН НА ВЕКСЕЛЯ И
ПРИВИЛЛЕГИРОВАННЫЕ АКЦИИ
CONVERTIBLES
КОНВЕРТИРУЕМЫЕ ЦЕННЫЕ БУМАГИ
CONVERTIBLE TERM LIFE INSURANCE
ВРЕМЕНННОЕ СТРАХОВАНИЕ ЖИЗНИ С ВОЗМОЖНОСТЬЮ ЕГО
КОНВЕРСИИ НА ПОЖИЗНЕННОЕ СТРАХОВАНИЕ
CONVEY
ПЕРЕДАВАТЬ ПРАВОВОЙ ТИТУЛ
CONVEYANCE
ПЕРЕДАЧА ПРАВОВОГО ТИТУЛА
COOLING-OFF PERIOD
ПЕРИОД ОТКАЗА ОТ ДЕЙСТВИЙ (профс.)
CO-OP
ДОГОВОРЁННОСТЬ АГЕНТОВ ПО НЕДВИЖИМОСТИ О РАЗДЕЛЕ
КОМИССИОННЫХ; ЖИЛИЩНЫЙ КООПЕРАТИВ
COOPERATIVE
КООПЕРАТИВ; КООПЕРАТИВНЫЙ
COOPERATIVE ADVERTISING
СОВМЕСТНАЯ РЕКЛАМА
COOPERATIVE APARTMENT
КООПЕРАТИВНАЯ КВАРТИРА
COPY-PROTECTED
ЗАЩИЩЁННЫЙ ОТ КОПИРОВАНИЯ
COPYRIGHT
АВТОРСКОЕ ПРАВО
CORNERING THE MARKET
МАНИПУЛИРОВАНИЕ РЫНКОМ
CORPORATE BOND
КОРПОРАЦИОННАЯ ОБЛИГАЦИЯ
CORPORATE CAMPAIGN
РЕКЛАМНАЯ КАМПАНИЯ, НАПРАВЛЕННАЯ НА УЛУЧШЕНИЕ
ИМИДЖА КОМПАНИИ
CORPORATE EQUIVALENT YIELD
ДОХОДНОСТЬ ГОС. ОБЛИГАЦИЙ, ПРИВЕДЕННАЯ К ЭКВИВАЛ.
ДОХОДНОСТИ КОРПОРАЦИОННЫХ ОБЛИГАЦИЙ
CORPORATE STRATEGIC PLANNING
СТРАТЕГИЧЕСКОЕ ПЛАНИРОВАНИЕ
КОРПОРАЦИИ
CORPORATE STRUCTURE
КОРПОРАТИВНАЯ СТРУКТУРА
CORPORATE VEIL
ИСПОЛЬЗОВАНИЕ КОРПОРАЦИИ ДЛЯ МАСКИРОВКИ ДЕЙСТВИЙ
ОТДЕЛЬНОЙ ЛИЧНОСТИ
CORPORATION
КОРПОРАЦИЯ
CORPOREAL
МАТЕРИАЛЬНЫЙ (об имуществе)
CORPUS
СОБРАНИЕ, СВОД (норм)
CORRECTION
ИСПРАВЛЕНИЕ; КОРРЕКЦИЯ

CORRELATION COEFFICIENT
КОЭФФИЦИЕНТ КОРРЕЛЯЦИИ
CORRESPONDENT
КОРРЕСПОНДЕНТ
CORRUPTED
ИСПОРЧЕННЫЙ, ИСКАЖЁННЫЙ
COSIGN
ПОДПИСАТЬ СОВМЕСТНО
COST
ЗАТРАТА; ИЗДЕРЖКА; СЕБЕСТОИМОСТЬ
COST ACCOUNTING
УЧЕТ ИЗДЕРЖЕК; КОММЕРЧЕСКИЙ РАСЧЕТ
COST APPLICATION
УЧЕТ СЕБЕСТОИМОСТИ
COST APPROACH
ЗАТРАТНЫЙ ПОДХОД ОЦЕНКИ СОБСТВЕННОСТИ
COST BASIS
ПЕРВОНАЧАЛЬНАЯ ЦЕНА АКТИВА
COST-BENEFIT ANALYSIS
АНАЛИЗ ИЗДЕРЖЕК И ПРИБЫЛИ
COST CENTER
КАЛЬКУЛЯЦИОННЫЙ ОТДЕЛ
COST CONTAINMENT
СОКРАЩЕНИЕ РАСХОДОВ
COST-EFFECTIVENESS
ЭФФЕКТИВНОСТЬ ЗАТРАТ
COST METHOD
МЕТОД ОЦЕНКИ ОТ СЕБЕСТОИМОСТИ
COST OBJECTIVE
ЦЕЛИ ПО СНИЖЕНИЮ РАСХОДОВ, ДОСТИЖЕНИЮ СТОИМОСТИ
COST OF CAPITAL
СТОИМОСТЬ КАПИТАЛА
COST OF CARRY
ИЗДЕРЖКИ ПО ПОДДЕРЖАНИЮ ИНВЕСТИЦИОННОЙ ПОЗИЦИИ
COST OF GOODS MANUFACTURED
СЕБЕСТОИМОСТЬ ПРОИЗВОДИМЫХ ТОВАРОВ
COST OF GOODS SOLD
СЕБЕСТОИМОСТЬ ПРОДАННЫХ ТОВАРОВ
COST-OF-LIVING ADJUSTMENT (COLA)
КОРРЕКТИРОВКА С УЧЕТОМ РОСТА СТОИМОСТИ ЖИЗНИ (индекса
потребительских цен)
COST OVERRUN
ПРЕВЫШЕНИЕ ПЛАНИРУЕМЫХ ИЗДЕРЖЕК
COST-PLUS CONTRACT
ДОГОВОР С УЧЕТОМ ФАКТИЧЕСКИХ ИЗДЕРЖЕК
COST-PUSH INFLATION
РОСТ ИНФЛЯЦИИ, ВЫЗВАННЫЙ РОСТОМ ЦЕН ИЗ-ЗА РОСТА
ИЗДЕРЖЕК
COST RECORDS
УЧЕТ ИЗДЕРЖЕК
CO-TENANCY
СОВМЕСТНОЕ ПРОЖИВАНИЕ; СОВМЕСТНАЯ АРЕНДА
COTTAGE INDUSTRY
КУСТАРНАЯ ПРОМЫШЛЕННОСТЬ

COUNSEL
ЮРИДИЧЕСКИЙ КОНСУЛЬТАНТ; АДВОКАТ В СУДЕ
COUNTERCLAIM
ВСТРЕЧНАЯ ПРЕТЕНЗИЯ; ВСТРЕЧНЫЙ ИСК
COUNTERCYCLICAL POLICY
ПОЛИТИКА ПРАВИТЕЛЬСТВА ПО СМЯГЧЕНИЮ ВЛИЯНИЯ ДЕЛОВЫХ
ЦИКЛОВ НА ЭКОНОМИКУ СТРАНЫ
COUNTERFEIT
ПОДДЕЛЬНЫЙ, ПОДЛОЖНЫЙ
COUNTERMAND
ОТМЕНА; ОТМЕНЯТЬ
COUNTEROFFER
ВСТРЕЧНОЕ ПРЕДЛОЖЕНИЕ
COUPON BOND
КУПОННАЯ ОБЛИГАЦИЯ
COURT OF RECORD
СУД ПИСЬМЕННОГО ПРОИЗВОДСТВА
COVARIANCE
КОВАРИАНТНОСТЬ
COVENANT
ДОГОВОР; ОБЯЗАТЕЛЬСТВО
COVENANT NOT TO COMPETE
ОБЯЗАТЕЛЬСТВО НЕ КОНКУРИРОВАТЬ
COVER
ПОКРЫВАТЬ; ПОКРЫТИЕ (денежное)
COVERED OPTION
ПОКРЫТЫЙ ОПЦИОН
CRACKER
НАРУШИТЕЛЬ СИСТЕМ БЕЗОПАСНОСТИ
CRAFT UNION
ПРОФЕССИОНАЛЬНЫЙ СОЮЗ
CRASH
КРАХ (биржевой); ФАТАЛЬНЫЙ СБОЙ; АВАРИЙНОЕ ЗАВЕРШЕНИЕ
РАБОТЫ СИСТЕМЫ
CREATIVE BLACK BOOK
«ЧЁРНАЯ КНИГА», Т. Е. МИРОВОЙ СПРАВОЧНИК ТВОРЧЕСКИХ
ДЕЯТЕЛЕЙ (ФОТОГРАФОВ, ИЛЛЮСТРАТОРОВ И Т. П.)
CREATIVE FINANCING
ФИНАНСИРОВАНИЕ ОТЛИЧНОЕ ОТ ТРАДИЦИОННОГО
CREDIT
КРЕДИТ; ССУДА
CREDIT ANALYST
АНАЛИТИК ПО КРЕДИТАМ
CREDIT BALANCE
КРЕДИТОВЫЙ (положительный) ОСТАТОК НА
СЧЕТЕ
CREDIT BUREAU
БЮРО КРЕДИТНОЙ ИНФОРМАЦИИ
CREDIT CARD
КРЕДИТНАЯ КАРТОЧКА
CREDITOR
КРЕДИТОР; ЗАИМОДАТЕЛЬ
CREDIT ORDER
ПОРУЧЕНИЕ НА КРЕДИТ

CREDIT RATING
ПОКАЗАТЕЛЬ КРЕДИТОСПОСОБНОСТИ
CREDIT REQUIREMENTS
ТРЕБОВАНИЯ КРЕДИТОВАНИЯ
CREDIT RISK
КРЕДИТНЫЙ РИСК
CREDIT UNION
КРЕДИТНЫЙ СОЮЗ
CREEPING INFLATION
«ПОЛЗУЧАЯ» ИНФЛЯЦИЯ
CRITICAL PATH METHOD (CPM)
МЕТОД КОНТРОЛЯ ИЗДЕРЖЕК ПУТЁМ ОПТИМИЗАЦИИ
ПОСЛЕДОВАТЕЛЬНОСТИ ЭТАПОВ ПРОИЗВОДСТВА)
CRITICAL REGION
КРИТИЧЕСКАЯ ЗОНА (СТАТ.)
CROSS
ОПЕРАЦИЯ С ЦЕННЫМИ БУМАГАМИ, В КОТОРОЙ ОДИН БРОКЕР
ВЫСТУПАЕТ АГЕНТОМ КА ПРОДАЮЩЕЙ, ТАК И ПОКУПАЮЩЕЙ
СТОРОНЫ
CROSS-FOOTING
ПЕРЕКРЕСТНАЯ ПОДДЕРЖКА
CROSS MERCHANDISING
ПЕРЕКРЕСТНОЕ СОДЕЙСТВИЕ ПРОДВИЖЕНИЮ ТОВАРА НА РЫНКЕ
CROSS PURCHASE PLAN
СТРАХОВАНИЕ НА СЛУЧАЙ СМЕРТИ ИЛИ БОЛЕЗНИ ДЕЛОВОГО
ПАРТНЁРА
CROSS TABULATION
ПЕРЕКРЕСТНЫЙ ИТОГ
CROWD
СКОПЛЕНИЕ (бирж.)
CROWDING OUT
«ВЫТЕСНЕНИЕ» (бирж.)
CROWN JEWELS
«ЖЕМЧУЖИНЫ» , Т. Е. НАИБОЛЕЕ ЦЕННЫЕ ДОЧЕРНИЕ КОМПАНИИ
CROWN LOAN
ЗАЁМ КРОУНА
CUM DIVIDEND, CUM RIGHTS or CUM WARRANT
«ВКЛЮЧАЯ ДИВИДЕНД И ПРАВО НА ПОКУПКУ» , АКЦИИ,
ВЛАДЕЛЬЦЫ КОТОРЫХ ИМЕЮТ ПРАВО НА ПОЛУЧЕНИЕ
ДИВИДЕНТОВ
CUMULATIVE DIVIDEND
КУМУЛЯТИВНЫЙ ДИВИДЕНД
CUMULATIVE LIABILITY
СОВОКУПНАЯ ОТВЕТСТВЕННОСТЬ
CUMULATIVE PREFERRED STOCK
КУМУЛЯТИВНАЯ ПРИВИЛЕГИРОВАННАЯ АКЦИЯ
CUMULATIVE VOTING
КУМУЛЯТИВНОЕ ГОЛОСОВАНИЕ (акционеров)
CURABLE DEPRECIATION
ИСПРАВИМАЯ АМОРТИЗАЦИЯ
CURRENCY FUTURES
ВАЛЮТНЫЕ ФЬЮЧЕРСЫ
CURRENCY IN CIRCULATION
ДЕНЕЖНАЯ МАССА (банкноты и монеты) В ОБРАЩЕНИИ

CURRENT
ТЕКУЩИЙ
CURRENT ASSET
ТЕКУЩИЕ ОБОРОТНЫЕ АКТИВЫ
CURRENT ASSUMPTION WHOLE LIFE INSURANCE
ПОЖИЗНЕННОЕ СТРАХОВАНИЕ НА СЛУЧАЙ СМЕРТИ С
ЕЛЕМЕНТАМИ СБЕРЕЖЕНИЙ НА ОСНОВЕ ТЕКУЩЕЙ ПРОЦЕНТНОЙ
СТАВКИ
CURRENT COST
ТЕКУЩАЯ СТОИМОСТЬ
CURRENT DOLLARS
СТОИМОСТЬ АКТИВОВ В СЕГОДНЯШНИХ ЦЕНАХ
CURRENT LIABILITIES
ТЕКУЩИЕ ОБЯЗАТЕЛЬСТВА
CURRENT MARKET VALUE
ТЕКУЩАЯ РЫНОЧНАЯ СТОИМОСТЬ
CURRENT RATIO
ОТНОШЕНИЕ ТЕКУЩИХ АКТИВОВ К ТЕКУЩИМ ПАССИВАМ
CURRENT VALUE ACCOUNTING
УЧЕТ В ТЕКУЩИХ ЦЕНАХ
CURRENT YIELD
ТЕКУЩИЙ ДОХОД (по ценным бумагам)
CURTAILMENT IN PENSION PLAN
УРЕЗАНИЕ ПЕНСИОННОГО ФОНДА, ПЛАНА
CURSOR
КУРСОР
ОГРАНИЧЕНИЕ ПЕНСИОННОЙ СХЕМЫ
CURTILAGE
ЗЕМЛЯ И СТРОЕНИЯ, ПРИМЫКАЮЩИЕ К ЖИЛОМУ ДОМУ
CUSTODIAL ACCOUNT
ПОПЕЧИТЕЛЬСКИЙ СЧЕТ; СЧЕТ, ОТКРЫТЫЙ НА
НЕСОВЕРШЕННОЛЕТНЕГО
CUSTODIAN
ПОПЕЧИТЕЛЬ; ОПЕКУН
CUSTODY
ОПЕКА; СОДЕРЖАНИЕ ПОД СТРАЖЕЙ
CUSTOMER
ПОКУПАТЕЛЬ; КЛИЕНТ
CUSTOM PROFILE
«НА ЗАКАЗ»
CUSTOMER SERVICE
ОБСЛУЖИВАНИЕ ПОКУПАТЕЛЕЙ
CUSTOMER SERVICE REPRESENTATIVE
ПРЕДСТАВИТЕЛЬ ПО ОБСЛУЖИВАНИЮ ПОКУПАТЕЛЕЙ
CUSTOMS
ТАМОЖНЯ
CUSTOMS COURT
ТАМОЖЕННЫЙ СУД
CUTOFF POINT
«ТОЧКА ОТСЕЧЕНИЯ»
CYBERSPACE
«КИБЕР-ПРОСТРАНСТВО»
CYCLE BILLING
ПЕРИОДИЧЕСКОЕ ВЫСТАВЛЕНИЕ СЧЕТОВ

CYCLICAL DEMAND
ЦИКЛИЧЕСКИЙ СПРОС
CYCLICAL INDUSTRY
ПРОМЫШЛЕННОСТЬ С ПРОИЗВОДСТВЕННЫМ ЦИКЛОМ
CYCLICAL STOCK
«ЦИКЛИЧЕСКИЕ» ЦЕННЫЕ БУМАГИ
CYCLICAL UNEMPLOYMENT
ЦИКЛИЧЕСКАЯ БЕЗРАБОТИЦА
CYCLIC VARIATION
ЦИКЛИЧЕСКИЕ ИЗМЕНЕНИЯ

D

DAILY TRADING LIMIT
МАКСИМАЛЬНО РАЗРЕШЕННОЕ ДВИЖЕНИЕ ЦЕНЫ В ТЕЧЕНИЕ
ОДНОГО ДНЯ
ЛИМИТЫ ТОРГОВЛИ; МАКСИМУМ ТОВАРОВ
DAISY CHAIN
ТОРГОВЛЯ МЕЖДУ БРОКЕРАМИ С ЦЕЛЬЮ СОЗДАНИЯ ВИДИМОСТИ
СПРОСА НА ОПРЕДЕЛЁННЫЕ АКЦИИ
DAMAGES
УЩЕРБ; ПОТЕРИ
DATA
ДАННЫЕ
DATABASE
БАЗА ДАННЫХ
DATABASE MANAGEMENT
УПРАВЛЕНИЕ БАЗОЙ ДАННЫХ
DATA COLLECTION
СБОР ДАННЫХ
DATA MAINTENANCE
ХРАНЕНИЕ И ОБРАБОТКА ДАННЫХ
DATA PROCESSING INSURANCE
СТРАХОВАНИЕ ОБРАБОТКИ
ДАННЫХ
DATA RETRIEVAL
ВЫЗОВ ДАННЫХ
DATA TRANSMISSION
ПЕРЕДАЧА ДАННЫХ
DATE OF ISSUE
ДАТА ВЫДАЧИ; ДАТА ЭМИССИИ; ДАТА ИЗДАНИЯ
DATE OF RECORD
ДАТА, ФИКСИРУЮЩАЯ НАЧАЛО ОФИЦИАЛЬНОГО ВЛАДЕНИЯ
ЦЕННЫМИ БУМАГАМИ, ДАЮЩЕГО ПРАВА НА ПОЛУЧЕНИЕ
ДИВИДЕНДА
DATING
ПРОДЛЕНИЕ КРЕДИТА СВЕРХ ОБЫЧНОГО СРОКА
DEADBEAT
НЕПЛАТЕЛЬЩИК ДОЛГОВ
DEAD-END JOB
ДОЛЖНОСТЬ БЕЗ ВОЗМОЖНОСТИ ПРОДВИЖЕНИЯ
DEADHEAD
БЕЗБИЛЕТНИК; ПОРОЖНИЙ РЕЙС
DEADLINE
КРАЙНИЙ СРОК
DEAD STOCK
ТОВАР, НЕ ПОЛЬЗУЮЩИЙСЯ СПРОСОМ
DEAD TIME
ПРОСТОЙ

DEALER
ДИЛЕР
DEATH BENEFIT
ВЫПЛАТА ПО СТРАХОВАНИЮ В СЛУЧАЕ СМЕРТИ
DEBASEMENT
УМЕНЬШЕНИЕ СОДЕРЖАНИЯ ДРАГМЕТАЛЛА В МОНЕТАХ
DEBENTURE
НЕОБЕСПЕЧЕННАЯ ССУДА
DEBIT
ДЕБЕТ; ПРОВОДКА РАСХОДА (бухг.)
DEBIT MEMORANDUM
ДЕБЕТОВАЯ СПРАВКА
DEBT
ДОЛГ; ЗАДОЛЖЕННОСТЬ
DEBT COVERAGE RATIO
СООТНОШЕНИЕ ЧИСТОГО ОПЕРАЦИОННОГО ДОХОДА К СУММЕ
ЕЖЕГОДНЫХ ВЫПЛАТ ПО КРЕДИТАМ
DEBT INSTRUMENT
ДОЛГОВОЕ ОБЯЗАТЕЛЬСТВО
DEBTOR
ДОЛЖНИК
DEBT RETIREMENT
ВЫПЛАТА (ПОГАШЕНИЕ) ДОЛГА
DEBT SECURITY
ЦЕННАЯ БУМАГА, ЯВЛЯЮЩАЯСЯ ДОЛГОВЫМ СВИДЕТЕЛЬСТВОМ
DEBT SERVICE
ОБСЛУЖИВАНИЕ ДОЛГА, ПОГАШЕНИЕ ДОЛГА
DEBT-TO-EQUITY RATIO
СООТНОШЕНИЕ СОБСТВЕННЫХ И ЗАЕМНЫХ СРЕДСТВ
DEBUG
ОТЛАЖИВАТЬ
DECENTRALIZATION
ДЕЦЕНТРАЛИЗАЦИЯ
DECEPTIVE ADVERTISING
ВВОДЯЩАЯ В ЗАБЛУЖДЕНИЕ РЕКЛАМА
DECEPTIVE PACKAGING
ВВОДЯЩАЯ В ЗАБЛУЖДЕНИЕ УПАКОВКА
DECISION MODEL
МОДЕЛЬ ПРИНЯТИЯ РЕШЕНИЙ
DECISION PACKAGE
КОМПЛЕКСНОЕ РЕШЕНИЕ
DECISION SUPPORT SYSTEM (DSS)
СИСТЕМА ОБЕСПЕЧЕНИЯ (ВЫПОЛНЕНИЯ) ПРИНЯТЫХ РЕШЕНИЙ
DECISION TREE
ДИАГРАММА, ПОКАЗЫВАЮЩАЯ ВСЕВОЗМОЖНЫЕ ПОСЛЕДСТВИЯ
ОПРЕДЕЛЁННОГО РЕШЕНИЯ
DECLARATION
ДЕКЛАРАЦИЯ; ЗАЯВЛЕНИЕ
DECLARATION OF ESTIMATED TAX
УПЛАТА НАЛОГОВ НА ОСНОВЕ ПРЕДПОЛАГАЕМОГО ДОХОДА
DECLARATION OF TRUST
ДЕКЛАРАЦИЯ ОБ УЧРЕЖДЕНИИ ТРАСТА
DECLARE
ЗАЯВЛЯТЬ; ДЕКЛАРИРОВАТЬ

DECLINING-BALANCE METHOD
МЕТОД УСКОРЕННОЙ АММОРТИЗАЦИИ
DECRYPTION
РАСШИФРОВКА
DEDICATED LINE
ТЕЛЕФОННАЯ ЛИНИЯ, ПРЕДНАЗНАЧЕННАЯ ДЛЯ ОПРЕДЕЛЁННОЙ
ЦЕЛИ, НАПРИМЕР, СВЯЗИ С ИНТЕРНЕТОМ
DEDICATION
ПЕРЕДАЧА ЗЕМЕЛЬНОГО УЧАСТКА ЗЕМЛЕВЛАДЕЛЬЦЕМ В
ОБЩЕСТВЕННОЕ ПОЛЬЗОВАНИЕ
DEDUCTIBILITY OF EMPLOYEECONTRIBUTIONS
ВОЗМОЖНОСТЬ ВЫЧЕТА (УДЕРЖАНИЯ) ВЗНОСОВ РАБОТНИКОВ
DEDUCTION
ВЫЧЕТ (УДЕРЖАНИЕ)
DEDUCTIVE REASONING
ДЕДУКТИВНОЕ ДОКАЗАТЕЛЬСТВО
DEED
ЮРИДИЧЕСКИЙ ДОКУМЕНТ С ПОДПИСЬЮ И ПЕЧАТЬЮ,
ОПРЕДЕЛЯЮЩИЙ ПРАВА И ОБЯЗАННОСТИ СТОРОН; АКТ
DEED IN LIEU OF FORECLOSURE
ПЕРЕДАЧА СОБСТВЕННОСТИ КРЕДИТОРУ В СИТУАЦИИ, КОГДА
ЛИШЕНИЕ ПРАВА ВЫКУПА ЗАЛОЖЕННОГО ИМУЩЕСТВ НЕИЗБЕЖНО
DEED OF TRUST
ДОКУМЕНТ ОБ УЧРЕЖДЕНИИ ДОВЕРИТЕЛЬНОЙ СОБСТВЕННОСТИ
DEED RESTRICTION
ОГРАНИЧЕНИЯ ПРАВ ИСПОЛЬЗОВАНИЯ ЗЕМЛИ, ЗАЛОЖЕННЫЕ В АКТ
ЕЁ ПЕРЕДАЧИ НОВОМУ ВЛАДЕЛЬЦУ
DEEP DISCOUNT BOND
ОБЛИГАЦИЯ ГЛУБОКОГО ДИСКОНТА (по низкой цене по сравнению с
номиналом)
DE FACTO CORPORATION
КОРПОРАЦИЯ, СУЩЕСТВУЮЩАЯ «ДЕ-ФАКТО»
DEFALCATION
РАСТРАТА
DEFAULT
НЕВЫПОЛНЕНИЕ УСЛОВИЙ, ОБЯЗАТЕЛЬСТВ
(ИСПОЛЬЗУЕМЫЙ) ПО УМОЛЧАНИЮ; О ЗНАЧЕНИИ ИЛИ ДЕЙСТВИИ,
ИСПОЛЬЗУЕМОМ ИЛИ ВЫПОЛНЯЕМОМ, ЕСЛИ НЕ УКАЗАНО
ИНАЧЕ
DEFAULT JUDGMENT
РЕШЕНИЕ СУДА В ПОЛЬЗУ ИСТЦА ПРИ УКЛОНЕНИИ ОТ ЗАЩИТЫ
DEFEASANCE
АННУЛИРОВАНИЕ (условия); ОТМЕНА
DEFECTIVE
ДЕФЕКТНЫЙ; НЕПОЛНОЦЕННЫЙ
DEFECTIVE TITLE
ДЕФЕКТНЫЙ ПРАВОВОЙ ТИТУЛ
DEFENDANT
ОТВЕТЧИК; ПОДСУДИМЫЙ
DEFENSE OF SUIT AGAINST INSURED
ЗАЩИТА ПО ИСКУ ЗАСТРАХОВАННОГО
DEFENSIVE SECURITIES
СТАБИЛЬНЫЕ ЦЕННЫЕ БУМАГИ, ЯВЛЯЮЩИЕСЯ ОТНОСИТЕЛЬНО
НАДЁЖНЫМИ ИНВЕСТИЦИЯМИ

DEFERRED ACCOUNT
СЧЕТА С ОТСРОЧЕННОЙ УПЛАТОЙ НАЛОГОВ
DEFERRED BILLING
ОТСРОЧЕННОЕ ВЫСТАВЛЕНИЕ СЧЕТА
DEFERRED CHARGE
ОТСРОЧЕННЫЕ РАСХОДЫ
DEFERRED COMPENSATION
ОТСРОЧЕННАЯ КОМПЕНСАЦИЯ
DEFERRED COMPENSATION PLAN
ПЕНСИОННАЯ СХЕМА ОТСРОЧЕННОЙ КОМПЕНСАЦИИ
DEFERRED CONTRIBUTION PLAN
СХЕМА ОТСРОЧЕННЫХ ВЗНОСОВ
DEFERRED CREDIT
ЗАЧИСЛЕНИЕ СРЕДСТВ НЛ ТЕКУЩИЙ СЧЕТ С ОТСРОЧКОЙ
DEFERRED GROUP ANNUITY
ОТСРОЧЕННАЯ ГРУППОВАЯ РЕНТА
DEFERRED INTEREST BOND
ОБЛИГАЦИЯ С ОТСРОЧЕННЫМИ ВЫПЛАТАМИ
DEFERRED MAINTENANCE
ОТЛОЖЕННЫЙ РЕМОНТ
DEFERRED-PAYMENT ANNUITY
РЕНТА С ОТСРОЧЕННЫМИ ВЫПЛАТАМИ
DEFERRED PAYMENTS
ОТСРОЧЕННЫЕ ПЛАТЕЖИ
DEFERRED PROFIT-SHARING
ОТСРОЧЕННОЕ РАЗДЕЛЕНИЕ ПРИБЫЛИ
DEFERRED RETIREMENT
ОТСРОЧЕННЫЙ ВЫХОД НА ПЕНСИЮ
DEFERRED WAGE INCREASE
ОТСРОЧЕННОЕ ПОВЫШЕНИЕ ЗАРАБОТНОЙ ПЛАТЫ
DEFICIENCY
НЕДОСТАТОК; ДЕФИЦИТ
DEFICIENCY JUDGMENT
РЕШЕНИЕ СУДА О ВЗЫСКАНИИ ОСТАТКА ДОЛГА С ЗАЁМЩИКА
DEFICIENCY LETTER
ИЗВЕЩЕНИЕ ЭМИТЕНТУ О НЕПОЛНОТЕ ЕГО ПРОСПЕКТА
DEFICIT
ДЕФИЦИТ
DEFICIT FINANCING
ДЕФИЦИТНОЕ ФИНАНСИРОВАНИЕ (из бюджета)
DEFICIT NET WORTH
ИЗБЫТОК ПАССИВОВ СВЕРХ АКТИВОВ И КАПИТАЛА КОМПАНИИ
DEFICIT SPENDING
ДЕФИЦИТНОЕ РАСХОДОВАНИЕ
DEFINED-BENEFIT PENSION PLAN
ПЕНСИЯ С ФИКСИРОВАННОЙ ВЫПЛАТОЙ ПОСЛЕ ОГОВОРЕННОЙ
ВЫСЛУГИ ЛЕТ
DEFINED CONTRIBUTION PENSION PLAN
ПЕНСИОННАЯ ПРОГРАММА С ФИКСИРОВАННЫМИ
ВЗНОСАМИ
DEFLATION
ДЕФЛЯЦИЯ
DEFLATOR
ДЕФЛЯТОР

DEFUNCT COMPANY
ПРЕКРАТИВШАЯ ДЕЯТЕЛЬНОСТЬ КОМПАНИЯ
DEGRESSION
УБЫВАНИЕ
DEINDUSTRIALIZATION
ДЕИНДУСТРИАЛИЗАЦИЯ
DELEGATE
ДЕЛЕГИРОВАТЬ, ПЕРЕДАВАТЬ ПОЛНОМОЧИЯ; ДЕЛЕГАТ
DELETE
ИСКЛЮЧИТЬ, УДАЛИТЬ
DELETE KEY (DEL)
КЛАВИША УДАЛЕНИЯ
DELINQUENCY
НЕВЫПОЛНЕНИЕ ОБЯЗАННОСТЕЙ; НАРУШЕНИЕ; ПРАВОНАРУШЕНИЕ
DELINQUENT
НАРУШИТЕЛЬ; ПРАВОНАРУШИТЕЛЬ
DELISTING
ЛИШЕНИЕ КОТИРОВКИ (бирж.)
DELIVERY
ПОСТАВКА; ДОСТАВКА; ВЫПОЛНЕНИЕ
DELIVERY DATE
ДАТА ПОСТАВКИ, ДОСТАВКИ
DEMAND
СПРОС
DEMAND CURVE
КРИВАЯ СПРОСА
DEMAND DEPOSIT
 СЧЕТ (ВКЛАД) ДО ВОСТРЕБОВАНИЯ
DEMAND LOAN
ССУДА ДО ВОСТРЕБОВАНИЯ
DEMAND NOTE
ДОЛГОВОЕ ОБЯЗАТЕЛЬСТВО С ПОГАШЕНИЕМ ПО ТРЕБОВАНИЮ
DEMAND PRICE
ЦЕНА СПРОСА
DEMAND-PULL INFLATION
ИНФЛЯЦИЯ ПОД ВОЗДЕЙСТВИЕМ СПРОСА
DEMAND SCHEDULE
ТАБЛИЦА ВЗАИМООТНОШЕНИЯ СПРОСА И ЦЕНЫ
DEMARKETING
УСИЛИЯ, НАПРАВЛЕННЫЕ НА УМЕНЬШЕНИЕ ПОТРЕБЛЕНИЯ ИЛИ
УХОДА С РЫНКА ОПРЕДЕЛЁННОГО ТОВАРА
DEMISED PREMISES
ПЛОЩАДЬ, СДАВАЕМАЯ В НАЕМ
DEMOGRAPHICS
ДЕМОГРАФИЯ
DEMOLITION
РАЗРУШЕНИЕ; СНОС
DEMONETIZATION
ДЕМОНЕТИЗАЦИЯ; ИЗЪЯТИЕ ИЗ ОБОРОТА ПОЛНОЦЕННЫХ ДЕНЕГ
DEMORALIZE
ДЕМОРАЛИЗАЦИЯ
DEMURRAGE
ПЛАТА ЗА ПРОСТОЙ СУДНА ПРИ ПОГРУЗКЕ/РАЗГРУЗКЕ;
ДЕМЕРРЕДЖ

DEMURRER
ПРОЦЕССУАЛЬНЫЙ ОТВОД (суд.)
DENOMINATION
ДЕНОМИНАЦИЯ; НОМИНАЛ
DENSITY
ПЛОТНОСТЬ
DENSITY ZONING
ЗОНИРОВАНИЕ ПО ПЛОТНОСТИ ЗАСЕЛЕНИЯ
DEPARTMENT
ОТДЕЛ; ДЕПАРТАМЕНТ; МИНИСТЕРСТВО
DEPENDENT
ИЖДИВЕНЕЦ
DEPENDENT COVERAGE
СТРАХОВОЕ ПОКРЫТИЕ ИЖДИВЕНЦЕВ
DEPLETION
ИСТОЩЕНИЕ; УБЫВАНИЕ
DEPOSIT
ДЕПОЗИТ; ВКЛАД
DEPOSIT ADMINISTRATION PLAN
ПЛАН ГРУППОВОГО АННУИТЕТА
DEPOSIT IN TRANSIT
ДЕПОЗИТ «В ПУТИ»
DEPOSITION
ПОКАЗАНИЯ (суд.)
DEPOSITORS FORGERY INSURANCE
СТРАХОВАНИЕ ДЕПОЗИТАРИЯ ОТ ФАЛЬСИФИКАЦИИ
DEPOSITORY TRUST COMPANY (DTC)
ТРАСТОВАЯ КОМПАНИЯ – ДЕПОЗИТАРИЙ
DEPRECIABLE LIFE
ПЕРИОД ПОЛНОЙ АМОРТИЗАЦИИ
DEPRECIABLE REAL ESTATE
АМОРТИЗИРУЕМАЯ НЕДВИЖИМОСТЬ
DEPRECIATE
ТЕРЯТЬ ЦЕННОСТЬ; ПОДВЕРГАТЬСЯ АМОРТИЗАЦИИ
DEPRECIATED COST
ИСХОДНАЯ СТОИМОСТЬ АКТИВА МИНУС АМОРТИЗАЦИЯ
DEPRECIATION
АМОРТИЗАЦИЯ; СНИЖЕНИЕ ЦЕННОСТИ
DEPRECIATION RECAPTURE
ВОЗВРАТ УТРАЧЕННОЙ СТОИМОСТИ
DEPRECIATION RESERVE
РЕЗЕРВ НА АМОРТИЗАЦИЮ
DEPRESSION
ДЕПРЕССИЯ
DEPTH INTERVIEW
УГЛУБЛЕННОЕ СОБЕСЕДОВАНИЕ
DEREGULATION
ОТМЕНА РЕГУЛИРОВАНИЯ; СНЯТИЕ ОГРАНИЧЕНИЙ
DERIVED DEMAND
ПРОИЗВОДНЫЙ СПРОС
DESCENT
ОПУСКАНИЕ; СНИЖЕНИЕ
DESCRIPTION
ОПИСАНИЕ; НАИМЕНОВАНИЕ

DESCRIPTIVE MEMORANDUM
ОПИСАТЕЛЬНЫЙ МЕМОРАНДУМ, ПРОТОКОЛ
DESCRIPTIVE STATISTICS
ОПИСАТЕЛЬНАЯ СТАТИСТИКА
DESK
РАБОЧЕЕ МЕСТО; ПОДРАЗДЕЛЕНИЕ ОРГАНИЗАЦИИ
DESKTOP PUBLISHING
«НАСТОЛЬНОЕ ИЗДАТЕЛЬСТВО». ИСПОЛЬЗОВАНИЕ КОМПЬЮТЕРА
ДЛЯ СОЗДАНИЯ ОФИЦИАЛЬНЫХ БЛАНКОВ И Т. П.
DESTINATION FILE (NETWORK)
ВЫХОДНОЙ ФАЙЛ
DETAIL PERSON
ЛИЦО , В ЗАДАЧУ КОТОРОГО ВХОДИТ ОБСЛУХИВАНИЕ КЛИЕНТОВ,
«ВНИМАНИЕ К ДЕТАЛЯМ»
DEVALUATION
ДЕВАЛЬВАЦИЯ
DEVELOPER
РАЗРАБОТЧИК; ЗАСТРОЙЩИК
DEVELOPMENT
РАЗВИТИЕ; РАЗРАБОТКА;
ЗАСТРОЙКА
DEVELOPMENTAL DRILLING PROGRAM
ПРОГРАММА РАЗВИТИЯ НЕФТЕРОЖДЕНИЯ
DEVELOPMENT STAGE ENTERPRISE
ПРЕДПРИЯТИЕ НА СТАДИИ СТАНОВЛЕНИЯ
DEVIATION POLICY
ПОЛИТИКА РЕАГИРОВАНИЯ КОМПАНИИ НА ОТКЛОНЕНИЯ ОТ
ПРИНЯТЫХ НОРМ ПОВЕДЕНИЯ
DEVISE
ИЗМЫШЛЯТЬ; ЗАВЕЩАТЬ
DIALUP
ВРЕМЕННАЯ СВЯЗЬ МЕЖДУ КОМПЬЮТЕРАМИ ПОСРЕДСТВОМ
НАБОРА ТЕЛЕФОННОГО НОМЕРА ЧЕРЕЗ МОДЕМ
DIAGONAL EXPANSION
«ДИАГОНАЛЬНОЕ» РАСШИРЕНИЕ
DIARY
ДНЕВНИК; ХРОНОЛОГИЧЕСКИЙ ОТЧЕТ
DIFFERENTIAL ADVANTAGE
ПРЕИМУЩЕСТВО ПО РАЗНИЦЕ ЦЕН
DIFFERENTIAL ANALYSIS
ДИФФЕРЕНЦИАЛЬНЫЙ АНАЛИЗ
DIFFERENTIATION STRATEGY
СТРАТЕГИЯ ДИФФЕРЕНЦИАЦИИ
DIGITS DELETED
ИСКЛЮЧЕННЫЕ РАЗРЯДЫ (числа)
DILUTION
«РАСТВОРЕНИЕ» КОНТРОЛЯ и ДОХОДОВ (при выпуске новых акций);
РАЗБАВЛЕНИЕ
DIMINISHING-BALANCE METHOD
СОКРАЩАЮЩИЙСЯ (УМЕНЬШАЮЩИЙСЯ) БАЛАНС
DIPLOMACY
ДИПЛОМАТИЯ
DIRECT ACCESS
ПРЯМОЙ ДОСТУП

DIRECT-ACTION ADVERTISING
МЕТОД МАРКЕТИНГА, КОГДА ТОВАР РАСПРОСТРОНЯЕТСЯ ТОЛЬКО ЧЕРЕЗ РЕКЛАМУ
DIRECT CHARGE-OFF METHOD
МЕТОД ПРЯМОГО СПИСАНИЯ
DIRECT COST
ПРЯМЫЕ ЗАТРАТЫ, ИЗДЕРЖКИ
DIRECT COSTING
УЧЕТ ПО ПРЯМОЙ СЕБЕСТОИМОСТИ
DIRECTED VERDICT
РЕШЕНИЕ (ВЕРДИКТ) (присяжных) ПО УКАЗАНИЯМ СУДЬИ
DIRECT FINANCING LEASE
АРЕНДА С ПРЯМЫМ ФИНАНСИРОВАНИЕМ
DIRECT INVESTMENT
ПРЯМЫЕ ИНВЕСТИЦИИ
DIRECT LABOR
ПРЯМЫЕ ТРУДОЗАТРАТЫ
DIRECT LIABILITY
НЕПОСРЕДСТВЕННАЯ ОТВЕТСТВЕННОСТЬ
DIRECT MARKETING
ПРЯМОЙ МАРКЕТИНГ
DIRECT MATERIAL
ПРЯМЫЕ МАТЕРИАЛЬНЫЕ ЗАТРАТЫ
DIRECTOR
ДИРЕКТОР; РЕЖИССЕР
DIRECTORATE
СОВЕТ (КОЛЛЕГИЯ) ДИРЕКТОРОВ
DIRECT OVERHEAD
ПРЯМЫЕ НАКЛАДНЫЕ РАСХОДЫ
DIRECT-REDUCTION MORTGAGE
ЗАКЛАДНАЯ С ПРЯМЫМ СНИЖЕНИЕМ
DIRECT RESPONSE ADVERTISING
РЕКЛАМА С НЕПОСРЕДСТВЕННЫМ ЗАПРОСОМ ОТВЕТА; МЕТОД МАРКЕТИНГА, КОГДА ТОВАР РАСПРОСТРОНЯЕТСЯ ТОЛЬКО ЧЕРЕЗ РЕКЛАМУ
DIRECT SALES
ПРЯМАЯ ПРОДАЖА
DIRECT PRODUCTION
ПРЯМОЕ ПРОИЗВОДСТВО
DISABILITY BENEFIT
ВЫПЛАТА ПО НЕТРУДОСПОСОБНОСТИ
DISABILITY BUY-OUT INSURANCE
СТРАХОВАНИЕ НА СЛУЧАЙ НЕОБХОДИМОСТИ ВЫКУПА ДОЛИ НЕТРУДОСПОСОБНОГО ПАРТНЁРА
DISABILITY INCOME INSURANCE
СТРАХОВАНИЕ ДОХОДА НА СЛУЧАЙ НЕТРУДОСПОСОБНОСТИ
DISAFFIRM
ОТКАЗ ОТ РАННЕГО ПОДТВЕРЖДЕНИЯ, СОГЛАСИЯ
DISBURSEMENT
ВЫПЛАТА ДЕНЕГ, ПОГАШЕНИЕ ДОЛГА ПО ЭТАПАМ
DISCHARGE
УВОЛЬНЕНИЕ; ПРИКАЗНОЕ ПОЛОЖЕНИЕ; ИСПОЛНЕНИЕ
DISCHARGE IN BANKRUPTCY
СУДЕБНЫЙ ПРИКАЗ, УТВЕРЖДАЮЩИЙ БАНКРОТСТВО

DISCHARGE IN LIEN
ИСПОЛНЕНИЕ ПО ПРАВУ УДЕРЖАНИЯ
DISCIPLINARY LAYOFF
ДИСЦИПЛИНАРНОЕ ВРЕМЕННОЕ ОТСТРАНЕНИЕ ОТ РАБОТЫ
DISCLAIMER
ОТКАЗ (от права)
DISCLOSURE
РАСКРЫТИЕ; ОБНАРУЖЕНИЕ; СООБЩЕНИЕ
DISCONTINUANCE OF PLAN
ПРЕКРАЩЕНИЕ СЛЕДОВАНИЯ ПЛАНУ
DISCONTINUED OPERATION
ПРЕКРАЩЕНИЕ ДЕЯТЕЛЬНОСТИ, ОПЕРАЦИИ
DISCOUNT
ДИСКОНТ, СКИДКА; УЧЕТ ВЕКСЕЛЯ; ЗАЧЕТ ТРЕБОВАНИЙ
DISCOUNT BOND
ОБЛИГАЦИЯ С ЦЕНОЙ НИЖЕ НОМИНАЛА
DISCOUNT BROKER
ДИСКОНТНЫЙ БРОКЕР
DISCOUNTED CASH FLOW
ДИСКОНТИРОВАННЫЙ ПОТОК НАЛИЧНОСТИ
DISCOUNTING THE NEWS
В ОЖИДАНИИСТАВИТЬ НА ПОДЪЁМ ИЛИ ПАДЕНИЕ ЦЕНЫ АКЦИЙ
КОМПАНИИ В КАЧЕСТВЕ РЕАКЦИИ НА ХОРОЩИЕ ИЛИ ПЛОХИЕ О
НЕЙ НОВОСТИ
DISCOUNT POINTS
УЧЕТНЫЕ ПУНКТЫ
DISCOUNT RATE
УЧЕТНАЯ СТАВКА
DISCOUNT WINDOW
«УЧЕТНОЕ ОКНО», буквально МЕСТО В ЦЕНТРАЛЬНОМ БАНКЕ, ГДЕ
БАНКИ ПОДАЮТ ЗАЯВКИ НА ЗАЙМЫ ПО УЧЁТНОЙ СТАВКЕ
DISCOUNT YIELD
(ГОДОВАЯ) ДОХОДНОСТЬ ДИСКОНТНОЙ ЦЕННОЙ БУМАГИ
DISCOVERY
ОТКРЫТИЕ; РАСКРЫТИЕ; ОБНАРУЖЕНИЕ
DISCOVERY SAMPLING
DISCREPANCY
РАСХОЖДЕНИЕ, НЕСООТВЕТСТВИЕ
DISCRETION
СВОБОДА ДЕЙСТВИЙ; ПРАВО ДЕЙСТВИЯ ПО УСМОТРЕНИЮ
DISCRETIONARY COST
ЗАТРАТЫ ПО УСМОТРЕНИЮ
DISCRETIONARY INCOME
ЧАСТЬ ДОХОДА ЛИЦА ПОСЛЕ УДОВЛЕТВОРЕНИЯ ПЕРВООЧЕРЕДНЫХ
ПОТРЕБНОСТЕЙ
DISCRETIONARY POLICY
ПОЛИТИКА ПРЕДОСТАВЛЕНИЕ ОГОВОРЕННОЙ СВОБОДЫ ДЕЙСТВИЙ
DISCRETIONARY SPENDING POWER
ПОЛНОМОЧИЕ НА РАСХОДОВАНИЕ ПО УСМОТРЕНИЮ
DISCRIMINATION
ДИСКРИМИНАЦИЯ; НЕРАВЕНСТВО В ПРАВАХ
DISECONOMIES
ОТРИЦАТЕЛЬНЫЙ ВНЕШНИЙ ЭФФЕКТ ЭКОНОМИЧЕСКОЙ
ДЕЯТЕЛЬНОСТИ

DISHONOR
БЕСЧЕСТИЕ; ОТКАЗ В ПРИЕМЕ ДОКУМЕНТА: ПРОСРОЧКА ОПЛАТЫ
ПО СЧЕТУ
DISINFLATION
ДЕФЛЯЦИЯ
DISINTERMEDIATION
ОТЛИВ ДЕНЕЖНЫХ РЕСУРСОВ ИЗ КРЕДИТНО-ФИНАНСОВЫХ
УЧРЕЖДЕНИЙ НА НЕОРГАНИЗОВАННЫЙ РЫНОК ССУДНОГО
КАПИТАЛА
DISJOINT EVENTS
НЕСОГЛАСУЕМЫЕ СОБЫТИЯ
DISK
ДИСК
DISK DRIVE
ДИСКОВОД
DISMISSAL
ОТКЛОНЕНИЕ ИСКА; ПРЕКРАЩЕНИЕ ДЕЛА; УВОЛЬНЕНИЕ
DISPATCHER
ДИСПЕТЧЕР; ДОСТАВЩИК
DISPOSABLE INCOME
ДОХОД НАСЕЛЕНИЯ ПОСЛЕ УПЛАТЫ НАЛОГОВ
DISPOSSESS
ЛИШАТЬ ВЛАДЕНИЯ; ВЫСЕЛЯТЬ
DISPOSSESS PROCEEDINGS
РАЗБИРАТЕЛЬСТВО ПО ЛИШЕНИЮ ВЛАДЕНИЯ
DISSOLUTION
РАСТОРЖЕНИЕ, ПРЕКРАЩЕНИЕ (договора); РОСПУСК, ЛИКВИДАЦИЯ
(компании)
DISTRESSED PROPERTY
ИМУЩЕСТВО ЛИЦА, ТЕРЯЮЩЕГО ПРАВА НА ЕГО ВЫКУП ИЗ-ЗА
НЕДОСТАТОЧНОГО ДОХОДА
DISTRIBUTION
СБЫТ, РАСПРЕДЕЛЕНИЕ; РАЗМЕЩЕНИЕ (бумаг на рынке)
DISTRIBUTION ALLOWANCE
СКИДКА, ПРЕДОСТАВЛЕННАЯ ПРОИЗВОДИТЕЛЕМ ДИСТРИБУТОРУ
ИЛИ ОПТОВИКУ НА ВОЗМЕЩЕНИЕ РАСХОДОВ ПО СБЫТУ
ТОВАРА
DISTRIBUTION COST ANALYSIS
АНАЛИЗ ЗАТРАТ НА РАСПРОСТРАНЕНИЕ, РАЗМЕЩЕНИЕ
DISTRIBUTOR
АГЕНТ ПО СБЫТУ, ДИСТРИБУТОР
DIVERSIFICATION
ДИВЕРСИФИКАЦИЯ
DIVERSIFIED COMPANY
ДИВЕРСИФИЦИРОВАННАЯ КОМПАНИЯ
DIVESTITURE
ЛИШЕНИЕ ПРАВ, СОБСТВЕННОСТИ, ПОЛНОМОЧИЙ
DIVIDEND
ДИВИДЕНД
DIVIDEND ADDITION
ОПЛАТА УВЕЛИЧЕНИЯ НОМИНАЛЬНОЙ СТОИМОСТИ СТРАХОВОГО
ПОЛИСА ЗА СЧЁТ ВЫПЛАЧЕННЫХ ПО НЕМУ ДИВИДЕНДОВ
DIVIDEND EXCLUSION
ИСКЛЮЧЕНИЕ ДИВИДЕНДОВ ИЗ НАЛОГООБЛОЖЕНИЯ

DIVIDEND PAYOUT RATIO
ОТНОШЕНИЕ ВЫПЛАТЫ ДИВИДЕНДОВ К ПРИБЫЛИ
DIVIDEND REINVESTMENT PLAN
ПРОГРАММА РЕИНВЕСТИРОВАНИЯ ДИВИДЕНДОВ
DIVIDEND REQUIREMENT
СУММА ГОДОВОГО ДОХОДА, НЕОБХОДИМАЯ ДЛЯ ВЫПЛАТЫ
ДИВИДЕНДОВ
DIVIDEND ROLLOVER PLAN
МЕТОД КУПЛИ АКЦИЙ В ПЕРИОД ВЫПЛАТЫ ДИВИДЕНДОВ
DIVIDENDS PAYABLE
ДИВИДЕНДЫ, ПОДЛЕЖАЩИЕ УПЛАТЕ
DIVISION OF LABOR
РАЗДЕЛЕНИЕ ТРУДА
DOCKING
СТЫКОВКА; ПОСТАНОВКА К ПРИЧАЛУ
DOCKING STATION
ПУЛЬТ ПОДКЛЮЧЕНИЯ
DOCUMENTARY EVIDENCE
ДОКУМЕНТАЛЬНО ПОДТВЕРЖДЕННЫЕ ДОКАЗАТЕЛЬСТВА
DOCUMENTATION
ДОКУМЕНТАЦИЯ
DOING BUSINESS AS (DBA)
ДЕЛОВОЙ ПСЕВДОНИМ
DOLLAR COST AVERAGING
ПОЭТАПНОЕ РЕГУЛЯРНОЕ ИНВЕСТИРОВАНИЕ
DOLLAR DRAIN
УТЕЧКА ДОЛЛАРОВ
DOLLAR UNIT SAMPLING (DUS)
ВЫБОРКА В ДОЛЛАРОВОМ ПЕРЕСЧЕТЕ
DOLLAR VALUE LIFO
МЕТОД УЧЕТА «ПОСЛЕДНИМ ПРИШЕЛ, ПЕРВЫМ УШЕЛ) (LIFO) В
ДОЛЛАРОВОМ ВЫРАЖЕНИИ
DOMAIN NAME SYSTEM
СИСТЕМА ИМЕНОВАНИЯ ДОМЕНОВ
DOMESTIC CORPORATION
ОТЕЧЕСТВЕННАЯ КОМПАНИЯ
DOMICILE
ПОСТОЯННЫЙ или ЮРИДИЧЕСКИЙ АДРЕС; МЕСТО ПЛАТЕЖА (по
векселю); ДОМИЦИЛЬ
DOMINANT TENEMENT
ЗЕМЛЯ, ВЫИГРЫВАЮЩАЯ В СЛУЧАЕ СЕРВИТУТА НА
ПРИЛЕГАЮЩУЮ НЕДВИЖИМОСТЬ
DONATED STOCK
ОПЛАЧЕННАЯ АКЦИЯ, БЕСПЛАТНО ПЕРЕДАННАЯ ЭМИТЕНТУ
DONATED SURPLUS
ЧАСТЬ КАПИТАЛА, ПЕРЕДАННАЯ КОМПАНИИ БЕЗВОЗМЕЗДНО
DONOR
ДОНОР; ЖЕРТВОВАТЕЛЬ
DOUBLE CLICK
ДВОЙНОЙ ЩЕЛЧОК ПРИ НАЖАТИИ КЛАВИШИ
DOUBLE DECLINING BALANCE
ВДВОЙНЕ СНИЖАЮЩИЙСЯ БАЛАНС
DOUBLE-DIGIT INFLATION
ИНФЛЯЦИЯ С ГОДОВЫМИ ТЕМПАМИ, ВЫРАЖАЮЩИМИСЯ

ДВУЗНАЧНЫМИ ПРОЦЕНТАМИ
DOUBLE-DIPPING
СОСТОЯНИЕ, КОГДА ВОЕННОСЛУЖАЩИЙ ИЛИ ГОСУДАРСТВЕННЫЙ
СЛУЖАЩИЙ ОДНОВРЕМЕННО РАБОТАЮТ И В ГРАЖДАНСКОМ
СЕКТОРЕ
DOUBLE-ENTRY ACCOUNTING
ДВОЙНАЯ БУХГАЛТЕРИЯ
DOUBLE PRECISION
УДВОЕННАЯ ТОЧНОСТЬ
DOUBLE TAXATION
ДВОЙНОЕ НАЛОГООБЛОЖЕНИЕ
DOUBLE TIME
УДВОЕННАЯ ПОЧАСОВАЯ СТАВКА ЗА СВЕРХУРОЧНУЮ РАБОТУ
DOUBLE (TREBLE) DAMAGES
УДВОЕННЫЕ (УТРОЕННЫЕ) ВЫПЛАТЫ ЗА НАНЕСЕНИЕ УЩЕРБА
DOWER
ВДОВЬЯ ЧАСТЬ НАСЛЕДСТВА
DOWNLOAD
ЗАГРУЖАТЬ, ПЕРЕСЫЛАТЬ (ПО ЛИНИИ СВЯЗИ)
DOWN PAYMENT
ПЕРВЫЙ ВЗНОС
DOWNSCALE
СНИЖЕНИЕ МАСШТАБА; УМЕНЬШЕНИЕ
DOWNSIDE RISK
РИСК СНИЖЕНИЯ СТОИМОСТИ ЦЕННОЙ БУМАГИ
DOWNSTREAM
ФИН. ПОТОКИ ОТ МАТЕРИНСКОЙ КОМПАНИИ К ДОЧЕРНЕЙ
DOWN TICK
ПРОДАЖА ЦЕННЫХ БУМАГ ПО ЦЕНАМ НИЖЕ, ЧЕМ ЦЕНЫ
ПРЕДЫДУЩЕЙ СДЕЛКИ
DOWNTIME
ПРОСТОЙ
DOWNTURN
ЭКОНОМИЧЕСКИЙ СПАД
DOWNZONING
ПЕРЕ- ЗОНИРОВАНИЕ С ЦЕЛЬЮ СНИЖЕНИЯ ИНТЕНСИВНОСТИ
ИСПОЛЬЗОВАНИЯ НАДЕЛА
DOWRY
ПРИДАНОЕ
DOW THEORY
ТЕОРИЯ ДОУ
DRAFT
ПРОЕКТ; ЧЕРНОВИК; ПЕРЕВОДНОЙ ВЕКСЕЛЬ; ТРАТТА
DRAINING RESERVES
ИЗЪЯТИЕ РЕЗЕРВОВ
DRAW
СОСТАВЛЯТЬ, ОФОРМЛЯТЬ; СНИМАТЬ (со счета); ВЫПИСЫВАТЬ,
ВЫСТАВЛЯТЬ (чек, тратту); ВЫТЯГИВАТЬ
DRAWEE
ТРАССАТ
DRAWER
ТРАССАНТ; ЧЕКОДАТЕЛЬ; ВЕКСЕЛЕДАТЕЛЬ
DRAWING ACCOUNT
РАСХОДНЫЙ СЧЕТ

DRAW TOOL
ПРОГРАММА РИСОВАНИЯ, ЧЕРЧЕНИЯ
DRIVE
ДИСКОВОД
DROP-DOWN MENU (PULL-DOWN MENU)
ПУЛ-ДАУН МЕНЮ, СПУСКАЮЩЕЕСЯ МЕНЮ
DROP-SHIPPING
ПРЯМАЯ ДОСТАВКА ОТ ИЗГОТОВИТЕЛЯ ПОТРЕБИТЕЛЮ (по заказу через оптового торговца)
DRY GOODS
СУХИЕ ГРУЗЫ
DUAL CONTRACT
ДВОЙНОЙ КОНТРАКТ, ДОГОВОР
DUE BILL
СЧЕТ С НАСТУПИВШИМ СРОКОМ ОПЛАТЫ
DUE-ON-SALE CLAUSE
УСЛОВИЕ, ПО КОТОРОМУ КРЕДИТОР МОЖЕТ ПОТРЕБОВАТЬ ПОГАШЕНИЯ ИПОТЕЧНОГО КРЕДИТА, ЕСЛИ ЗАЛОГОВАЯ СОБСТВЕННОСТЬ ПРОДАНА
DUMMY
ПОДСТАВНОЕ ЛИЦО; МАНЕКЕН; «КУКЛА»
DUMPING
ДЕМПИНГ
DUN
ТРЕБОВАНИЕ УПЛАТЫ ОТ ПРОСРОЧИВШЕГО ДОЛЖНИКА
DUPLEX COPYING (PRINTING)
ДУПЛЕКСНОЕ ПЕРЕПИСЫВАНИЕ (РАСПЕЧАТКА)
DUPLICATION OF BENEFITS
ДУБЛИРОВАНИЕ ВЫГОД, ЛЬГОТ
DURESS
ПРИНУЖДЕНИЕ
DUTCH AUCTION
«ГОЛЛАНДСКИЙ» АУКЦИОН (начиная с заведомо завышенной цены)
DUTY
ДОЛГ; ОБЯЗАННОСТЬ; НАЛОГ; СБОР; ТАМОЖЕННАЯ ПОШЛИНА

E

EACH WAY
»В ОБЕ СТОРОНЫ»; КОМИССИОННЫЕ БРОКЕРА, ВОВЛЕЧЁННОГО КАК В ПОКУПКУ, ТАК И В ПРОДАЖУ ОПРЕДЕЛЁННЫХ ЦЕННЫХ БУМАГ
EARLY RETIREMENT
РАНИЙ, ДОСРОЧНЫЙ ВЫХОД НА ПЕНСИЮ
EARLY RETIREMENT BENEFITS
ЛЬГОТЫ, ВЫПЛАТЫ ПРИ РАННЕМ, ДОСРОЧНОМ ВЫХОДЕ НА ПЕНСИЮ
EARLY WITHDRAWAL PENALTY
ШТРАФ ЗА ДОСРОЧНОЕ ИЗЪЯТИЕ ИНВЕСТИЦИЙ С ФИКС. СРОКОМ
EARNED INCOME
ЗАРАБОТАННЫЙ ДОХОД
EARNEST MONEY
АВАНСОВАЯ ОПЛАТА ПРИ ЗАКЛЮЧЕНИИ КОНТРАКТА
EARNINGS AND PROFITS
ДОХОД И ПРИБЫЛЬ
EARNINGS BEFORE TAXS
ДОХОД ДО УПЛАТЫ НАЛОГОВ
EARNINGS PER SHARE
ДОХОД НА ОДНУ АКЦИЮ
EARNINGS REPORT
ОТЧЕТ О ПРИБЫЛЯХ И УБЫТКАХ
EASEMENT
ПРАВО ПРОХОДА, ПРОВЕДЕНИЯ КОММУНИКАЦИОННЫХ ЛИНИЙ И Т. П. ПО ЧУЖОЙ ЗЕМЛЕ
EASY MONEY
«ДЕШЕВЫЕ ДЕНЬГИ»; СТИМУЛИРОВАНИЕ ЭКОНОМИЧЕСКОГО РОСТА СНИЖЕНИЕМ ПРОЦ. СТАВКИ
ECONOMETRICS
ЭКОНОМЕТРИКА
ECONOMIC
ЭКОНОМИЧЕСКИЙ
ECONOMIC ANALYSIS
ЭКОНОМИЧЕСКИЙ АНАЛИЗ
ECONOMIC BASE
ЭКОНОМИЧЕСКАЯ ОСНОВА, БАЗА
ECONOMIC DEPRECIATION
ЭКОНОМИЧЕСКАЯ АМОРТИЗАЦИЯ
ECONOMIC FREEDOM
ЭКОНОМИЧЕСКАЯ СВОБОДА
ECONOMIC GROWTH
ЭКОНОМИЧЕСКИЙ РОСТ
ECONOMIC GROWTH RATE
ТЕМПЫ ЭКОНОМИЧЕСКОГО РОСТА
ECONOMIC INDICATORS
ЭКОНОМИЧЕСКИЕ ИНДИКАТОРЫ, ПОКАЗАТЕЛИ

ECONOMIC LIFE
ПОЛЕЗНЫЙ ИЛИ ПРИБЫЛЬНЫЙ ПЕРИОД ИМУЩЕСТВА
ECONOMIC LOSS
УРОВЕНЬ ПРИБЫЛИ. НЕДОСТАТОЧНЫЙ ДЛЯ ПРОДОЛЖЕНИЯ
ПРОИЗВОДСТВА
ECONOMIC RENT
ДИФФЕРЕНЦИАЛЬНАЯ РЕНТА
ECONOMICS
ЭКОНОМИКА; ЭКОНОМИЧЕСКАЯ НАУКА
ECONOMIC SANCTIONS
ЭКОНОМИЧЕСКИЕ САНКЦИИ
ECONOMIC SYSTEM
ЭКОНОМИЧЕСКАЯ СИСТЕМА
ECONOMIC VALUE
ЭКОНОМИЧЕСКАЯ ЦЕННОСТЬ
ECONOMIES OF SCALE
ЭКОНОМИЯ ОТ РОСТА МАСШТАБА ПРОИЗВОДСТВА
ECONOMIST
ЭКОНОМИСТ
ECONOMY
ЭКОНОМИКА; ЭКОНОМИЯ
EDIT
РЕДАКТИРОВАНИЕ
EFFECTIVE DATE
ДАТА НАЧАЛА ДЕЙСТВИЯ
EFFECTIVE DEBT
СУММАРНАЯ ЗАДОЛЖЕННОСТЬ КОМПАНИИ
EFFECTIVE NET WORTH
РЕАЛЬНАЯ ЧИСТАЯ СТОИМОСТЬ КОМПАНИИ
EFFECTIVE RATE
РЕАЛЬНАЯ ПРОЦЕНТНАЯ СТАВКА
EFFECTIVE TAX RATE
РЕАЛЬНАЯ СТАВКА НАЛОГООБЛОЖЕНИЯ
EFFICIENCY
ПРОИЗВОДИТЕЛЬНОСТЬ; ЭФФЕКТИВНОСТЬ; К.П.Д.
EFFICIENT MARKET
РАЦИОНАЛЬНЫЙ РЫНОК, ТЕОРИЯ, СОГЛАСНО КОТОРОЙ РЫНОЧНАЯ
ЦЕНА ОТРАЖАЕТ ЗНАНИЯ И ОЖИДАНИЯ ВСЕХ ИНВЕСТОРОВ
EFFICIENT PORTFOLIO
ПОРТФЕЛЬ ЦЕННЫХ БУМАГ, ПРИНОСЯЩИЙ МАКСИМАЛЬНЫЙ
ДОХОД ПРИ ОПРЕДЕЛЁННОМ РИСКЕ, ИЛИ С МИНИМАЛЬНЫМ
РИСКОМ ДЛЯ ДОСТИЖЕНИЯ ОПРЕДЕЛЁННОГО УРОВНЯ ДОХОДА
EJECT
ИЗГОНЯТЬ; ВЫДАВАТЬ
EJECTMENT
ОТВЕРЖЕНИЕ; ВЫСЕЛЕГИЕ
ELASTICITY OF SUPPLY AND DEMAND
ЭЛАСТИЧНОСТЬ, ГИБКОСТЬ СПРОСА И ПРЕДЛОЖЕНИЯ
ELECT
ИЗБИРАТЬ
ELECTRONIC MAIL (EMAIL)
ЭЛЕКТРОННАЯ ПОЧТА
ELIGIBILITY REQUIREMENTS
ТРЕБОВАНИЯ ПРИГОДНОСТИ, СООТВЕТСТВИЯ

ELIGIBLE PAPER
ПРИЕМЛИМЫЙ ДОКУМЕНТ
EMAIL ADDRESS
АДРЕС ЭЛЕКТРОННОЙ ПОЧТЫ
EMANICIPATION
ЭМАНСИПАЦИЯ
EMBARGO
ЭМБАРГО
EMBED
ВСТАВЛЯТЬ
EMBEZZLEMENT
ХИЩЕНИЕ; РАСТРАТА
EMBLEMENT
ПРАВО АРЕНДАТОРА СОБРАТЬ ВЫРАЩЕННЫЙ ИМ УРОЖАЙ ДАЖЕ
ЕСЛИ СРОК АРЕНДЫ ИСТЁК ДО СРОКА СБОРА УРОЖАЯ
EMINENT DOMAIN
ПРАВО ГОСУДАРСТВА НА ИЗЪЯТИЕ ЧАСТНОЙ СОБСТВЕННОСТИ ДЛЯ
ОБЩЕГО ПОЛЬЗОВАНИЯ С ПОЛНОЙ КОМПЕНСАЦИЕЙ СТОИМОСТИ
ВЛАДЕЛЬЦУ
EMPLOYEE
РАБОТНИК (наемный)
EMPLOYEE ASSOCIATION
СОЮЗ РАБОТНИКОВ
EMPLOYEE BENEFITS
ПРИЧИТАЮЩИЕСЯ РАБОТНИКУ ЛЬГОТЫ И ВЫПЛАТЫ
EMPLOYEE CONTRIBUTIONS
ВЗНОС РАБОТНИКА
EMPLOYEE PROFIT SHARING
РАЗДЕЛЕНИЕ ПРИБЫЛИ С РАБОТНИКАМИ
EMPLOYEE STOCK OPTION
ЛЬГОТНОЕ ПРАВО РАБОТНИКА НА ПРИОБРЕТЕНИЕ АКЦИЙ
КОМПАНИИ
EMPLOYEE STOCK OWNERSHIP PLAN (ESOP)
ПРОГРАММА ПООЩРЕНИЯ ПОКУПКИ АКЦИЙ КОМПСНИИ ЕЁ
РАБОТНИКАМИ
EMPLOYER
РАБОТОДАТЕЛЬ
EMPLOYER INTERFERENCE
ВМЕШАТЕЛЬСТВО РАБОТОДАТЕЛЯ
EMPLOYMENT AGENCY
АГЕНТСТВО ПО ТРУДОУСТРОЙСТВУ
EMPLOYMENT CONTRACT
ДОГОВОР О НАЙМЕ
ENABLE
ПОЗВОЛЯТЬ
ENABLING CLAUSE
ПУНКТ НОВОГО ЗАКОНОДАТЕЛЬНОГО ДОКУМЕНТА, ДАЮЩИЙ
ПРАВО ВЛАСТЯМ НА ВВЕДЕНИЕ ЕГО В СИЛУ
ENCODING
КОДИРОВАНИЕ
ENCROACH
ВТОРГАТЬСЯ; ПОСЯГАТЬ
ENCROACHMENT
ВТОРЖЕНИЕ

ENCRYPTION
КОДИРОВАНИЕ; СОКРЫТИЕ СОДЕРЖАНИЯ
ENCUMBRANCE
ОБЯЗАТЕЛЬСТВО С ОБЕСПЕЧЕНИЕМ ИМУЩЕСТВОМ ЗАКЛАДНАЯ
END OF MONTH
КОНЕЦ МЕСЯЦА
ENDORSEMENT or INDORSEMENT
ПЕРЕДАТОЧНАЯ или ПОДТВЕРЖДАЮЩАЯ ПОДПИСЬ или НАДПИСЬ;
ИНДОССАМЕНТ
ENDOWMENT
ДАРЕНИЕ; ПОЖЕРТВОВАНИЕ
END USER
КОНЕЧНЫЙ ПОЛЬЗОВАТЕЛЬ; ЧЕЛОВЕК, ПРИМЕНЯЮЩИЙ ЭВМ ДЛЯ
РЕШЕНИЯ СОБСТВЕННЫХ ЗАДАЧ
ENERGY TAX CREDIT
НАЛОГОВЫЙ КРЕДИТ ЭНЕРГОПОТРЕБЛЕНИЯ
ENJOIN
ТРЕБОВАТЬ; РАСПОРЯЖАТЬСЯ
ENTERPRISE
ПРЕДПРИЯТИЕ
ENTERPRISE ZONE
ЗОНА ПРЕДПРИНИМАТЕЛЬСТВА
ENTITY
ЛИЦО (чаще, юридическое); ОРГАНИЗАЦИЯ
ENTREPRENEUR
ПРЕДПРИНИМАТЕЛЬ
ENTRY-LEVEL JOB
РАБОТА НА НАЧАЛЬНОМ УРОВНЕ
ENVIRONMENTAL IMPACT STATEMENT (EIS)
ЭКОЛОГИЧЕСКОЕ ЗАКЛЮЧЕНИЕ
EOM DATING
СИСТЕМА, ПРИ КОТОРОЙ ВСЕ ПОКУПКИ, СДЕЛАННЫЕ НА 25-Е
ЧИСЛО ОДНОГО МЕСЯЦА, ПОДЛЕЖАТ ОПЛАТЕ В ТЕЧЕНИИ 30 ДНЕЙ
ОТ КОНЦА СЛЕДУЮЩЕГО МЕСЯЦА
EQUALIZATION BOARD
АДМИНИСТРАТИВНЫЙ ОРГАН ПО ВЫРАВНИВАНИЮ
НАЛОГООБЛОЖЕНИЯ
EQUAL OPPORTUNITY EMPLOYER
РАБОТОДАТЕЛЬ БЕЗ ДИСКРИМИНАЦИИ
EQUAL PROTECTION OF THE LAWS
РАВНАЯ ЗАЩИТА ЗАКОНОМ
EQUILIBRIUM
РАВНОВЕСИЕ
EQUILIBRIUM PRICE
ЦЕНА РАВНОВЕСИЯ
EQUILIBRIUM QUANTITY
РАВНОВЕСНОЕ КОЛИЧЕСТВО
EQUIPMENT
ОБОРУДОВАНИЕ
EQUIPMENT LEASING
СДАЧА ОБОРУДОВАНИЯ В АРЕНДУ
EQUIPMENT TRUST BOND
ДОВЕРИТЕЛЬНАЯ ОБЛИГАЦИЯ НА
ОБОРУДОВАНИЕ

EQUITABLE
СПРАВЕДЛИВЫЙ, БЕСПРИСТРАСТНЫЙ
EQUITABLE DISTRIBUTION
СПРАВЕДЛИВОЕ РАСПРЕДЕЛЕНИЕ
EQUITY
КАПИТАЛ (компании); СОБСТВЕННЫЙ КАПИТАЛ
EQUITY FINANCING
МОБИЛИЗАЦИЯ КАПИТАЛА ПУТЕМ ВЫПУСКА АКЦИЙ
EQUITY METHOD
МЕТОДИКА НА ОСНОВЕ ОЦЕНКИ КАПИТАЛА (БУХГ.)
EQUITY OF REDEMPTION
ПРАВО ВЫКУПА ЗАЛОЖЕННОГО ИМУЩЕСТВА
EQUITY REIT
ИНВЕСТИЦИОННЫЙ ФОНД, ВКЛАДЫВАЮЩИЙ СРЕДСТВА В
НЕДВИЖИМОСТЬ (REIT),КОТОРЫЙ ВСТУПАЕТ ВО ВЛАДЕНИЕ ТОЙ
НЕДВИЖИМОСТЬЮ, В КОТОРУЮ ОН ВКЛАДЫВАЕТ ИНВЕСТИЦИИ
EQUIVALENT TAXABLE YIELD
СРАВНЕНИЕ ДОХОДА ОТ НАЛОГООБЛАГАЕМЫХ И СВОБОДНЫХ ОТ
НАЛАГА ОБЛИГАЦИЙ
ERASE
СТИРАТЬ
ERROR
ОШИБКА
ERROR MESSAGE
СООБЩЕНИЕ ОБ ОШИБКЕ
ESCALATOR CLAUSE
УСЛОВИЕ КОНТРАКТА, ПОЗВОЛЯЮЩЕЕ УЧИТЫВАТЬ РОСТ
ИЗДЕРЖЕК (ЦЕН)
ESCAPE KEY (ESC)
КЛАВИША ВЫХОДА
ESCHEAT
ПЕРЕДАЧА БЕСХОЗНОЙ СОБСТВЕННОСТИ ГОСУДА
РСТВУ
ESCROW
КОНТРАКТ, ДОКУМЕНТ или СРЕДСТВА НА ХРАНЕНИИ У ТРЕТЬЕГО
ЛИЦА КАК ГАРАНТИЯ (выполнения чего-либо)
ESCROW AGENT
ЛИЦО, ХРАНЯЩЕЕ ДОКУМЕНТ или СРЕДСТВА КАК ГАРАНТИЮ
ESPIONAGE
ШПИОНАЖ
ESSENTIAL INDUSTRY
БАЗОВАЯ ОТРАСЛЬ
ESTATE
ВЛАДЕНИЕ; ИМУЩЕСТВО ВО ВЛАДЕНИИ; УСАДЬБА
ESTATE IN REVERSION
ИМУЩЕСТВО, ПРАВА НА КОТОРОЕ ПЕРЕЙДУТ ОБРАТНО К
ПЕРВОНАЧАЛЬНОМУ СОБСТВЕННИКУ
ESTATE IN SEVERALTY
НЕРАЗДЕЛЕННОЕ ВЛАДЕНИЕ ИМУЩЕСТВОМ
ESTATE PLANNING
РАЗДЕЛ ПРАВА, ЗАНИМАЮЩИЙСЯ ВОПРОСАМИ ВЛАДЕНИЯ И
НАСЛЕДОВАНИЯ ЛИЧНОЙ СОБСТВЕННОСТИ
ESTATE TAX
НАЛОГ НА НАСЛЕДСТВО

ESTIMATE
ОЦЕНКА; СМЕТА
ESTIMATED TAX
ОЦЕНОЧНЫЙ НАЛОГ НА БУДУЩИЙ ПЕРИОД
ESTIMATOR
ОЦЕНЩИК
ESTOPPEL
ЛИШЕНИЕ ПРАВА ВОЗРАЖЕНИЯ
ESTOPPEL CERTIFICATE
ПОДПИСАННОЕ ЗАЁМЩИКОМ О СУММЕ ЗАЙМА
ESTOVERS
ПРАВА АРЕНДАТОРА ИСПОЛЬЗОВАТЬ ЛЕС, РАСТУЩИЙ НА
ТЕРРИТОРИИ ДАННОЙ СОБСТВЕННОСТИ, ДЛЯ НАДЛЕЖАЩЕГО
УХОДА ЗА НЕЙ
ETHICAL, ETHICS
ЭТИЧЕСКИЙ; ЭТИКА
EURO
ЕВРО
EUROPEAN COMMON MARKET
ЕВРОПЕЙСКИЙ ОБЩИЙ РЫНОК
EUROPEAN ECONOMIC COMMUNITY (EEC)
ЕВРОПЕЙСКОЕ ЭКОНОМИЧЕСКОЕ СООБЩЕСТВО (ЕЭС)
EVICTION
ВЫСЕЛЕНИЕ
EVICTION, ACTUAL
ФАКТИЧЕСКОЕ ВЫСЕЛЕНИЕ
EVICTION, CONSTRUCTIVE
ФОРМАЛЬНАЯ ЭВИКЦИЯ (действия арендодателя, фактически лишающие
арендатора возможности пользования арендованным объектом)
EVICTION, PARTIAL
ЧАСТИЧНОЕ ВЫСЕЛЕНИЕ
EVIDENCE OF TITLE
ДОКУМЕНТ ПОДТВЕРЖДАЮЩИЙ ПРАВО СОБСТВЕННОСТИ
EXACT INTEREST
ТОЧНАЯ ПРОЦЕНТНАЯ СТАВКА
"EXCEPT FOR" OPINION
ЗАКЛЮЧЕНИЕ АУДИТОРА С ИСКЛЮЧАЮЩЕЙ ОГОВОРКОЙ
EXCESS PROFITS TAX
НАЛОГ НА СВЕРХПРИБЫЛЬ
EXCESS RESERVES
ИЗБЫТОЧНЫЕ РЕЗЕРВЫ
EXCHANGE
ОБМЕН; БИРЖА; ОБМЕН ВАЛЮТЫ
EXCHANGE CONTROL
ГОСУДАРСТВЕННЫЙ КОНТРОЛЬ ОБМЕНА ВАЛЮТЫ
EXCHANGE RATE
ВАЛЮТНЫЙ КУРС
EXCISE TAX
АКЦИЗНЫЙ НАЛОГ
EXCLUSION
ИСКЛЮЧЕНИЕ
EXCLUSIONS
ИСКЛЮЧЕНИЯ, ПОЛОЖЕНИЯ СТРАХОВОГО ПОЛИСА,
ПЕРЕЧИСЛЯЮЩИЕ, ЧТО НЕ ПОКРЫТО ДАННЫМ ДОГОВОРОМ

СТРАХОВАНИЯ
EXCULPATORY
ОПРАВДЫВАЮЩИЙ; СНИМАЮЩИЙ ВИНУ: РЕАБИЛИТИРУЮЩИЙ
EX-DIVIDEND DATE
ДАТА ПОТЕРИ АКЦИЕЙ ПРАВА НА ДИВИДЕНД
EXECUTE
ВЫПОЛНИТЬ; ПРИВЕСТИ В ИСПОЛНЕНИЕ
EXECUTED
ВЫПОЛНЕННЫЙ; КАЗНЕННЫЙ
EXECUTED CONTRACT
ИСПОЛНЕННЫЙ (ВЫПОЛНЕННЫЙ) ДОГОВОР
EXECUTION
ИСПОЛНЕНИЕ
EXECUTIVE
ИСПОЛНИТЕЛЬНЫЙ
EXECUTIVE COMMITTEE
ИСПОЛНИТЕЛЬНЫЙ КОМИТЕТ
EXECUTIVE PERQUISITES
ПРИВИЛЕГИИ РУКОВОДЯЩЕГО СОСТАВА
EXECUTOR
ИСПОЛНИТЕЛЬ ЗАВЕЩАНИЯ, ДУШЕПРИКАЗЧИК
EXECUTORY
ПОДЛЕЖАЩИЙ ИСПОЛНЕНИЮ
EXEMPTION
ОСВОБОЖДЕНИЕ (от уплаты налога), ЛЬГОТА
EXEMPT SECURITIES
ЦЕННЫЕ БУМАГИ, НА КОТОРЫЕ НЕ РАСПРОСТРАНЯЮТСЯ
НЕКОТОРЫЕ ОБЯЗАТЕЛЬНЫЕ ПРАВИЛА
EXERCISE
ПОЛЬЗОВАТЬСЯ (властью, правом)
EXIT INTERVIEW
ОПРОС «НА ВЫХОДЕ», Т. Е. ОПРОС РАБОТНИКОВ, ПОКИДАЮЩИХ
КОМПАНИЮ
EX-LEGAL
МУНИЦИПАЛЬНАЯ ОБЛИГАЦИЯ БЕЗ ЮРИДИЧЕСКОГО ЗАКЛЮЧЕНИЯ
EXPANDABLE
РАСШИРЯЕМЫЙ
EXPANSION
РАСШИРЕНИЕ; РАЗВИТИЕ
EXPECTED VALUE
ОЖИДАЕМАЯ ВЕЛИЧИНА
EXPENSE
РАСХОД; ЗАТРАТА
EXPENSE ACCOUNT
СЧЕТ НА СЛУЖЕБНЫЕ РАСХОДЫ
EXPENSE BUDGET
БЮДЖЕТ РАСХОДОВ
EXPENSE RATIO
ОТНОШЕНИЕ РАСХОДОВ АКЦИОНЕРОВ ВЗАИМНОГО ФОНДА К
ОБЩЕЙ СУММЕ КАПИТАЛОВЛОЖЕНИЙ
EXPENSE REPORT
ОТЧЕТ ПО РАСХОДАМ
EXPERIENCE REFUND
ВОЗВРАТ СТРАХОВОЙ КОМПАНИЕЙ ЧАСТИ СТРАХОВОГО ВЗНОСА,

ЕСЛИ ПОТЕРИ КОМПАНИИ ОКАЗЫВАЮТСЯ НИЖЕ
ЗАСТРАХОВАННОГО УРОВНЯ
EXPERIENCE RATING
ОЦЕНКА (РЕЙТИНГ) ОПЫТА
EXPERT POWER
ЭКСПЕРТНОЕ ПРЕИМУЩЕСТВО
EXPIRATION
ИСТЕЧЕНИЕ (срока)
EXPIRATION NOTICE
УВЕДОМЛЕНИЕ ОБ ИСТЕЧЕНИИ (срока)
EXPLOITATION
ЭКСПЛУАТАЦИЯ; ИСПОЛЬЗОВАНИЕ
EXPONENTIAL SMOOTHING
ЭКСПОНЕНЦИАЛЬНОЕ СГЛАЖИВАНИЕ
EXPORT
ЭКСПОРТ
EXPORT-IMPORT BANK (EXIMBANK)
ЭКСПОРТНО-ИМПОРТНЫЙ БАНК (ЭКСИМБАНК)
EXPOSURE
ПОДВЕРЖЕННОСТЬ (влиянию, воздействию); ЭКСПОЗИЦИЯ
EXPOSURE DRAFT
ПРЕДВАРИТЕЛЬНЫЙ ПРОЕКТ
EXPRESS
СРОЧНЫЙ; КУРЬЕРСКИЙ (почте)
EXPRESS AUTHORITY
ПРЯМЫЕ (ЯВНО ОГОВОРЕННЫЕ) ПОЛНОМОЧИЯ
EXPRESS CONTRACT
ТОЧНО ОГОВОРЕННЫЙ ИЛИ ОПИСАННЫЙ ДОГОВОР
EXTENDED COVERAGE
РАСШИРЕННОЕ ПОКРЫТИЕ
EXTENDED COVERAGE ENDORSEMENT
ПОДТВЕРЖДЕНИЕ РАСШИРЕННОГО ПОКРЫТИЯ
EXTENSION
ПРОДОЛЖЕНИЕ; ПРОДЛЕНИЕ
EXTENSION OF TIME FOR FILING
ПРОДЛЕНИЕ СРОКА ПРЕДСТАВЛЕНИЯ ДОКУМЕНТОВ
EXTENUATING CIRCUMSTANCES
СМЯГЧАЮЩИЕ ОБСТОЯТЕЛЬСТВА
EXTERNAL AUDIT
ВНЕШНИЙ, НЕЗАВИСИМЫЙ АУДИТ
EXTERNAL DOCUMENTS
ВНЕШНИЕ ДОКУМЕНТЫ
EXTERNAL FUNDS
ВНЕШНЕ ФИНАНСИРОВАНИЕ
EXTERNAL REPORT
ДОКЛАД, ПРЕДНАЗНАЧЕННЫЙ ДЛЯ РАСПРОСТРАНЕНИЯ ЗА
ПРЕДЕЛАМИ КОМПАНИИ
EXTRACTIVE INDUSTRY
ДОБЫВАЮЩАЯ (СЫРЬЕВАЯ) ПРОМЫШЛЕННОСТЬ
(из сырья)
EXTRA DIVIDEND
ДОПОЛНИТЕЛЬНЫЙ ДИВИДЕНД
EXTRAORDINARY DIVIDENDS
ИСКЛЮЧИТЕЛЬНЫЙ ДИВИДЕНД

EXTRAORDINARY ITEM
НЕОБЫЧНОЕ ТРЕБОВАНИЕ
EXTRAPOLATION
ЭКСТРАПОЛЯЦИЯ

F

FABRICATOR
ИЗГОТОВИТЕЛЬ
FACE AMOUNT
НОМИНАЛЬНАЯ СУММА
FACE INTEREST RATE
НОМИНАЛЬНАЯ ПРОЦЕНТНАЯ СТАВКА
FACE VALUE
НОМИНАЛЬНАЯ СТОИМОСТЬ, ЦЕННОСТЬ
FACILITY
ПРОИЗВОДСТВЕННЫЕ МОЩНОСТИ; ПРЕДПРИЯТИЕ, ОБЪЕКТ
(производственный, технологический и т.п.)
FACSIMILE
ФАКСИМИЛЕ
FACTOR ANALYSIS
ФАКТОРНЫЙ АНАЛИЗ
FACTORIAL
ФАКТОРИАЛ
FACTORING
ФАКТОРИНГ (фин.)
FACTORY OVERHEAD
ЗАВОДСКИЕ НАКЛАДНЫЕ РАСХОДЫ
FAIL TO DELIVER
НЕПРЕДСТАВЛЕНИЕ; НЕПОСТАВКА;
НЕВЫПОЛНЕНИЕ
FAIL TO RECEIVE
НЕПОЛУЧЕНИЕ
FAILURE ANALYSIS
АНАЛИЗ НЕУДАЧ
FAIR MARKET RENT
ОБОСНОВАННАЯ РЫНОЧНАЯ АРЕНДНАЯ ПЛАТА
FAIR MARKET VALUE
ОБОСНОВАННАЯ РЫНОЧНАЯ СТОИМОСТЬ
FAIR RATE OF RETURN
ОБОСНОВАННЫЙ УРОВЕНЬ ДОХОДА
FAIR TRADE
ТОРГОВЛЯ НА ОСНОВЕ ВЗАИМНОЙ ВЫГОДЫ
FALLBACK OPTION
АЛЬТЕРНАТИВНЫЙ ПЛАН НА СЛУЧАЙ НЕУДАЧИ ПЕРВОГАЧАЛЬНОГО
ПЛАНА
FALLEN BUILDING CLAUSE
ОГОВОРКА СТРАХОВОГО КОНТРАКТА ИСКЛЮЧАЮЩАЯ СТРАХОВОЕ
ПОКРЫТИЕ СТРОЕНИЯ В СЛУЧАЕ, ЕСЛИ БОЛЬШАЯ ЕГО ЧАСТЬ
ПОТЕРПИТ РАЗРУШЕНИЕ ПО ПРИЧИНАМ, НЕОГОВОРЕННЫМ В
КОНТРАКТЕ
FALSE ADVERTISING
ВВОДЯЩАЯ В ЗАБЛУЖДЕНИЕ РЕКЛАМА

FAMILY INCOME POLICY
КОМБИНИРОВАННОЕ СТРАХОВАНИЕ ЖИЗНИ, ПОЗВОЛЯЮЩЕЕ
СЕМЕЬЕ С МАЛЕНЬКИМИ ДЕТЬМИ ПОЛУЧАТЬ ДОПОЛНИТЕЛЬНЫЙ
ДОХОД
FAMILY LIFE CYCLE
ЦИКЛ СЕМЕЙНОЙ ЖИЗНИ (совместного существования)
FAMILY OF FUNDS
ГРУППА ВЗАИМНЫХ ФОНДОВ под единым управлением
FAQ (FREQUENTLY ASKED QUESTIONS)
ЧАСТО ВСТАЮЩИЕ ВОПРОСЫ
FARM SURPLUS
ИЗЛИШЕК СЕЛЬСКОХОЗЯЙСТВЕННОГО ПРОДУКТА
FASCISM
ФАШИЗМ
FAST TRACKING
БЫСТРОЕ ПРОДВИЖЕНИЕ НЕКОТОРЫХ РАБОТНИКОВ ПО СЛУЖБЕ
FATAL ERROR
ФАТАЛЬНАЯ ОШИБКАБ Т. Е. ОШИБКА, ПРИ КОТОРОЙ НЕВОЗМОЖНО
ПРОДОЛЖЕНИЕ ВЫПОЛНЕНИЯ ПРОГРАММЫ
FAVORABLE TRADE BALANCE
ПОЛОЖИТЕЛЬНЫЙ ТОРГОВЫЙ БАЛАНС
FEASIBILITY STUDY
ТЕХНИКО-ЭКОНОМИЧЕСКОЕ ОБОСНОВАНИЕ (ТЭО)
FEATHERBEDDING
ПРАВИЛВ, ТРЕБУЮЩИЕ ОПЛАТЫ НЕНУЖНОГО ИЛИ
НЕВЫПОЛНЕННОГО ТРУДА
FEDERAL DEFICIT
ФЕДЕРАЛЬНЫЙ ДЕФИЦИТ
FEDERAL DEPOSIT INSURANCE CORPORATION (FDIC)
ФЕДЕРАЛЬНАЯ КОРПОРАЦИЯ СТРАХОВАНИЯ ВКЛАДОВ (ФКСВ)
FEDERAL FUNDS
ФЕДЕРАЛЬНЫЕ ФОНДЫ
FEDERAL FUNDS RATE
ПРОЦЕНТНАЯ СТАВКА ПО ФЕДЕРАЛЬНЫМ ФОНДАМ
FEDERAL RESERVE BANK
ФЕДЕРАЛЬНЫЙ РЕЗЕРВНЫЙ БАНК
FEDERAL RESERVE BOARD (FRB)
ФЕДЕРАЛЬНАЯ РЕЗЕРВНАЯ КОЛЛЕГИЯ (ФРК)
FEDERAL RESERVE SYSTEM (FED)
ФЕДЕРАЛЬНАЯ РЕЗЕРВНАЯ СИСТЕМА (ФРС)
FEDERAL SAVINGS AND LOAN ASSOCIATION
ФЕДЕРАЛЬНАЯ ССУДО-СБЕРЕГАТЕЛЬНАЯ АССОЦИАЦИЯ
FED WIRE
СИСТЕМА ЭЛЕКТРОННОЙ СВЯЗИ ФЕДЕРАЛЬНОЙ РЕЗЕРВНОЙ
СИСТЕМЫ
FEE
ГОНОРАР; СБОР
FEEDER LINES
ФИДЕРНЫЕ ЛИНИИ; ПУТИ «ПОДПИТКИ»
FEE SIMPLE or FEE SIMPLE ABSOLUTE
ПОЛНОЕ или АБСОЛЮТНОЕ ПРАВО СОБСТВЕННОСТИ НА
НЕДВИЖИМОСТЬ
FHA MORTGAGE LOAN
ИПОТЕЧНЫЙ КРЕДИТ ОТ ФЕДЕРАЛЬНОЙ ЖИЛИЩНОЙ

АДМИНИСТРАЦИИ
FIDELITY BOND
ПУНКТ ДЕЛОВОГО СТРАХОВАНИЯ, ПОКРЫВАЮЩИЙ НЕЧЕСТНЫЕ
ДЕЙСТВИЯ ОГОВОРЕННЫХ ДОЛЖНОСТНЫХ ЛИЦ
FIDUCIARY
ДОВЕРЕННОЕ ЛИЦО, ФИДУЦИАРИЙ
FIDUCIARY BOND
ДОВЕРИТЕЛЬНЫЕ, НЕОБЕСПЕЧЕННЫЕ ОБЛИГАЦИИ
FIELD STAFF
ЛИНЕЙНЫЙ ПЕРСОНАЛ; РАБОТНИКИ НА МЕСТАХ
FIELD THEORY OF MOTIVATION
«ПОЛЕВАЯ» ТЕОРИЯ СТИМУЛИРОВАНИЯ, ОСНОВАННАЯ НА
ПРОИЗВОДСТВЕННОЙ АТМОСФЕРЕ
FILE
ПАПКА (с делом); ФАЙЛ; СДАВАТЬ ДОКУМЕНТЫ; ПОДАВАТЬ (ИСК)
FILE BACKUP
РЕЗЕРВ ФАЙЛА
FILE EXTENSION
МЕТКА ФАЙЛА
FILE FORMAT
ФОРМАТ ФАЙЛА
FILE TRANSFER PROTOCOL (FTP)
ПРОТОКОЛ ПЕРЕДАЧИ ФАЙЛОВ
FILL OR KILL (FOK)
ПРИКАЗ НЕМЕДЛЕННОГО ИСПОЛНЕНИЯ (брокеру)
FILTERING DOWN
ПРОЦЕСС, В РЕЗУЛЬТАТЕ КОТОРОГО ЖИЛОЙ КОМПЛЕКС ИЛИ РАЙОН
ЗАСЕЛЯЕТСЯ БОЛЕЕ БЕДНЫМИ ЖИЛЬЦАМИ
FINAL ASSEMBLY
КОНЕЧНАЯ СБОРКА
FINANCE CHARGE
ПЛАТА ЗА КРЕДИТ
FINANCE COMPANY
ФИНАНСОВАЯ КОМПАНИЯ
FINANCIAL ACCOUNTING
ФИНАНСОВЫЙ УЧЕТ
FINANCIAL ADVERTISING
ФИНАНСОВАЯ РЕКЛАМА
FINANCIAL FUTURE
ФИНАНСОВЫЕ ФЬЮЧЕРСЫ
FINANCIAL INSITUTION
ФИНАНСОВОЕ УЧРЕЖДЕНИЕ
FINANCIAL INTERMEDIARY
ФИНАНСОВЫЙ ПОСРЕДНИК
FINANCIAL LEASE
ФИНАНСОВАЯ АРЕНДА
FINANCIAL MANAGEMENT RATE OF RETURN (FMRR)
МЕТОД ИЗМЕРЕНИЯ ДОХОДНОСТИ НЕДВИЖИМОСТИ
FINANCIAL MARKET
ФИНАНСОВЫЙ РЫНОК
FINANCIAL POSITION
ФИНАНСОВАЯ ПОЗИЦИЯ, СИТУАЦИЯ
FINANCIAL PYRAMID
ФИНАНСОВАЯ ПИРАМИДА

FINANCIAL STATEMENT
ФИНАНСОВЫЙ ОТЧЕТ
FINANCIAL STRUCTURE
ФИНАНСОВАЯ СТРУКТУРА
FINANCIAL SUPERMARKET
ФИНАНСОВЫЙ СУПЕРМАРКЕТ
FINANCING
ФИНАНСИРОВАНИЕ
FINDER'S FEE
КОМИССИЯ ПОСРЕДНИКА
FINISHED GOODS
ГОТОВЫЕ ИЗДЕЛИЯ
FIRE INSURANCE
СТРАХОВАНИЕ ОТ ПОЖАРА
FIRM
ФИРМА; ТВЕРДЫЙ (о цене)
FIRM COMMITMENT
ТВЕРДОЕ ОБЯЗАТЕЛЬСТВО
FIRM OFFER
ТВЕРДОЕ ПРЕДЛОЖЕНИЕ
FIRM ORDER
ТВЕРДЫЙ ЗАКАЗ
FIRM QUOTE
ТВЕРДАЯ КОТИРОВКА
FIRST IN, FIRST OUT (FIFO)
РАСХОДОВАНИЕ ЗАПАСОВ В ПОРЯДКЕ
ПОСТУПЛЕНИЯ
FIRST LIEN
ПЕРВЫЙ ЗАЛОГ ОПРЕДЕЛЁННОГО ИМУЩЕСТВА
FIRST-LINE MANAGEMENT
РУКОВОДСТВО НИЗШЕГО ЗВЕНА
FIRST MORTGAGE
ПЕРВАЯ ИПОТЕКА
FIRST-YEAR DEPRECIATION
АМОРТИЗАЦИЯ ПЕРВОГО ГОДА
FISCAL
ФИСКАЛЬНЫЙ; НАЛОГОВО-БЮДЖЕТНЫЙ
FISCAL AGENT
ФИСКАЛЬНОЕ ДЕЙСТВУЮЩЕЕ ЛИЦО
FISCALIST
ЭКОНОМИСТ, НАСТАИВАЮЩИЙ НА РЕГУЛИРОВАНИИ ЭКОНОМИКИ
ПУТЁМ ИЗМЕНЕНИЯ НАЛОГОВ
FISCAL POLICY
ФИСКАЛЬНАЯ, НАЛОГОВО-БЮДЖЕТНАЯ ПОЛИТИКА
FIXATION
УСТАНОВЛЕНИЕ ЦЕНЫ ТОВАРА
FIXED ANNUITY
ФИКСИРОВАННЫЙ АННУИТЕТ
FIXED ASSET
ОСНОВНОЙ ФОНД
FIXED BENEFITS
ФИКСИРОВАННЫЕ ЛЬГОТЫ
FIXED CHARGE
ФИКСИРОВАННАЯ ОПЛАТА. СБОР

FIXED-CHARGE COVERAGE
ОТНОШЕНИЕ ПРИБЫЛИ ДО ВЫПЛАТЫ ПРОЦЕНТОВ К ПРОЦЕНТАМ ПО ОБЛИГАЦИЯМ И ДРУГИМ ДОЛГОСРОЧНЫМ ЗАДОЛЖЕННОСТЯМ

FIXED COST
ФИКСИРОВАННАЯ СТОИМОСТЬ

FIXED FEE
ФИКСИРОВАННЫЙ ГОНОРАР, СБОР

FIXED INCOME
ФИКСИРОВАННЫЙ ДОХОД

FIXED INCOME STATEMENT
ОТЧЕТ О ФИКСИРОВАННОМ ДОХОДЕ

FIXED-POINT NUMBER
ЧИСЛО С «ФИКСИРОВАННОЙ» ЗАПЯТОЙ

FIXED PREMIUM
ФИКСИРОВАННАЯ СТРАХОВАЯ ПРЕМИЯ

FIXED-PRICE CONTRACT
ДОГОВОР (КОНТРАКТ) С ФИКСИРОВАННОЙ ЦЕНОЙ

FIXED-RATE LOAN
ЗАЕМ (КРЕДИТ) ПОД ФИКСИРОВАННЫЕ ПРОЦЕНТЫ

FIXTURE
НЕОТДЕЛИМАЯ (без ущерба) ЧАСТЬ НЕДВИЖИМОСТИ

FLANKER BRAND
НОВАЯ ТОРГОВАЯ МАРКА ПРОИЗВОДИТЕЛЯ, КОТОРЫЙ УЖЕ ИМЕЕТ ТОВАРЫ В ДАННОЙ КАТЕГОРИИ

FLASH MEMORY
БЛИЦ-ПАМЯТЬ

FLAT
ЕДИНООБРАЗНЫЙ, ОКОНЧАТЕЛЬНЫЙ

FLAT RATE
ЕДИНАЯ СТАВКА

FLAT SCALE
ЕДИНАЯ ШКАЛА

FLAT TAX
НАЛОГ ПО ЕДИНОЙ СТАВКЕ

FLEXIBLE BUDGET
ГИБКИЙ БЮДЖЕТ

FLEXIBLE-PAYMENT MORTGAGE (FPM)
ИПОТЕКА С ГИБКОЙ СХЕМОЙ ОПЛАТЫ

FLEXTIME
ГИБКИЙ РАБОЧИЙ ДЕНЬ

FLIGHT TO QUALITY
«БЕГСТВО В КАЧЕСТВО» , Т.Е. УТЕЧКА КАПИТАЛА В МЕНЕЕ РИСКОВАННЫЕ ИНВЕСТИЦИИ

FLOAT
«ПЛАВАТЬ»; ВРЕМЯ МЕЖДУ ПРЕДЪЯВЛЕНИЕМ И ОПЛАТОЙ ЧЕКА (КЛИРИНГА)

FLOATER
ОБЛИГАЦИЯ С ПЛАВАЮЩЕЙ СТАВКОЙ; ПОЛИС СТРАХОВАНИЯ ИМУЩЕСТВА, НАХОДЯЩЕГОСЯ В РАЗНЫХ МЕСТАХ

FLOATING DEBT
«ПЛАВАЮЩИЙ» ДОЛГ

FLOATING CURRENCY EXCHANGE RATE
ПЛАВАЮЩИЙ ВАЛЮТНЫЙ КУРС

FLOATING EXCHANGE RATE
ПЛАВАЮЩИЙ ОБМЕННЫЙ (ВАЛЮТНЫЙ) КУРС
FLOATING-POINT NUMBER
ЧИСЛО С «ПЛАВАЮЩЕЙ» ЗАПЯТОЙ
FLOATING-RATE NOTE
ОБЛИГАЦИЯ С ПЛАВАЮЩЕЙ СТАВКОЙ
FLOATING SECURITIES
ПЛАВАЮЩИЕ ЦЕННЫЕ БУМАГИ
FLOATING SUPPLY
ПЛАВАЮЩЕЕ ПРЕДЛОЖЕНИЕ
FLOOD INSURANCE
СТРАХОВАНИЕ ОТ НАВОДНЕНИЙ
FLOOR LOAN
МИНИМАЛЬНАЯ СУММА КРЕДИТ
FLOOR PLAN
ПЛАН, ЧЕРТЁЖ ЭТАЖА
FLOOR PLAN INSURANCE
СТРАХОВАНИЕ ЗАЛОГА, КОГДА ЗАЛОГОМ ЯВЛЯЕТСЯ ИМУЩЕСТВО,
РАЗМЕЩЁННОЕ НА ТОРГОВЫХ ПЛОЩАДЯХ
FLOTATION (FLOATATION) COST
СТОИМОСТЬ ВЫПУСКА НОВЫХ АКЦИЙ, ОБЛИГАЦИЙ
FLOWCHART
СХЕМА АЛГОРИТМА
FLOW OF FUNDS
ПОТОК СРЕДСТВ
FLUCTUATION
КОЛЕБАНИЕ; ФЛЮКТУАЦИЯ
FLUCTUATION LIMIT
ПРЕДЕЛ КОЛЕБАНИЙ
FLUSH (LEFT/RIGHT)
ВЫРАВНИВАНИЕ СТРОК; РАЗМЕЩЕНИЕ ТЕКСТА ТАК, ЧТО ВСЕ
СТРОКИ (КРОМЕ ПЕРВЫХ СТРОК АБЗАЦЕВ) ИМЕЮТ ОДИНАКОВУЮ
ДЛИНУ И НАЧИНАЮТСЯ НА ОДНОМ УРОВНЕ С ПРАВОЙ ИЛИ С ЛЕВОЙ
СТОРОНЫ
FOLLOW-UP LETTER
НАПОМИНАЮЩЕЕ ПИСЬМО
FONT
ШРИФТ
FOOTING
ИТОГОВАЯ ЦИФРА В КОЛОНКЕ
FOOTNOTE
ССЫЛКА
FORCED PAGE BREAK
ВЫНУЖДЕННЫЙ РАЗДЕЛИТЕЛЬ СТРАНИЦЫ
FORCED SALE
ВЫНУЖДЕННАЯ ПРОДАЖА
FORCED SAVING
ВЫНУЖДЕННЫЕ СБЕРЕЖЕНИЯ
FORECASTING
ПРОГНОЗИРОВАНИЕ; ПРЕДСКАЗАНИЕ
FORECLOSURE
ЛИШЕНИЕ ПРАВА ВЫКУПА ЗАЛОЖЕННОГО ИМУЩЕСТВА
FOREIGN CORPORATION
ИНОСТРАННАЯ КОМПАНИЯ

FOREIGN DIRECT INVESTMENT
ПРЯМАЯ ЗАРУБЕЖНАЯ ИНВЕСТИЦИЯ
FOREIGN EXCHANGE
ИНОСТРАННАЯ ВАЛЮТА
FOREIGN INCOME
ЗАРУБЕЖНЫЙ ДОХОД
FOREIGN INVESTMENT
ЗАРУБЕЖНАЯ ИНВЕСТИЦИЯ
FOREIGN TRADE ZONE
ЗАРУБЕЖНАЯ ТОРГОВАЯ ЗОНА
FORFEITURE
ПОТЕРЯ, УТРАТА, ЛИШЕНИЕ (прав, имущества); ШТРАФ;
КОНФИСКАЦИЯ
FORGERY
ПОДДЕЛКА
FORMAT
ФОРМАТ
FORMULA INVESTING
ИНВЕСТИРОВАНИЕ ПО ФОРМУЛЕ
FORTUITOUS LOSS
СЛУЧАЙНЫЙ УЩЕРБ, ПОТЕРЯ
FORWARD
ЭКСПЕДИРОВАТЬ; ПРЕДСТАВЛЯТЬ;
АВАНСИРОВАТЬ
FORWARD CONTRACT
ФОРВАРДНЫЙ КОНТРАКТ
FORWARDING COMPANY
КОМПАНИЯ – ЭКСПЕДИТОР
FORWARD INTEGRATION
ФОРВАРДНАЯ ИНТЕГРАЦИЯ
FORWARD PRICING
ФОРВАРДНОЕ ЦЕНООБРАЗОВАНИЕ
FORWARD STOCK
ФОРВАРДНЫЕ АКЦИИ
FOR YOU INFORMATION (FYI)
К ВАШЕМУ СВЕДЕНИЮ
FOUL BILL OF LANDING
КОНОСАМЕНТ НА ПОВРЕЖДЁННЫЙ ИЛИ НЕДОПОСТАВЛЕННЫЙ
ТОВАР
401(K) PLAN
СХЕМА ПЕНСИОННЫХ СБЕРЕЖЕНИЙ 401(К)
FOURTH MARKET
«ЧЕТВЕРТЫЙ» РЫНОК (прямая торговля крупными партиями ценных
бумаг)
FRACTIONAL SHARE
ЧАСТИЧНАЯ (ДРОБНАЯ) АКЦИЯ
FRAME RATE
ЧАСТОТА КАДРОВ
FRANCHISE
ФРАНШИЗА; ЛИЦЕНЗИЯ ИНДИВИДУАЛЬНЫМ ЛИЦАМ НА ЗАНЯТИЕ
ЗАЛИЦЕНЗИРОВАННЫМ ВИДОМ ДЕЯТЕЛЬНОСТИ ПО МЕТОДУ И ПРИ
ПОДДЕРЖКЕ ЛИЦЕНЗИРУЮЩЕЙ КОМПАНИИ
FRANCHISE TAX
ФРАНШИЗНЫЙ НАЛОГ

FRANK
ФРАНКИРОВАТЬ ПИСЬМО
FRAUD
МОШЕННИЧЕСТВО; ОБМАН
FRAUDULENT MISREPRESENTATION
МОШЕННИЧЕСКОЕ ВВЕДЕНИЕ В ЗАБЛУЖДЕНИЕ
FREE ALONGSIDE SHIP (FAS)
«ФРАНКО ВДОЛЬ СУДНА»
FREE AND CLEAR
ТИТУЛ НА СОБСТВЕННОСТЬ БЕЗ ОБЯЗАТЕЛЬСТВ
FREE AND OPEN MARKET
СВОБОДНЫЙ И ОТКРЫТЫЙ РЫНОК
FREE ENTERPRISE
СВОБОДНОЕ ПРЕДПРИНИМАТЕЛЬСТВО
FREEHOLD (ESTATE)
БЕЗУСЛОВНОЕ ПРАВО НА НЕДВИЖИМОСТЬ
FREE MARKET
СВОБОДНЫЙ РЫНОК
FREE ON BOARD (FOB)
Ф.О.Б. – ФРАНКО – БОРТ
FREE PORT
ФРАНКО-ПОРТ
FREIGHT INSURANCE
СТРАХОВАНИЕ ГРУЗА
FREQUENCY
ЧАСТОТА
FRACTIONAL UNEMPLOYMENT
ЧАСТИЧНАЯ БЕЗРАБОТИЦА
FRIENDLY SUIT
«ДРУЖЕСКИЙ ИСК» (по соглашению сторон)
FRONTAGE
УЧАСТОК С ГРАНИЦЕЙ ПО РЕКЕ, ДОРОГЕ
FRONT-END LOAD
РАЗОВЫЙ КОМИССИОННЫЙ СБОР
FRONT FOOT
ИЗМЕРЕНИЕ ДЛЯ ОЦЕНКИ ЗАТРАТ НА БЛАГОУСТРОЙСТВО
FRONT MONEY
ДЕНЬГИ, НЕОБХОДИМЫЕ ДЛЯ НАЧАЛА ПРЕДПРИЯТИЯ
FRONT OFFICE
СОВОКУПНОСТЬ ОФФИСОВ РУКОВОДСТВА КОМПАНИИ
FROZEN ACCOUNT
ЗАМОРОЖЕННЫЙ СЧЕТ
F STATISTIC
СТАТИСТИКА F
FULFILLMENT
ВЫПОЛНЕНИЕ; ИСПОЛНЕНИЕ
FULL COVERAGE
ПОЛНОЕ ПОКРЫТИЕ
FULL DISCLOSURE
ПОЛНОЕ РАЗГЛАШЕНИЕ, ПРЕДОСТАВЛЕНИЕ СВЕДЕНИЙ
FULL FAITH AND CREDIT
ОБЕСПЕЧЕНИЕ ГОСУДАРСТВЕННЫХ ИЛИ МУНИЦИПАЛЬНЫХ
ОБЛИГАЦИЙ ВСЕМИ ДОХОДАМИ И ЗАЙМАМИ
ЭМИТЕНТА

FULL SCREEN DISPLAY
ПОЛНОЭКРАННЫЙ ПРОСМОТР, ПОКАЗ
FULL-SERVICE BROKER
БРОКЕР ПОЛНОГО ДИАПАЗОНА УСЛУГ
FULLY DILUTED EARNINGS PER (COMMON) SHARE
ПРИБЫЛЬ КОМПАНИИ НА ОДНУ АКЦИЮ (исчисляемая на все уже
существующие и планируемые акции)
FULLY PAID POLICY
ПОЛНОСТЬЮ ОПЛАЧЕННЫЙ ПОЛИС
FUNCTIONAL AUTHORITY
ФУНКЦИОНАЛЬНЫЕ ПОЛНОМОЧИЯ
FUNCTIONAL CURRENCY
ФУНКЦИОНАЛЬНАЯ ВАЛЮТА
FUNCTIONAL OBSOLESCENCE
ФУНКЦИОНАЛЬНОЕ УСТАРЕНИЕ
FUNCTIONAL ORGANIZATION
ФУНКЦИОНАЛЬНАЯ ОРГАНИЗАЦИЯ
FUNCTION KEY
ФУНКЦИОНАЛЬНАЯ КЛАВИША
FUND ACCOUNTING
СИСТЕМА УЧЁТА НЕКОММЕРЧЕСКИХ ОРГАНИЗАЦИЙ
FUNDAMENTAL ANALYSIS
БАЗОВЫЙ АНАЛИЗ
FUNDED DEBT
КОНСОЛИДИРОВАННЫЙ ДОЛГ
FUNDED PENSION PLAN
ОБЕСПЕЧЕННАЯ ПЕНСИОННАЯ ПРОГРАММА
FUNDING
ФИНАНСИРОВАНИЕ; ВЫДЕЛЕНИЕ СРЕДСТВ
FUND-RAISING
СБОР СРЕДСТВ
FURLOUGH
ОТПУСК; УВОЛЬНЕНИЕ (армия)
FUTURE INTEREST
ФЬЮЧЕРСКАЯ СТАВКА ПРОЦЕНТА
FUTURES CONTRACT
КОНТРАКТ С ФЬЮЧЕРСАМИ
FUTURES MARKET
ФЬЮЧЕРСКИЙ РЫНОК

G

GAIN
ПРИБЫЛЬ; ПОВЫШЕНИЕ ЦЕНЫ, ВАЛЮТНОГО КУРСА
GAIN CONTINGENCY
ВОЗМОЖНОСТЬ БЛАГОПРИЯТНОГО, ПРИБЫЛЬНОГО ИСХОДА
GALLOPING INFLATION
ГАЛОПИРУЮЩАЯ ИНФЛЯЦИЯ
GAME CARD
КАРТА ЗАГРУЗКИ ИГРЫ
GAMING
ТЕОРИЯ ДЕЛОВЫХ ИГР
GAP
ПРОБЕЛ; РАЗРЫВ
GAP LOAN
КРЕДИТ НА ПОКРЫТИЕ НЕХВАТКИ ФИНАНСОВЫХ РЕСУРСОВ
GARNISH
ВРУЧИТЬ ТРЕТЬЕМУ ЛИЦУ ПРИКАЗ СУДА О НАЛОЖЕНИИ АРЕСТА
НА ИМЕЮЩЕЕСЯ У НЕГО ИМУЩЕСТВО ДОЛЖНИКА
GARNISHEE
ЛИЦО, КОТОРОМУ ВРУЧАЕТСЯ ПРИКАЗ СУДА
GARNISHMENT
НАЛОЖЕНИЕ АРЕСТА НА ИМУЩЕСТВО ТРЕТЬЕГО ЛИЦА
GENDER ANALYSIS
АНАЛИЗ ПО ПОЛОВОМУ ПРИЗНАКУ
GENERAL CONTRACTOR
ГЕНЕРАЛЬНЫЙ ПОДРЯДЧИК
GENERAL EQUILIBRIUM ANALYSIS
АНАЛИЗ ОБЩЕГО РАВНОВЕСИЯ
GENERAL EXPENSE
ОБЩИЕ РАСХОДЫ
GENERAL FUND
НЕЦЕЛЕВОЙ ФОНД
ФОНД НА РАЗНЫЕ РАСХОДЫ
GENERALIST
СПЕЦИАЛИСТ ШИРОКОГО ПРОФИЛЯ; ЧЕЛОВЕК С ШИРОКИМ КРУГОМ
ИНТЕРЕСОВ
GENERAL JOURNAL
 ОБЩАЯ КНИГА ЗАПИСЕЙ
GENERAL LEDGER
ОСНОВНАЯ БУХГАЛТЕРСКАЯ КНИГА КОМПАНИИ
GENERAL LIABILITY INSURANCE
ГЕНЕРАЛЬНОЕ СТРАХОВАНИЕ ОТВЕТСТВЕННОСТИ
GENERAL LIEN
ОБЩЕЕ ПРАВО УДЕРЖАНИЯ
GENERALLY ACCEPTED ACCOUNTING PRINCIPLES
ОБЩЕПРИНЯТЫЕ ПРАВИЛА БУХГАЛТЕРСКОГО УЧЕТА

GENERAL OBLIGATION BOND
ОБЛИГАЦИИ С БЕЗУСЛОВНОЙ ГАРАНТИЕЙ
GENERAL PARTNER
ПОЛНЫЙ ПАРТНЕР
GENERAL REVENUE
ОБЩИЕ ДОХОДЫ
GENERAL REVENUE SHARING
РАЗДЕЛЕНИЕ ОБЩИХ ДОХОДОВ
GENERAL SCHEME
ОБЩАЯ СХЕМА ДОСТАВКИ ПОЧТЫ В МЕСТНЫЕ ПОЧТОВЫЕ
ОТДЕЛЕНИЯ
GENERAL STRIKE
ВСЕОБЩАЯ ЗАБАСТОВКА
GENERAL WARRANTY DEED
ДОКУМЕНТ ОБ ОБЩЕЙ ГАРАНТИИ
GENERATION-SKIPPING TRANSFER
ПЕРЕДАЧА «С ПРОПУСКОМ ПОКОЛЕНИЯ»
GENERIC APPEAL
ОБОБЩЕННАЯ АПЕЛЛЯЦИЯ, ПРОТЕСТ
GENERIC BOND
ОБЩАЯ ОБЛИГАЦИЯ
GENERIC MARKET
ШИРОКАЯ ГРУППА ПОТРЕБИТЕЛЕЙ СО СХОЖИМИ НУЖДАМИ;
РАЗЛИЧНЫЕ ПРОИЗВОДИТЕЛИ, УДОВЛЕТВОРЯЮЩИЕ ЭТИ НУЖДЫ
GENTRIFICATION
ПОВЫШЕНИЕ СТАТУСА; «ОБЛАГОРАЖИВАНИЕ»
GEODEMOGRAPHY
ГЕОДЕМОГРАФИЯ
GIFT
ПОДАРОК; ДАРЕНИЕ
GIFT DEED
ДАРСТВЕННЫЙ ДОКУМЕНТ
GIFT TAX
НАЛОГ НА ДАРЕНИЯ
GIRTH
ОБХВАТ, РАЗМЕР
ПОДПРУГА
GLAMOR STOCK
 ПРИВЛЕКАТЕЛЬНЫЕ РОСТОМ ДОХОДНОСТИ
И Т. П. АКЦИИ,
GLUT
ПЕРЕНАСЫЩЕНИЕ РЫНКА
GOAL
ЦЕЛЬ; ЗАДАЧА
GOAL CONGRUENCE
СОВМЕСТИМОСТЬ ЗАДАЧ
GOAL PROGRAMMING
ФОРМА ЛИНЕЙНОГО ПРОГРАММИРОВАНИЯ, ПОЗВОЛЯЮЩАЯ
УЧИТЫВАТЬ ДОСТИЖЕНИЕ МНОГИХ, ЧАСТО КОНФЛИКТУЮЩИХ,
ЦЕЛЕЙ
GOAL SETTING
ПОСТАНОВКА ЗАДАЧИ
GO-BETWEEN
ПОСРЕДНИК

GOING-CONCERN VALUE
СТОИМОСТЬ КОМПАНИИ КАК ДЕЙСТВУЮЩЕГО ПРЕДПРИЯТИЯ
(АКТИВЫ ПЛЮС ДЕНЕЖНАЯ ОЦЕНКА ПРЕСТИЖА)
GOING LONG
ПОКУПКА ЦЕННЫХ БУМАГ ИЛИ ТОВАРОВ СО СПЕКУЛЯЦИОННЫМИ
ИЛИ ИНВЕСТИЦИОННЫМИ ЦЕЛЯМИ; СОЗДАНИЕ ДЛИННОЙ ПОЗИЦИИ
GOING PRIVATE
ПРЕВРАЩЕНИЕ ПУБЛИЧНОЙ КОМПАНИИ В ЧАСТНУЮ
GOING PUBLIC
ПРЕВРАЩЕНИЕ ЧАСТНОЙ КОМПАНИИ В ПУБЛИЧНУЮ
GOING SHORT
ПРОДАЖА АЦЦИЙ ИЛИ ТОВАРОВ, КОТОРЫХ НЕТ У ПРОДАВЦА;
СОЗДАНИЕ КОРОТКОЙ ПОЗИЦИИ
GOLDBRICK
ПРЕНЕБРЕГАТЬ СВОИМИ ПОРУЧЕНИЯМИ
GOLDBUG
АНАЛИТИК , ПРЕДПОЧИТАЮЩИЙ ВЛОЖЕНИЕ СРЕДСТВ В ЗОЛОТА
GOLDEN HANDCUFFS
«ЗОЛОТЫЕ НАРУЧНИКИ»: МЕТОД УДЕРЖАНИЯ КЛЮЧЕВЫХ
РАБОТНИКОВ КОМПАНИИ ПОСРЕДСТВОМ ПРЕДЛОЖЕНИЯ ИМ
ОПЦИОНА НА ПОКУПКУ АКЦИЙ
GOLDEN HANDSHAKE
«ЗОЛОТОЕ РУКОПОЖАТИЕ»: ВЫПЛАТА ПРИ УВОЛЬНЕНИИ ИЛИ
ДОСРОЧНОМ УХОДЕ НА ПЕНСИЮ
GOLDEN PARACHUTE
«ЗОЛОТОЙ ПАРАШЮТ»: СОГЛАШЕНИЕ О ПОЛУЧЕНИИ ВЫПЛАТЫ ПРИ
УВОЛЬНЕНИИ
GOLD FIXING
ЕЖЕДНЕВНАЯ ФИКСАЦИЯ ЦЕНЫ ЗОЛОТА
GOLD MUTUAL FUND
ЗОЛОТОЙ ИНВЕСТИЦИОННЫЙ ФОНД
GOLD STANDARD
ЗОЛОТОЙ СТАНДАРТ
GOOD DELIVERY
ПОСТАВКА В СООТВЕТСТВИИ С УСЛОВИЯМИ КОНТРАКТА
GOOD FAITH
ДОБРОСОВЕСТНОСТЬ
GOOD-FAITH DEPOSIT
ДОБРОСОВЕСТНЫЙ ДЕПОЗИТ
GOOD MONEY
ЧИСТЫЕ ДЕНЬГИ
GOODNESS-OF-FIT TEST
ПРАКТИЧЕСКОЕ ИСПЫТАНИЕ ФУНКЦИИ РАСПРЕДЕЛЕНИЯ
(СТАТ.)
GOODS
ТОВАРЫ
GOODS AND SERVICES
ТОВАРЫ И ОБСЛУЖИВАНИЕ
GOOD-TILL-CANCELED ORDER (GTC)
ЗАКАЗ (ПРИКАЗ БРОКЕРУ) С ПРАВОМ ОТМЕНЫ
GOOD TITLE
ЗАКОННЫЙ ПРАВОВОЙ ТИТУЛ
GOODWILL
ДЕЛОВАЯ РЕПУТАЦИЯ ДОБРОЖЕЛАТЕЛЬНОСТИ

GRACE PERIOD
ЛЬГОТНЫЙ СРОК, СРОК ОТСРОЧКИ ПЛАТЕЖЕЙ
GRADUATED LEASE
ПРОГРЕССИВНАЯ АРЕНДА
GRADUATED PAYMENT MORTGAGE (GPM)
ПРОГРЕССИВНАЯ ИПОТЕКА
GRADUATED WAGE
ПРОГРЕССИВНАЯ ЗАРАБОТНАЯ ПЛАТА
GRAFT
ВЗЯТКА; ВЗЯТОЧНИЧЕСТВО
GRANDFATHER CLAUSE
ПОЛОЖЕНИЕ В НОВОМ ЗАКОНОДАТЕЛЬСТВЕ, ИСКЛЮЧАЮЩЕЕ ЕГО
ДЕЙСТВИЕ НА ТЕ ПРЕДПРИЯТИЯ, КОТОРЫЕ УЖЕ ВОВЛЕЧЕНЫ В
ДЕЯТЕЛЬНОСТЬ ОГОВОРЕННУЮ В ДАННОМ ЗАКОНОДАТЕЛЬСТВЕ
GRANT
ГРАНТ; ПЕРЕДАЧА ПРАВА СОБСТВЕННОСТИ; ДАРЕНИЕ;
ОТЧУЖДЕНИЕ
GRANTEE
ЛИЦО, ПОЛУЧАЮЩЕЕ ПРАВО СОБСТВЕННОСТИ
GRANTOR
ЛИЦО, ПЕРЕДАЮЩЕЕ ПРАВО СОБСТВЕННОСТИ
GRANTOR TRUST
ПЕРЕДАЧА В ДОВЕРИТЕЛЬНУЮ СОБСТВЕННОСТЬ
GRAPH
ДИАГРАММА, ГРАФИК
GRAPHICS CARD
КАРТА КОМПЬЮТЕРИОЙ ГРАФИКИ
GRATIS
БЕЗ ОПЛАТЫ
GRATUITOUS
БЕСПЛАТНЫЙ
GRATUITY
ДЕНЕЖНОЕ ВОЗНАГРАЖДЕНИЕ; ЧАЕВЫЕ
GRAVEYARD MARKET
МЕРТВЫЙ РЫНОК
GRAVEYARD SHIFT
НОЧНАЯ СМЕНА
GRAY SCALE
ШКАЛА ЯРКОСТИ
GREAT DEPRESSION
«ВЕЛИКАЯ ДЕПРЕССИЯ»
GREENMAIL
«ЗЕЛЕНЫЙ ШАНТАЖ»: ПОКУПКА АКЦИЙ КОМПАНИИ – ОБЪЕКТА
ПОГЛОЩЕНИЯ
GROSS
БРУТТО
GROSS AMOUNT
СУММА БРУТТО
GROSS BILLING
ВЫСТАВЛЕНИЕ СЧЕТОВ БРУТТО
GROSS EARNINGS
ВАЛОВЫЙ ЗАРОБОТОК
GROSS ESTATE
ИМУЩЕСТВО, СОБСТВЕННОСТЬ ДО ВЫЧЕТА ЗАДОЛЖЕННОСТЕЙ

GROSS INCOME
ВАЛОВЫЙ ДОХОД
GROSS LEASABLE AREA
ОБЩАЯ ПЛОЩАДЬ ДЛЯ АРЕНДЫ
GROSS LEASE
АРЕНДА , ПРИ КОТОРОЙ АРЕНДОДАТЕЛЬ ОПЛАЧИВАЕТ ВСЕ
ОПЕРАЦИОННЫЕ РАСХОДЫ
GROSS NATIONAL DEBT
ОБЩАЯ ГОСУДАРСТВЕННАЯ ЗАДОЛЖЕННОСТЬ
GROSS NATIONAL EXPENDITURE
ОБЩИЕ ГОСУДАРСТВЕННЫЕ РАСХОДЫ
GROSS NATIONAL PRODUCT (GNP)
ВАЛОВЫЙ НАЦИОНАЛЬНЫЙ ПРОДУКТ (ВНП)
GROSS PROFIT
БРУТТО – ПРИБЫЛЬ
GROSS PROFIT METHOD
МЕТОДИКА ОЦЕНКИ ЗАПАСОВ НА КОНЕЦ ОТЧЁТНОГО ПЕРИОДА
GROSS PROFIT RATIO
ПРИ ПРОДАЖЕ – ОТНОШЕНИЕ МЕЖДУ ПРИБЫЛЬЮ И ЦЕНОЙ
GROSS RATING POINT (GRP)
СУММА ВСЕХ РЕЙТИНГОВ ЗА ОПРЕДЕЛЁННЫЙ ПЕРИОД
GROSS RENT MULTIPLIER (GRM)
ОБОБЩЕННЫЙ КОЭФФИЦИЕНТ СТАВОК АРЕНДНОЙ ПЛАТЫ
GROSS REVENUE
ОБЩИЙ (БРУТТО) ДОХОД
GROSS TON
ТОННА БРУТТО
GROSS WEIGHT
ВЕС БРУТТО
GROUND LEASE
АРЕНДА ЗЕМЛИ
GROUND RENT
АРЕНДНАЯ ПЛАТА ЗА ЗЕМЛЮ
GROUP CREDIT INSURANCE
ГРУППОВОЕ СТРАХОВАНИЕ КРЕДИТА
GROUP DISABILITY INSURANCE
ГРУППОВОЕ СТРАХОВАНИЕ ПО НЕТРУДОСПОСОБНОСТИ
GROUP HEALTH INSURANCE
ГРУППОВОЕ МЕДИЦИНСКОЕ СТРАХОВАНИЕ
GROUP LIFE INSURANCE
ГРУППОВОЕ СТРАХОВАНИЕ ЖИЗНИ
GROWING-EQUITY MORTGAGE (GEM)
ИПОТЕЧНЫЙ КРЕДИТ С ВОЗРАСТАНИЕМ ПЛАТЕЖЕЙ ЗА СЧЁТ
ПОГАШЕНИЕ СУММЫ ДОЛГА
GROWTH FUND
ФОНД, ВКЛАДЫВАЮЩИЙ СРЕДСТВА В АКЦИИ, КУРС КОТОРЫХ
РАСТЕТ ДЛИТЕЛЬНОЕ ВРЕМЯ И БЫСТРЕЕ АКЦИЙ ДРУГИХ
КОМПАНИЙ
GROWTH RATE
ТЕМПЫ РОСТА
GROWTH STOCK
«АКЦИЯ РОСТА», АКЦИИ, КУРС КОТОРЫХ РАСТЕТ
ДЛИТЕЛЬНОЕ ВРЕМЯ И БЫСТРЕЕ АКЦИЙ ДРУГИХ
КОМПАНИЙ

GUARANTEE
ГАРАНТИРУЕМОЕ ЛИЦО
GUARANTEED ANNUAL WAGE (GAW)
ГАРАНТИРОВАННАЯ ГОДОВАЯ ЗАРАБОТНАЯ ПЛАТА
GUARANTEED BOND
ГАРАНТИРОВАННЫЕ ОБЛИГАЦИИ
GUARANTEED INCOME CONTRACT (GIC)
КОНТРАКТ С ГАРАНТИРОВАННЫМ ДОХОДОМ
GUARANTEED INSURABILITY
ГАРАНТИРУЕМАЯ СТРАХУЕМОСТЬ
GUARANTEED MORTGAGE
ГАРАНТИРОВАННЫЙ ИПОТЕЧНЫЙ КРЕДИТ
GUARANTEED SECURITY
ГАРАНТИРОВАННАЯ ЦЕННАЯ БУМАГА
GUARANTEED LETTER
ГАРАНТИРОВАННЫЙ ВЕКСЕЛЬ; ГАРАНТИЙНОЕ ПИСЬМО
GUARANTEE OF SIGNATURE
ГАРАНТИЯ (СЕРТИФИКАТ) ПОДПИСИ
GUARANTOR
ГАРАНТИРУЮЩЕЕ ЛИЦО
GUARANTY
ГАРАНТИЯ
GUARDIAN
ОПЕКУН; ПОПЕЧИТЕЛЬ
GUARDIAN DEED
ДОКУМЕНТ О ПОПЕЧИТЕЛЬСТВЕ
GUIDELINE LIVES
ПРИНЦИПЫ ИСЧИСЛЕНИЯ СРОК ГОДНОСТИ ЗДАНИЙ
GUILD
ГИЛЬДИЯ; ОРГАНИЗАЦИЯ, СОЮЗ

Н

HABENDUM
ЧАСТЬ ДОКУМЕНТА НАЗЫВАЮЩАЯ ТОГО, КТО ПОЛУЧАЕТ ДАР, И
ОПИСЫВАЕТ ПЕРЕДАВАЕМОЕ ИМУЩЕСТВО
HACKER
«ХАКЕР» (компьютерный специалист, незаконно вторгающийся в чужие
программы)
HALF DUPLEX
ПОЛОВИНА ДВУХКВАРТИРНОГО ДОМА
HALF-LIFE
ПОЛОВИНА СРОКА
HALO EFFECT
«ЭФФЕКТ ОРЕОЛА» , МНЕНИЕ О ЧЕЛОВЕКЕ, СФОРМИРОВАННОЕ НА
ОСНОВЕ ОДНОГО ФАКТОРА ИЛИ СЛУЧАЯ
HAMMERING THE MARKET
АКТИВНАЯ ПРОДАЖА АКЦИЙ СПЕКУЛЯНТАМИ (ожидающими падения
конъюнктуры)
HANDLING ALLOWANCE
СКИДКА ПРОИЗВОДИТЕЛЯ ОПТОВИКУ, ЕСЛИ ТОВАР ТРЕБУЕТ
ОСОБОГО ОБРАЩЕНИЯ
HANGOUT
ОСТАТОК ЗАДОЛЖЕННОСТИ ЗА ИМУЩЕСТВО НА МОМЕНТ, КОГДА
ИСТЁК СРОК ЕГО АРЕНДЫ
HARD CASH
МОНЕТЫ; НАЛИЧНОСТЬ
HARD CURRENCY
ТВЕРДАЯ ВАЛЮТА, КОНВЕРТИРУЕМАЯ
ВАЛЮТА
HARD DISK
ЖЁСТКИЙ ДИСК
HARD DOLLARS
РЕАЛЬНАЯ ОПЛАТА КЛИЕНТОМ ИЛИ
ИНВЕСТОРОМ
HARD DRIVE
ЖЁСТКИЙ ДИСК
HARD GOODS
ТОВАРЫ ДЛИТЕЛЬНОГО ПОЛЬЗОВАНИЯ
HARD MONEY
ДЕНЬГИ В МОНЕТАХ; «ТВЕРДАЯ» ВАЛЮТА
HARD RETURN
ВОЗВРАТ КАРЕТКИ
HARDWARE
ОБОРУДОВАНИЕ
АППАРАТНЫЕ СРЕДСТВА
HARDWIRED
АППАРАТНЫЙ, ЗАШИТЫЙ; РЕАЛИЗОВАННЫЙ АППАРАТНЫМИ
СРЕДСТВАМИ

HASH TOTAL
КОНТРОЛЬНАЯ СУММА
HAZARD INSURANCE
СТРАХОВАНИЕ РИСКА
HEAD AND SHOULDERS
«ГОЛОВА И ПЛЕЧИ» (ФИГУРА ДВИЖЕНИЯ ЦЕН В АНАЛИЗЕ, КОГДА
СТАБИЛЬНЫЙ УРОВЕНЬ СМЕНЯЕТСЯ ПОДЪЕМОМ И СНОВА
ВОЗВРАЩАЕТСЯ К УРОВНЮ, БЛИЗКОМУ К ИСХОДНОМУ)
HEADER
ЗАГОЛОВОК; ШАПКА
HEADHUNTER
«ОХОТНИК ЗА ГОЛОВАМИ» (АКТИВНЫЙ ВЕРБОВЩИК СОТРУДНИКОВ)
HEAD OF HOUSEHOLD
ГЛАВА СЕМЬИ
HEALTH MAINTENANCE ORGANIZATION (HMO)
ПЛАН ПРЕДОПЛАЧЕННОГО ГРУППОВОГО МЕДИЦИНСКОГО
СТРАХОВАНИЯ, КЛИЕНТЫ КОГОРОГО ПОЛЬЗУЮТСЯ УСЛУГАМИ
ТОЛЬКО УЧАВСТВУЮЩИХ В ПЛАНЕ СПЕЦИАЛИСТОВ
HEARING
СЛУШАНИЕ ДЕЛА (суд.)
HEAVY INDUSTRY
ТЯЖЕЛАЯ ПРОМЫШЛЕННОСТЬ
HECTARE
ГЕКТАР
HEDGE
ХЕДЖ (СРОЧНАЯ БИРЖЕВАЯ СДЕЛКА ДЛЯ ПОДСТРАХОВКИ)
HEIRS
НАСЛЕДНИКИ
HEIRS AND ASSIGNS
НАСЛЕДНИКИ И ПОЛУЧАТЕЛИ ПЕРЕДАННЫХ ПРАВ
HELP INDEX
КАРТОТЕКА ПОДСКАЗОК
HELP SCREEN
ЭКРАН ПОДСКАЗКИ
HELP WIZARD
ИНСТРУМЕНТ ПОДСКАЗКИ
HETEROGENEOUS
НЕОДНОРОДНЫЙ
HEURISTIC
ЭВРИСТИЧЕСКИЙ
HIDDEN AGENDA
СКРЫТЫЕ НАМЕРЕНИЯ
HIDDEN ASSET
СКРЫТЫЕ АКТИВЫ
HIDDEN INFLATION
СКРЫТАЯ ИНФЛЯЦИЯ
HIDDEN TAX
СКРЫТОЕ НАЛОГООБЛОЖЕНИЕ
HIERARCHY
ИЕРАРХИЯ
HIGH CREDIT
МАКСИМАЛЬНЫЙ РАЗМЕР КРЕДИТА
HIGHEST AND BEST USE
ИСПОЛЬЗОВАНИЕ НЕДВИЖИМОСТИ ДЛЯ НАИБОЛЬШЕЙ

ДОХОДНОСТИ (при оценке)
HIGH FLYER
СПЕКУЛЯТИВНЫЕ АКЦИИ
HIGH-GRADE BOND
ОБЛИГАЦИЯ ВЫСОКОГО РЕЙТИНГА
HIGH-INVOLVEMENT MODEL
СХЕМА С БОЛЬШИМ ЛИЧНЫМ УЧАСТИЕМ
HIGHLIGHT
ВЫДЕЛЯТЬ (ЦВЕТОМ И Т. П.)
HIGH RESOLUTION
ВЫСОКОЕ РАЗРЕШЕНИЕ
HIGHS
АКЦИИ, ЦЕНЫ КОТОРЫХ НА ПРОТЯЖЕНИИ ГОДА ДОСТИГАЛИ
УРОВНЯ ВЫШЕ СРЕДНЕГО
HIGH-SPEED
ВЫСОКОСКОРОСТНОЙ
HIGH TECHNOLOGY
НАУКОЕМКАЯ ТЕХНОЛОГИЯ
HIGH-TECH STOCK
АКЦИИ КОМПАНИЙ НАУКОЕМКОЙ СФЕРЫ
HISTORICAL COST
ПЕРВОНАЧАЛЬНАЯ СТОИМОСТЬ АКТИВА
HISTORICAL YIELD
ДОХОДНОСТЬ ИНВЕСТИЦИОННОГО ФОНДА В ПРОШЛОМ
HISTORIC STRUCTURE
СТРОЕНИЕ, ОБЛАДАЮЩЕЕ ИСТОРИЧЕСКОЙ ЦЕННОСТЬЮ
HIT LIST
ПЕРЕЧЕНЬ ЦЕЛЕЙ
HIT THE BRICKS
БАСТОВАТЬ ПРОТИВ РАБОТОДАТЕЛЕЙ
HOBBY LOSS
НЕ ВЫЧИТАЕМЫЕ ИЗ НАЛОГООБЛОЖЕНИЯ ЛИЧНЫЕ РАСХОДЫ (в
отличие от деловых)
HOLDBACK
ЗАДЕРЖИВАТЬ, УДЕРЖИВАТЬ
HOLDBACK PAY
ЗАДЕРЖКА ОПЛАТЫ
HOLDER IN DUE COURSE
ДЕРЖАТЕЛЬ ФИНАНСОВОГО ИНСТРУМЕНТА, ПОЛУЧИВШИЙ ЕГО ПО
ОБЪЯВЛЕННОЙ СТОИМОСТИ, БЕЗ ОГОВОРОК
HOLDER OF RECORD
ЗАРЕГИСТРИРОВАННЫЙ ДЕРЖАТЕЛЬ, ВЛАДЕЛЕЦ
HOLDHARMLESS AGREEMENTS
СОГЛАШЕНИЕ ОБ ОСВОБОЖДЕНИИ ОТ ПОТЕНЦИАЛЬНОЙ
ОТВЕТСТВЕННОСТИ
HOLD HARMLESS CLAUSE
ПОЛОЖЕНИЕ КОНТРАКТА, СОГЛАСНО КОТОРОГО ОДНА СТОРОНА
ЗАЩИЩЯЕТ ДРУГУЮ ОТ ПОТЕНЦИАЛЬНОЙ ОТВЕТСТВЕННОСТИ
HOLDING
ХОЛДИНГ
HOLDING COMPANY
ХОЛДИНГОВАЯ КОМПАНИЯ
HOLDING FEE
СБОР ЗА УЧАСТИЕ В КАПИТАЛЕ

HOLDING PERIOD
СРОК ВЛАДЕНИЯ АКТИВАМИ
HOLDOVER TENANT
АРЕНДАТОР, СОХРАНЯЮЩИЙ АРЕНДУЕМЫЙ ОБЪЕКТ ПО
ОКОНЧАНИИ СРОКА АРЕНДЫ
HOME KEY
КЛАВИША ВОЗВРАТА К НАЧАЛУ ЭКРАНА (ЛЕВОМУ ВЕРХНЕМУ УГЛУ
ЭКРАНА ДИСПЛЕЯ)
HOMEOWNER'S ASSOCIATION
АССОЦИАЦИЯ, СОЮЗ ДОМОВЛАДЕЛЬЦЕВ
HOMEOWNER'S EQUITY ACCOUNT
КРЕДИТ, ПРЕДОСТАВЛЯЕМЫЙ ДОМОВЛАДЕЛЬЦУ ПОД
ОБЕСПЕЧЕНИЕ НЕДВИЖИМОСТЬЮ
HOMEOWNER'S POLICY
СТРАХОВОЙ ПОЛИС ДОМОВЛАДЕЛЬЦА
HOMEOWNER WARRANTY PROGRAM (HOW)
ПРОГРАММА ГАРАНТИЙ И СТРАХОВАНИЯ, ПРЕДЛАГАЕМАЯ
ДОМОСТРОИТЕЛЯМИ
HOME PAGE
БАЗОВАЯ СТРАНИЦА САЙТА
HOMESTEAD
ЖИЛИЩЕ С ПРИЛЕГАЮЩИМ УЧАСТКОМ
HOMESTEAD TAX EXEMPTION
НАЛОГОВЫЕ ЛЬГОТЫ НА МЕСТО ПОСТОЯННОГО ПРОЖИВАНИЯ
HOMOGENEOUS
ОДНОРОДНЫЙ
HOMOGENEOUS OLIGOPOLY
ОДНОРОДНАЯ ОЛИГОПОЛИЯ (частичная монополия)
HONOR
ПРИЗНАВАТЬ; УВАЖАТЬ; СОБЛЮДАТЬ
HONORARIUM
ГОНОРАР
HORIZONTAL ANALYSIS
ГОРИЗОНТАЛЬНЫЙ АНАЛИЗ
HORIZONTAL CHANNEL INTEGRATION
ИНТЕГРАЦИЯ ПО ГОРИЗОНТАЛЬНЫМ КАНАЛАМ (компаний,
занимающихся одинаковой деятельностью)
HORIZONTAL COMBINATION
СЛИЯНИЕ ПО ГОРИЗОНТАЛЬНЫМ КАНАЛАМ (см. выше)
HORIZONTAL EXPANSION
ГОРИЗОНТАЛЬНОЕ РАСШИРЕНИЕ, РАЗВИТИЕ (см. Выше)
HORIZONTAL MERGER
ГОРИЗОНТАЛЬНОЕ СЛИЯНИЕ (см. выше)
HORIZONTAL SPECIALIZATION
ГОРИЗОНТАЛЬНАu СПЕЦИАЛИЗАЦИu (см. выше)
HORIZONTAL UNION
ГОРИЗОНТАЛЬНЫЙ ПРОФСОЮЗ (см. выше)
HOST COMPUTER
ГЛАВНАЯ ВЫЧИСЛИТЕЛЬНАЯ МАШИНА
HOT CARGO
ТОВАР ПРОИЗВОДИТЕЛЯ, НАХОДЯЩЕГОСЯ В КОНФЛИКТЕ С
ПРОФСОЮЗОМ
HOT ISSUE
АКЦИИ НОВОГО ВЫПУСКА, ПОЛЬЗУЮЩИЕСЯ ПОВЫШЕННЫМ

СПРОСОМ
HOT STOCK
(ТОЖЕ, ЧТО И HOT ISSUE)
УКРАДЕННЫЙ ТОВАР
HOUSE
ДОМ; ПАЛАТА
HOUSE ACCOUNT
СЧЕТ В ШТАБ-КВАРТИРЕ БРОКЕРСКОЙ ФИРМЫ
HOUSE TO HOUSE
ДОСТАВКА ОТ ДВЕРИ ОТПРАВЛЯЮЩЕГО К ДВЕРИ ПОЛУЧАЮЩЕГО
HOUSE-TO-HOUSE SAMPLING
РАСПРОСТРАНЕНИЕ ОБРАЗЦОВ ТОВАРА ПО СЕМЬЯМ ДЛЯ ИЗУЧЕНИЯ
ПОТЕНЦИАЛЬНОГО СПРОСА
HOUSE-TO-HOUSE SELLING
ПРОДАЖА «ПО ДОМАМ»
HOUSING BOND
ЖИЛИЩНАЯ ОБЛИГАЦИЯ
HOUSING CODE
КОДЕКС ЖИЛИЩНЫХ НОРМ
HOUSING STARTS
ЭКОНОМИЧЕСКИЙ ПОКАЗАТЕЛЬ КОЛИЧЕСТВА НОВЫХ ЗАСТРОЕК ЗА
ОПРЕДЕЛЁННЫЙ ПЕРИОД ВРЕМЕНИ
HUCKSTER
НЕЧЕСТНЫЙ ТОРГОВЕЦ , ТОЛКАЧ
HUMAN FACTORS
ЧЕЛОВЕЧЕСКИЙ ФАКТОР
HUMAN RELATIONS
ОТНОШЕНИЯ МЕЖДУ ЛЮДЬМИ
HUMAN RESOURCE ACCOUNTING
УЧЕТ ЛЮДСКИХ РЕСУРСОВ
HUMAN RESOURCES
ЛЮДСКИЕ РЕСУРСЫ
HUMAN RESOURCES MANAGEMENT (HRM)
РАСПОРЯЖЕНИЕ ЛЮДСКИМИ РЕСУРСАМИ
HURDLE RATE
МИНИМАЛЬНО ПРИЕМЛЕМЫЙ УРОВЕНЬ ДОХОДА
HUSH MONEY
ПЛАТА, ВЗЯТКА ЗА МОЛЧАНИЕ
HYBRID ANNUITY
ГИБРИДНЫЙ АННУИТЕТ
HYPERINFLATION
ГИПЕРИНФЛЯЦИЯ
HYPERLINK
ДОСТУП К КАНАЛУ СВЯЗИ
HYPERTEXT
ГИПЕРТЕКСТ
HYPOTHECATE
ИМЕТЬ ИПОТЕЧНЫЕ ОТНОШЕНИЯ
HYPOTHESIS
ГИПОТЕЗА
HYPOTHESIS TESTING
ПРОВЕРКА, ИСПЫТАНИЕ ГИПОТЕЗЫ

I

ICON
ПИКТОГРАММА (компьют.)
IDEAL CAPACITY
ИДЕАЛЬНАЯ МОЩНОСТЬ
IDLE CAPACITY
ПРОСТАИВАЮЩАЯ МОЩНОСТЬ
ILLEGAL DIVIDEND
НЕЗАКОННЫЙ ДИВИДЕНД
ILLIQUID
НЕЛИКВИДНЫЙ
IMAGE
ОБРАЗ, ИЗОБРАЖЕНИЕ
IMAGE ADVERTISING
РЕКЛАМА, НАПРАВЛЕННАЯ НА СОЗДАНИЕИМИДЖА
IMAGE DEFINITION
ОПИСАНИЕ ИЗОБРАЖЕНИЯ
IMAGE FILE
ЗАГРУЗОЧНЫЙ МОДУЛЬ, ФАЙЛ ОБРАЗА ЗАДАЧИ
IMPACTED AREA
ЗОНА ВОЗДЕЙСТВИЯ, ПОРАЖЕНИЯ
IMPAIRED CAPITAL
, УМЕНЬШИВШИЙСЯ ПО СРАВНЕНИЮ С ОБЪЯВЛЕННЫМ
IMPASSE
ТУПИКОВАЯ СИТУАЦИЯ
IMPERFECT MARKET
НЕСОВЕРШЕННЫЙ РЫНОК
IMPERIALISM
ИМПЕРИАЛИЗМ
IMPLIED
ПОДРАЗУМЕВАЕМЫЙ; НЕЯВНЫЙ
IMPLIED CONTRACT
ПОДРАЗУМЕВАЕМАЯ ДОГОВОРЕННОСТЬ
IMPLIED EASEMENT
ПОДРАЗУМЕВАЕМОЕ ПРАВО ПРОХОДА И Т. П. ПО ЧУЖОЙ ЗЕМЛЕ
IMPLIED IN FACT CONTRACT
ФАКТИЧЕСКИЙ, НО НЕ ОФОРМЛЕННЫЙ ДОГОВОР
IMPLIED WARRANTY
ПОДРАЗУМЕВАЕМАЯ ГАРАНТИЯ
IMPORT
ИМПОРТ
IMPORT QUOTA
ИМПОРТНАЯ КВОТА
IMPOSITION
ОБЛОЖЕНИЕ (НАЛОГОМ), НАВЯЗЫВАНИЕ
IMPOUND
ЗАДЕРЖИВАТЬ; ИЗЫМАТЬ

IMPOUND ACCOUNT
ЗАДЕРЖАННЫЙ СЧЕТ
IMPREST FUND, IMPREST SYSTEM
СЧЕТ, ОСТАТОК НА КОТОРОМ ДОЛЖЕН РАВНЯТЬСЯ ОГОВОРЕННОЙ
СУММЕ; СИСТЕМА ОГОВОРЕННЫХ СУММ
IMPROVED LAND
БЛАГОУСТРОЕННЫЙ, ОЗЕЛЕНЕННЫЙ ЗЕМЕЛЬНЫЙ УЧАСТОК
IMPROVEMENT
УСОВЕРШЕНСТВОВАНИЕ; МОДЕРНИЗАЦИЯ
IMPROVEMENTS AND BETTERMENTS INSURANCE
СТРАХОВАНИЕ БЛАГОУСТРОЙСТВА И СОВЕРШЕНСТВОВАНИЯ
IMPUTED COST
ВМЕНЁННЫЕ ИЗДЕРЖКИ
IMPUTED INCOME
ВМЕНЁННЫЙ ДОХОД
IMPUTED INTEREST
ВМЕНЁННЫЕ ПРОЦЕНТЫ
IMPUTED VALUE or IMPUTED INCOME
ВМЕНЁННАЯ СТОИМОСТЬ
INACTIVE STOCK or INACTIVE BOND
НЕХОДОВАЯ АКЦИЯ или НЕХОДОВАЯ ОБЛИГАЦИЯ
INADVERTENTLY
НЕПРЕДНАМЕРЕННО; ПО НЕДОСМОТРУ
INCAPACITY
НЕСПОСОБНОСТЬ; НЕПРИГОДНОСТЬНЕПРАВОСПОСОБНОСТЬ
INCENTIVE FEE
ПООЩРИТЕЛЬНАЯ ПРЕМИЯ
INCENTIVE PAY
ПООЩРИТЕЛЬНАЯ ОПЛАТА
INCENTIVE WAGE PLAN
СХЕМА ПРОГРЕССИВНОЙ ЗАРАБОТНОЙ
ПЛАТЫ
INCENTIVE STOCK OPTION (ISO)
ПРАВО НА ПОКУПКУ АКЦИЙ КОМПАНИИ (работником) ПО
ОГОВОРЕННОЙ ЦЕНЕ, БЕЗ НАЛОГА
INCHOATE
НЕ ЗАКОНЧЕННЫЙ; НЕЗАВЕРШЕННЫЙ; НЕ ОФОРМЛЕННЫЙ
ОКОНЧАТЕЛЬНО
INCIDENTAL DAMAGES
НЕИЗБЕЖНО ПОСЛЕДОВАВШИЙ УЩЕРБ
INCOME
ДОХОД
INCOME ACCOUNTS
СЧЁТ ДОХОДОВ
INCOME APPROACH
МЕТОД ОЦЕНКИ НЕДВИЖИМОСТИ ПУТЁМ ОЦЕНКИ
ПОТЕНЦИАЛЬНОГОДОХОДА ОТ ЕЁ ИСПОЛЬЗОВАНИЯ
INCOME AVERAGING
МЕТОД РАСПРЕДЕЛЕНИЯ ФЕРМЕРСКОГО ДОХОДА ТЕКУЩЕГО ГОДА
НА ПРЕДЫДУЩИЕ ТРИ ГОДА
INCOME BOND
ДОХОДНАЯ ОБЛИГАЦИЯ, Т. Е. ТА, ПО КОТОРОЙ
ВЫПЛАЧИВАЮТСЯ ПРОЦЕНТЫ ТОЛЬКО ПРИ НАЛИЧИИ ПРИБЫЛИ У
КОМПАНИИ

INCOME EFFECT
ЭФФЕКТ ДОХОДА
INCOME GROUP
ГРУППА НАСЕЛЕНИЯ, ИМЕЮЩЕГО ОДИНАКОВЫЙ ДОХОД
INCOME IN RESPECT OF A DECEDENT
ДОХОД, ПРИЧИТАВШИЙСЯ УМЕРШЕМУ ПОСЛЕ СМЕРТИ
INCOME PROPERTY
ДОХОДНАЯ СОБСТВЕННОСТЬ
INCOME REDISTRIBUTION
ПЕРЕРАСПРЕДЕЛЕНИЕ ДОХОДОВ
INCOME REPLACEMENT
ЗАМЕНА ИСТОЧНИКА ДОХОДА
INCOME SPLITTING
РАЗДЕЛЕНИЕ ДОХОДА
INCOME STATEMENT
ОТЧЕТ О ДОХОДЕ
INCOME STREAM
ПОТОК ДОХОДОВ
INCOME TAX
ПОДОХОДНЫЙ НАЛОГ
INCOME TAX RETURN
ДЕКЛАРАЦИЯ ПОДОХОДНОГО НАЛОГА
INCOMPATIBLE
НЕСОВМЕСТИМЫЙ
INCOMPETENT
НЕКОМПЕТЕНТНЫЙ
INCONTESTABLE CLAUSE
НЕОСПОРИМОЕ ПОЛОЖЕНИЕ, КЛАУЗУЛА (В ДОГОВОРЕ)
INCONVERTIBLE MONEY
НЕКОНВЕРТИРУЕМАЯ ВАЛЮТА
INCORPORATE
ИНКОРПОРИРОВАТЬ; ПОЛУЧАТЬ ПРАВА ЮРИДИЧЕСКОГО ЛИЦА;
ВКЛЮЧАТЬ В СОСТАВ
INCORPORATION
РЕГИСТРАЦИЯ ЮРИДИЧЕСКОГО ЛИЦА, КОРПОРАЦИИ; ВКЛЮЧЕНИЕ В
СОСТАВ ЮРИДИЧЕСКОГО ЛИЦА
INCORPOREAL PROPERTY
НЕМАТЕРИАЛЬНАЯ СОБСТВЕННОСТЬ
INCREMENTAL ANALYSIS
ПРИРОСТНОЙ АНАЛИЗ
INCREMENTAL CASH FLOW
ПРИРОСТНОЕ ДВИЖЕНИЕ НАЛИЧНОСТИ
INCREMENTAL SPENDING
ПРИРОСТНЫЕ РАСХОДЫ
INCURABLE DEPRECIATION
НЕОБРАТИМАЯ АМОРТИЗАЦИЯ
INDEMNIFY
ГАРАНТИРОВАТЬ ВОЗМЕЩЕНИЕ ВРЕДА, УЩЕРБА
INDEMNITY
ГАРАНТИЯ ВОЗМЕЩЕНИЯ УЩЕРБА, УБЫТКОВ
INDENT
ОТСТУП
INDENTURE
ДОКУМЕНТ, КОНТРАКТ, ДОГОВОР

INDEPENDENCE
НЕЗАВИСИМОСТЬ
INDEPENDENT ADJUSTER
НЕЗАВИСИМЫЙ ОЦЕНЩИК
INDEPENDENT CONTRACTOR
НЕЗАВИСИМЫЙ ПОДРЯДЧИК
INDEPENDENT STORE
НЕЗАВИСИМЫЙ МАГАЗИН
INDEPENDENT UNION
НЕЗАВИСИМЫЙ ПРОФСОЮЗ
INDEPENDENT VARIABLES
НЕЗАВИСИМЫЕ ПЕРЕМЕННЫЕ
INDETERMINATE PREMIUM LIFE INSURANCE
СТРАХОВАНИЕ ЖИЗНИ С НЕФИКСИРОВАННОЙ СТРАХОВОЙ
ПРЕМИЕЙ
INDEX
УКАЗАТЕЛЬ; ПОКАЗАТЕЛЬ; ИНДЕКС; ИНДИКАТОР
INDEXATION
ИНДЕКСАЦИЯ
INDEX BASIS
БАЗА ИНДЕКСАЦИИ
INDEXED LIFE INSURANCE
ИНДЕКСИРОВАННОЕ СТРАХОВАНИЕ ЖИЗНИ
INDEXED LOAN
ИНДЕКСИРОВАННЫЙ КРЕДИТ
INDEX FUND
ИНДЕКСИРОВАННЫЙ ФОНД
INDEXING
ИНДЕКСАЦИЯ
INDEX LEASE
ИНДЕКСИРОВАННАЯ АРЕНДА
INDEX OPTIONS
ИНДЕКСНЫЕ ОПЦИОНЫ
INDIRECT COST
КОСВЕННЫЕ РАСХОДЫ
INDIRECT LABOR
КОСВЕННЫЕ ТРУДОЗАТРАТЫ
INDIRECT OVERHEAD
КОСВЕННЫЕ НАКЛАДНЫЕ РАСХОДЫ
INDIRECT PRODUCTION
КОСВЕННОЕ ПРОИЗВОДСТВО
INDIVIDUAL BARGAINING
ИНДИВИДУАЛЬНОЕ ТРУДОВОЕ СОГЛАШЕНИЕ
(не через профсоюз)
INDIVIDUAL LIFE INSURANCE
ИНДИВИДУАЛЬНОЕ СТРАХОВАНИЕ ЖИЗНИ
INDIVIDUAL RETIREMENT ACCOUNT (IRA)
ИНДИВИДУАЛЬНЫЙ ПЕНСИОННЫЙ СЧЕТ
INDUCTIVE REASONING
ИНДУКТИВНОЕ РАССУЖДЕНИЕ
INDUSTRIAL
ПРОМЫШЛЕННЫЙ
INDUSTRIAL ADVERTISING
ПРОМЫШЛЕННАЯ РЕКЛАМА

INDUSTRIAL CONSUMER
ПРОМЫШЛЕННЫЙ ПОТРЕБИТЕЛЬ
INDUSTRIAL ENGINEER
ИНЖЕНЕР – ТЕХНОЛОГ
INDUSTRIAL FATIGUE
ПРОФЕССИОНАЛЬНАЯ УСТАЛОСТЬ
INDUSTRIAL GOODS
ПРОМЫШЛЕННЫЕ ТОВАРЫ
INDUSTRIALIST
ПРОМЫШЛЕННИК
INDUSTRIAL PARK
ПРОМЫШЛЕННАЯ ЗОНА
INDUSTRIAL PRODUCTION
ПРОМЫШЛЕННОЕ ПРОИЗВОДСТВО
INDUSTRIAL PROPERTY
ПРОМЫШЛЕННАЯ СОБСТВЕННОСТЬ
INDUSTRIAL PSYCHOLOGY
ПРОФЕССИОНАЛЬНАЯ ПСИХОЛОГИЯ
INDUSTRIAL RELATIONS
ОТНОШЕНИЯ НА ПРОИЗВОДСТВЕ
INDUSTRIAL REVOLUTION
ПРОМЫШЛЕННАЯ РЕВОЛЮЦИЯ
INDUSTRIAL UNION
ПРОМЫШЛЕННЫЙ СОЮЗ; СОЮЗ ПРОИЗВОДИТЕЛЕЙ
INDUSTRY
ПРОМЫШЛЕННОСТЬ; ОТРАСЛЬ
INDUSTRY STANDARD
ОТРАСЛЕВОЙ СТАНДАРТ
INEFFICIENCY IN THE MARKET
НЕЭФФЕКТИВНОСТЬ НА РЫНКЕ
INFANT INDUSTRY ARGUMENT
АРГУМЕНТ ЗАЩИТЫ МОЛОДЫХ ОТРАСЛЕЙ
INFERENTIAL STATISTICS
ДЕДУКТИВНАЯ СТАТИСТИКА
INFERIOR GOOD
ТОВАР , ПОТРЕБЛЕНИЕ КОТОРОГО НЕ РАСТЁТ С РОСТОМ ДОХОДОВ
НАСЕЛЕНИЯ
INFERRED AUTHORITY
ПОДРАЗУМЕВАЕМЫЕ ПОЛНОМОЧИЯ
INFLATION
ИНФЛЯЦИЯ
INFLATION ACCOUNTING
УЧЕТ ИНФЛЯЦИИ В БУХГАЛТЕРСКОЙ
ОТЧЕТНОСТИ
INFLATIONARY GAP
ИНФЛЯЦИОННЫЙ РАЗРЫВ
INFLATIONARY SPIRAL
СПИРАЛЬ ИНФЛЯЦИИ
INFLATION ENDORSEMENT
 ИНФЛЯЦИОННЫЙ ИНДОССАМЕНТ
INFLATION RATE
ТЕМП, УРОВЕНЬ ИНФЛЯЦИИ
INFORMAL LEADER
НЕФОРМАЛЬНЫЙ ЛИДЕР

INFORMATION FLOW
ПОТОК ИНФОРМАЦИИ
INFORMATION PAGE
СПРАВОЧНАЯ СТРАНИЦА ПАМЯТИ
INFORMATION RETURN
ОДИН ИЗ ВИДОВ ДЕКЛАРАЦИЙ ДЛЯ НАЛОГОВОГО ВЕДОМСТВА,
КОТОРЫЙ ДАЁТ ИНФОРМАЦИЮ ОБ ИЗМЕНЕНИИ НАЛОГОВОГО
СТАТУСА
INFRASTRUCTURE
ИНФРАСТРУКТУРА
INFRINGEMENT
НАРУШЕНИЕ (прав, закона)
INGRESS AND EGRESS
ПРАВО ВХОДА И ВЫХОДА
INHERENT EXPLOSION CLAUSE
ОГОВОРКА СТРАХОВОГО ПОЛИСА НА СЛУЧАЙ ВЗРЫВА
INHERIT
НАСЛЕДОВАТЬ
INHERITANCE
НАСЛЕДСТВО
INHERITANCE TAX
НАЛОГ НА НАСЛЕДСТВО
IN-HOUSE
ШТАТНЫЙ (работник, специалист)
INITIAL PUBLIC OFFERING (IPO)
ПЕРВОНАчАЛЬНОЕ ОТКРЫТОЕ ПРЕДЛОЖЕНИЕ АКЦИЙ
INITIATIVE
ИНИЦИАТИВА
INJUNCTION
СУДЕБНЫЙ ЗАПРЕТ
INJUNCTION BOND
ГАРАНТИЯ ЗАПРЕТА
INJURY INDEPENDENT OF ALL OTHER MEANS
УЩЕРБ, ВРЕД САМ ПО СЕБЕ (вне зависимости от других
обстоятельств)
INLAND CARRIER
НАЗЕМНЫЙ ПЕРЕВОЗЧИК
INNER CITY
РАЙОНЫ ОКОЛО ЦЕНТРА ГОРОДА
INNOVATION
НОВАТОРСТВО; ОБНОВЛЕНИЕ
IN PERPETUITY
БЕЗ ОГРАНИЧЕНИЯ ВРЕМЕНИ; НАВСЕГДА
INPUT
ВВОД, ВХОДНАЯ ИНФОРМАЦИЯ , ВХОДНОЙ СИГНАЛ, ВВОДИТЬ,
ПОДАВАТЬ НА ВХОД
INPUT FIELD
ПОЛЕ ВВОДА
INPUT MASK
МАСКА ВВОДА
INPUT-OUTPUT DEVICE
УСТРОЙСТВО ВВОДА-ВЫВОДА
INSIDE INFORMATION
ВНУТРЕННЯЯ ИНФОРМАЦИЯ КОМПАНИИ

INSIDE LOT
ЗЕМЕЛЬНЫЙ УЧАСТОК ВНУТРИ ДРУГОГО УЧАСТКА
INSIDER
«СВОЙ ЧЕЛОВЕК»; ИНСАЙДЕР
INSOLVENCY
НЕПЛАТЕЖЕСПОСОБНОСТЬ
INSOLVENCY CLAUSE
ОГОВОРКА О НЕПЛАТЕЖЕСПОСОБНОСТИ
INSPECTION
ИНСПЕКЦИЯ; ОСМОТР; ПРОВЕРКА
INSTALLATION
УСТАНОВКА
INSTALLMENT
ЧАСТЬ, ДОЛЯ (оплаты, погашения долга)
INSTALLMENT CONTRACT
ДОГОВОР С ОПЛАТОЙ В РАССРОЧКУ
INSTALLMENT SALE
ПОТРЕБИТЕЛЬСКИЙ КРЕДИТ, ВЫПЛАЧИВАЕМЫЙ ДОЛЯМИ;
ПРОДАЖА В РАССРОЧКУ
INSTITUTIONAL INVESTOR
ИНСТИТУЦИОНАЛЬНЫЙ ИНВЕСТОР
INSTITUTIONAL LENDER
ИНСТИТУЦИОНАЛЬНЫЙ КРЕДИТОР
INSTRUMENT
ИНСТРУМЕНТ; ДОКУМЕНТ
INSTRUMENTALITIES OF TRANSPORTATION
ТРАНСПОРТНЫЕ ОРГАНИЗАЦИИ
INSTRUMENTALITY
ОРГАНИЗАЦИЯ; АГЕНТСТВО
INSURABILITY
СТРАХУЕМОСТЬ
INSURABLE INTEREST
СТРАХУЕМЫЙ ИНТЕРЕС
INSURABLE TITLE
СТРАХУЕМЫЙ ПРАВОВОЙ ТИТУЛ
INSURANCE
СТРАХОВАНИЕ
INSURANCE COMPANY (INSURER)
СТРАХОВАЯ КОМПАНИЯ (СТРАХОВЩИК)
INSURANCE CONTRACT
ДОГОВОР СТРАХОВАНИЯ
INSURANCE COVERAGE
СТРАХОВОЕ ПОКРЫТИЕ
INSURANCE SETTLEMENT
РЕШЕНИЕ СТРАХОВОГО СПОРА
INSURED
ЗАСТРАХОВАННОЕ ЛИЦО;
СТРАХОВАТЕЛЬ
INSURED ACCOUNT
ЗАСТРАХОВАННЫЙ СЧЕТ
INSURGENT
ВОССТАВШАЯ СТОРОНА
INTANGIBLE ASSET
НЕМАТЕРИАЛЬНЫЙ АКТИВ

INTANGIBLE REWARD
НЕМАТЕРИАЛЬНОЕ ВОЗНАГРАЖДЕНИЕ
INTANGIBLE VALUE
НЕМАТЕРИАЛЬНАЯ ЦЕННОСТЬ
INTEGRATED CIRCUIT
ИНТЕГРАЛЬНАЯ СХЕМА, МИКРОСХЕМА
INTEGRATION, BACKWARD
ИНТЕГРАЦИЯ ПРОИЗВОДСТВЕННОГО ПРОЦЕССА
INTEGRATION, FORWARD
ИНТЕГРАЦИЯ ДЛЯ РАСШИРЕНИЯ ПОЛЯ ДЕЯТЕЛЬНОСТИ
INTEGRATION, HORIZONTAL
ГОРИЗОНТАЛЬНАЯ ИНТЕГРАЦИЯ
INTEGRATION, VERTICAL
ВЕРТИКАЛЬНАЯ ИНТЕГРАЦИЯ
INTEGRITY
ЧЕСТНОСТЬ; ПОРЯДОЧНОСТЬ; ЦЕЛЬНОСТЬ
INTERACTIVE
ДИАЛОГОВЫЙ, ИНТЕРАКТИВНЫЙ
INTERACTIVE SYSTEM
ИНТЕРАКТИВНАЯ (ДИАЛОГОВАЯ) СИСТЕМА
INTEREST
ПРОЦЕНТЫ; ИНТЕРЕС
INTEREST GROUP
ГРУППА , ОБЪЕДИНЁННАЯ ОБЩИМИ ИНТЕРЕСАМИ
INTEREST-ONLY LOAN
ССУДА С ОПЛАТОЙ ТОЛЬКО ПРОЦЕНТОВ
INTEREST RATE
ПРОЦЕНТНАЯ СТАВКА
INTEREST SENSITIVE POLICIES
ВИД СТРАХОВОГО ПОЛИСА С ВЫПЛАТОЙ ПРОЦЕНТОВ
INTERFACE
ИНТЕРФЕЙС; СОПРЯЖЕНИЕ
INTERIM AUDIT
ПРОМЕЖУТОЧНЫЙ АУДИТ
INTERIM FINANCING
ПРОМЕЖУТОЧНОЕ ФИНАНСИРОВАНИЕ
INTERIM STATEMENT
ПРОМЕЖУТОЧНЫЙ ОТЧЕТ
INTERINDUSTRY COMPETITION
МЕЖОТРАСЛЕВАЯ КОНКУРЕНЦИЯ
INTERLOCKING DIRECTORATE
ОБЪЕДИНЕННОЕ УПРАВЛЕНИЕ
INTERLOCUTORY DECREE
ПРОМЕЖУТОЧНОЕ, НЕОКОНЧАТЕЛЬНОЕ ПОСТАНОВЛЕНИЕ СУДА
INTERMEDIARY
ПОСРЕДНИК
INTERMEDIATE GOODS
ПРОМЕЖУТОЧНЫЕ ТОВАРЫ
INTERMEDIATE TERM
СРЕДНИЙ ПЕРИОД
INTERMEDIATION
ПОСРЕДНИЧЕСТВО
INTERMITTENT PRODUCTION
ПЕРЕМЕЖАЮЩЕЕСЯ ПРОИЗВОДСТВО, Т. Е. ПРОИЗВОДСТВО

РАЗЛИЧНОЙ ПРОДУКЦИИ НА ОДНОЙ ЛИНИИ
INTERNAL AUDIT
ВНУТРЕННИЙ АУДИТ
INTERNAL CHECK
ВНУТРЕННЯЯ ПРОВЕРКА
INTERNAL CONTROL
ВНУТРЕННИЙ КОНТРОЛЬ
INTERNAL EXPANSION
ВНУТРЕННЕЕ РАСШИРЕНИЕ
INTERNAL FINANCING
ВНУТРЕННЕЕ ФИНАНСИРОВАНИЕ
INTERNAL MEMORY
ОПЕРАТИВНАЯ ПАМЯТЬ
INTERNAL MODEM
ВНУТРЕННИЙ МОДЕМ
INTERNAL RATE OF RETURN (IRR)
ВНУТРЕННЯЯ РЕНТАБЕЛЬНОСТЬ
INTERNAL REVENUE SERVICE (IRS)
НАЛОГОВОЕ УПРАВЛЕНИЕ (США)
INTERNATIONAL BANK FOR RECONSTRUCTION AND DEVELOPMENT
МЕЖДУНАРОДНЫЙ БАНК РЕКОНСТРУКЦИИ И РАЗВИТИЯ (МБРР)
INTERNATIONAL CARTEL
МЕЖДУНАРОДНЫЙ КАРТЕЛЬ
INTERNATIONAL LAW
МЕЖДУНАРОДНОЕ ПРАВО
INTERNATIONAL MONETARY FUND
МЕЖДУНАРОДНЫЙ ВАЛЮТНЫЙ ФОНД (МВФ)
INTERNATIONAL MONETARY MARKET
МИРОВОЙ ВАЛЮТНЫЙ РЫНОК
INTERNATIONAL UNION
МЕЖДУНАРОДНЫЙ СОЮЗ
INTERNET
ИНТЕРНЕТ; ВСЕМИРНАЯ СЕТЬ КОМПЬЮТЕРНОЙ СВЯЗИ
INTERNET PROTOCOL (IP) ADDRESS
АДРЕС МЕЖСЕТЕВОГО ПРОТОКОЛА
INTERNET SERVICE PROVIDER
ПОСТАВЩИК УСЛУГ ИНТЕРНЕТА
INTERPERIOD INCOME TAX ALLOCATION
ПРОМЕЖУТОЧНОЕ АССИГНОВАНИЕ ДОХОДОВ
INTERPLEADER
ВОЗБУЖДЕНИЕ ПРОЦЕССА ДЛЯ ОПРЕДЕЛЕНИЯ ПРАВ ТРЕТЬИХ
ЛИЦ
INTERPOLATION
ИНТЕРПОЛЯЦИЯ
INTERPRETER
УСТНЫЙ ПЕРЕВОДЧИК
INTERROGATORIES
ПИСЬМЕННЫЙ ОПРОС СТОРОН или СВИДЕТЕЛЕЙ
INTERVAL SCALE
ШКАЛА ВРЕМЕННЫХ ИНТЕРВАЛОВ
INTERVIEW
ИНТЕРВЬЮ; ОПРОС
INTERVIEW, STRUCTURED
СТРУКТУРИРОВАННЫЙ ОПРОС

INTERVIEW, UNSTRUCTURED
НЕСТРУКТУРИРОВАННЫЙ ОПРОС
INTERVIEWER BAIS
ИСХОДНАЯ ПОЗИЦИЯ ОПРАШИВАЮЩЕГО
INTESTATE
УМЕРШИЙ БЕЗ ЗАВЕЩАНИЯ
IN THE MONEY
«ПРИ ДЕНЬГАХ»
IN THE TANK
НЕОБЪЕКТИВНОСТЬ
INTRAPERIOD TAX ALLOCATION
РАСПРЕДЕЛЕНИЕ НАЛОГА ДАННОГО ГОДА В РАЗНЫХ ЧАСТЯХ
ОТЧЁТНОСТИ
INTRINSIC VALUE
НЕОТЪЕМЛЕМАЯ ЦЕННОСТЬ
INSURE
СТРАХОВАТЬ
INVENTORY
ИНВЕНТАРЬ; МАТЕРИАЛЬНЫЕ ЗАПАСЫ
INVENTORY CERTIFICATE
СЕРТИФИКАТ, СПРАВКА О НАЛИЧИИ МАТЕРИАЛЬНЫХ ЗАПАСОВ
INVENTORY CONTROL
КОНТРОЛЬ НАЛИЧИЯ МАТЕРИАЛЬНЫХ ЗАПАСОВ
INVENTORY FINANCING
ФИНАНСИРОВАНИЕ ТОВАРНЫХ ЗАПАСОВ
INVENTORY PLANNING
ПЛАНИРОВАНИЕ МАТЕРИАЛЬНЫХ ЗАПАСОВ
INVENTORY SHORTAGE (SHRINKAGE)
ДЕФИЦИТ (СОКРАЩЕНИЕ) МАТЕРИАЛЬНЫХ
ЗАПАСОВ
INVENTORY TURNOVER
ОБОРОТ ТОВАРНЫХ ЗАПАСОВ
INVERSE CONDEMNATION
ИСК ЗЕМЛЕВЛАДЕЛЬЦА О КОМПЕНСАЦИИ ЗА ЗЕМЛЮ, ОТОБРАННУЮ
ДЛЯ ОБЩЕСТВЕННОГО ПОЛЬЗОВАНИЯ
INVERTED YIELD CURVE
«ПЕРЕВЕРНУТАЯ» (ОБРАТНАЯ) КРИВАЯ ДОХОДНОСТИ
INVEST
ИНВЕСТИРОВАТЬ
INVESTMENT
ИНВЕСТИЦИЯ, КАПИТАЛОВЛОЖЕНИЕ
INVESTMENT ADVISORY SERVICE
СЛУЖБА КОНСУЛЬТАЦИИ ИНВЕСТОРОВ
INVESTMENT BANKER
ИНВЕСТИЦИОННЫЙ БАНК
INVESTMENT CLUB
ИНВЕСТИЦИОННЫЙ «КЛУБ»; ГРУППА СОВМЕСТНО ДЕЙСТВУЮЩИХ
ИНВЕСТОРОВ
INVESTMENT COMPANY
ИНВЕСТИЦИОННАЯ КОМПАНИЯ
INVESTMENT COUNSEL
ИНВЕСТИЦИОННЫЙ СОВЕТНИК, КОНСУЛЬТАНТ
INVESTMENT GRADE
ЦЕННЫЕ БУМАГИ, РЕКОМЕНДУЕМЫЕ К ПОКУПКЕ

INVESTMENT INTEREST EXPENSE
РАСХОДЫ НА СОДЕРЖАНИЕ ПОРТФЕЛЯ ИНВЕСТИЦИЙ
INVESTMENT LIFE CYCLE
ЖИЗНЕННЫЙ ЦИКЛ ИНВЕСТИЦИИ
INVESTMENT STRATEGY
СТРАТЕГИЯ ИНВЕСТИЦИЙ
INVESTMENT TRUST
ИНВЕСТИЦИОННЫЙ ТРАСТ
INVESTOR RELATIONS DEPARTMENT
ОТДЕЛ ВЗАИМООТНОШЕНИЙ С ИНВЕСТОРАМИ
INVOICE
СЧЕТ-ФАКТУРА
INVOLUNTARY CONVERSION
ПРИНУДИТЕЛЬНОЕ КОНВЕРТИРОВАНИЕ, ПРЕОБРАЗОВАНИЕ
INVOLUNTARY LIEN
ПРИНУДИТЕЛЬНОЕ УСЛОВИЕ ЗАЛОГА
INVOLUNTARY TRUST
ТРАСТ, ПРИЗНАННЫЙ СУДОМ НА ОСНОВЕ ОТНОШЕНИЙ МЕЖДУ
СТОРОНАМИ
INVOLUNTARY UNEMPLOYMENT
ВЫНУЖДЕННАЯ БЕЗРАБОТИЦА
INWOOD ANNUITY FACTOR
КОЭФФИЦИЕНТ АННУИТЕТА ИНВУДА
IOTA
ЙОТА; МАЛАЯ ВЕЛИЧИНА
IRREGULARS
НЕРЕГУЛЯРНЫЕ КЛИЕНТЫ
IRREPARABLE HARM, IRREPARABLE DAMAGE
НЕПОПРАВИМЫЙ ВРЕД, УЩЕРБ
IRRETRIVABLE
НЕ ПОДЛЕЖАЩИЙ ВОССТАНОВЛЕНИЮ
IRREVOCABLE
БЕЗВОЗВРАТНЫЙ
IRREVOCABLE TRUST
ТРАСТ, НЕ ПОДЛЕЖАЩИЙ ИЗМЕНЕНИЮ
ISSUE
ВОПРОС; ПОЗИЦИЯ; ИЗДАНИЕ; ЭМИССИЯ
ISSUED AND OUTSTANDING
ВЫПУЩЕННЫЕ АКЦИИ, НЕ ВЫКУПЛЕННЫЕ САМОЙ КОМПАНИЕЙ
ISSUER
ЭМИТЕНТ ЦЕННЫХ БУМАГ
ITEMIZED DEDUCTIONS
ВЫЧЕТЫ ПО ОТДЕЛЬНЫМ ПОЗИЦИЯМ
ITERATION
ИТЕРАЦИЯ
ITINERANT WORKER
РАБОТНИК БЕЗ ПОСТОЯННОГО МЕСТА РАБОТЫ

J

JAWBONING
ОКАЗАНИЕ ДАВЛЕНИЯ «С ВЕРХУ»
J-CURVE
КРИВАЯ «J» (КРИВАЯ ОБОРОТА МЕЖДУНАРОДНОЙ ТОРГОВЛИ)
JOB
РАБОТА; ДОЛЖНОСТЬ
JOB BANK
БАЗА ДАННЫХ ВАКАНТНЫХ ДОЛЖНОСТЕЙ
JOBBER
МЕЛКИЙ ОПТОВЫЙ ТОРГОВЕЦ
JOB CLASSIFICATION
КЛАССИФИКАЦИЯ ВИДОВ РАБОТ, ДОЛЖНОСТЕЙ
JOB COST SHEET
ТАБЛИЦА СТОИМОСТИ ВЫПОЛНЕНИЯ РАБОТ
JOB DEPTH
СЛОЖНОСТЬ РАБОТЫ
JOB DESCRIPTION
ДОЛЖНОСТНЫЕ ОБЯЗАННОСТИ
JOB EVALUATION
ОЦЕНКА ВЫПОЛНЕННОЙ РАБОТЫ
JOB JUMPER
ЛИЦО, МЕНЯЮЩЕЕ ОДНУ РАБОТУ НА ДРУГУЮ
JOB LOT
КОНТРАКТ НА ВЫПОЛНЕНИЕ ЧАСТИ РАБОТЫ
JOB ORDER
ЗАКАЗ НА ВЫПОЛНЕНИЕ РАБОТЫ
JOB PLACEMENT
РАСПРЕДЕЛЕНИЕ ЛЮДЕЙ ПО ВИДАМ РАБОТЫ; НАЗНАЧЕНИЕ НА ДОЛЖНОСТЬ
JOB ROTATION
«РОТАЦИЯ» ПО РАЗНЫМ ВИДАМ РАБОТ
JOB SATISFACTION
УДОВЛЕТВОРЕНИЕ ОТ РАБОТЫ
JOB SECURITY
НАДЕЖНОСТЬ ЗАНЯТОСТИ НА РАБОТЕ
JOB SHARING
РАЗДЕЛЕНИЕ ДОЛЖНОСТНЫХ ОБЯЗАННОСТЕЙ МЕЖДУ ДВУМЯ СОТРУДНИКАМИ
JOB SHOP
ПРЕДПРИЯТИЕ, РАБОТАЮЩЕЕ НА ЗАКАЗ
JOB SPECIFICATION
КВАЛИФИКАЦИОННЫЕ ТРЕБОВАНИЯ ДЛЯ ВЫПОЛНЕНИЯ РАБОТЫ
JOB TICKET
НАПРАВЛЕНИЕ НА РАБОТУ
JOINT ACCOUNT
ОБЩИЙ, СОВМЕСТНЫЙ СЧЕТ

JOINT AND SEVERAL LIABILITY
ПОЛНАЯ ОТВЕТСТВЕННОСТЬ КАЖДОГО УЧАСТНИКА ДОГОВОРА ЗА ВСЮ СУММУ ЗАЙМА
JOINT AND SURVIVOR ANNUITY
ПОЖИЗНЕННЫЙ АННУИТЕТ В ПОЛЬЗУ ДВУХ И БОЛЕЕ ЛИЦ (до смерти последнего)
JOINT FARE, JOINT RATE
ОБЩАЯ ПЛАТА, ОБЩАЯ СТАВКА
JOINT LIABILITY
СОВМЕСТНАЯ ОТВЕТСТВЕННОСТЬ
JOINTLY AND SEVERALLY
СОВМЕСТНО И РАЗДЕЛЬНО
JOINT PRODUCT COST
СЕБЕСТОИМОСТЬ РАЗЛИЧНЫХ ПРОДУКТОВ, ЯВЛЯЮЩИХСЯ РЕЗУЛЬТАТОМ ОДНОГО ПРОИЗВОДСТВЕННОГО ПРОЦЕССА
JOINT RETURN
СОВМЕСТНАЯ НАЛОГОВАЯ ДЕКЛАРАЦИЯ (МУЖА И ЖЕНЫ)
JOINT STOCK COMPANY
АКЦИОНЕРНОЕ ОБЩЕСТВО
JOINT TENANCY
СОВМЕСТНОЕ ВЛАДЕНИЕ
JOINT VENTURE
СОВМЕСТНОЕ ПРЕДПРИЯТИЕ
JOURNAL
ЖУРНАЛ; ПРОТОКОЛ; ДНЕВНИК
JOURNAL ENTRY
ЗАПИСЬ В ЖУРНАЛЕ, ПРОТОКОЛЕ, ДНЕВНИКЕ
JOURNALIZE
ВЕСТИ ЗАПИСИ В ЖУРНАЛЕ, ПРОТОКОЛЕ, ДНЕВНИКЕ
JOURNAL VOUCHER
«КНИЖНЫЙ» ВАУЧЕР; СВИДЕТЕЛЬСТВО; ПОДТВЕРЖДЕНИЕ
JOURNEYMAN
КВАЛИФИЦИРОВАННЫЙ РАБОЧИЙ
JUDGMENT
ПРИГОВОР; СУДЕБНОЕ РЕШЕНИЕ
JUDGMENT CREDITOR
КРЕДИТОР, В ПОЛЬЗУ КОТОРОГО ВЫНЕСЕНО РЕШЕНИЕ О ВЗИМАНИИ ДОЛГА
JUDGMENT DEBTOR
ДОЛЖНИК, ПРОТИВ КОТОРОГО ВЫНЕСЕНО СУДЕБНОЕ РЕШЕНИЕ
JUDGMENT LIEN
ЗАЛОГОВОЕ ПРАВО В СИЛУ СУДЕБНОГО РЕШЕНИЯ
JUDGMENT PROOF
ДОКАЗАТЕЛЬСТВА В ОБОСНОВАНИЕ СУДЕБНОГО РЕШЕНИЯ
JUDGMENT SAMPLE
ВЫБОРКА ДЛЯ АУДИТА И ПРОВЕРКИ
JUDICIAL BOND
ОПЛАТА ЗА РАССМОТРЕНИЕ В СУДАХ РАЗНОГО УРОВНЯ
JUDICIAL FORECLOSURE or JUDICIAL SALE
КОНФИСКАЦИЯ ЗАЛОЖЕННОГО ИМУЩЕСТВА или ЕГО ПРОДАЖА ПО РЕШЕНИЮ СУДА
JUMBO CERTIFICATE OF DEPOSIT
ДЕПОЗИТНЫЙ СЕРТИФИКАТ С НОМИНАЛОМ 100 000 долл. ИЛИ ВЫШЕ

JUNIOR ISSUE
«МЛАДШИЕ» ЦЕННЫЕ БУМАГИ (ПОГАШЕНИЕ ОБЯЗАТЕЛЬСТВ ПО КОТОРЫМ ПРОИСХОДИТ ПОСЛЕ УДОВЛЕТВОРЕНИЯ ОБЯЗАТЕЛЬСТВ ПО «СТАРШИМ» БУМАГАМ)
JUNIOR LIEN
МЛАДШЕЕ (второе, третье) ПРАВО УДЕРЖАНИЯ ИМУЩЕСТВА ЗА ДОЛГИ
JUNIOR MORTGAGE
«МЛАДШАЯ» (вторая, третья) ИПОТЕКА, ЗАКЛАДНАЯ
JUNIOR PARTNER
МЛАДШИЙ ПАРТНЕР
JUNIOR SECURITY
«МЛАДШАЯ» ЦЕННАЯ БУМАГА (с меньшими правами на активы эмитента)
JUNK BOND
ОБЛИГАЦИЯ СПЕКУЛЯТИВНОГО РЕЙТИНГА
JURISDICTION
ЮРИСДИКЦИЯ; ПОДСУДНОСТЬ
JURISPRUDENCE
ЮРИСПРУДЕНЦИЯ; ЗАКОНОВЕДЕНИЕ
JURY
ПРИСЯЖНЫЕ; СУД ПРИСЯЖНЫХ; ЖЮРИ (конкурса)
JUST COMPENSATION
СПРАВЕДЛИВАЯ КОМПЕНСАЦИЯ
JUSTIFIABLE
ДОПУСТИМЫЙ; УВАЖИТЕЛЬНЫЙ; ДОСТОЙНЫЙ ОПРАВДАНИЯ
JUSTIFIED PRICE
ОБОСНОВАННАЯ (РЕАЛИСТИЧНАЯ) РЫНОЧНАЯ ЦЕНА

K

KEOGH PLAN
ПЛАН КЕОГ (ПЛАН ПЕНСИОННЫХ СБЕРЕЖЕНИЙ для РАБОТНИКОВ МЕЛКИХ КОМПАНИЙ И лицРАБОТАЮЩИХ САМОСТОЯТЕЛЬНО)
KEY
КЛАВИША
KEY-AREA EVALUATION
ОЦЕНКА КЛЮЧЕВОЙ ЗОНЫ
KEYBOARD
КЛАВИАТУРА
KEY PERSON LIFE AND HEALTH INSURANCE
СТРАХОВАНИЕ ЖИЗНИ И ЗДОРОВЬЯ КЛЮЧЕВОГО (ВЕДУЩЕГО) РАБОТНИКА
KICKBACK
ВЗЯТКА
KICKER
ДОПОЛНИТЕЛЬНАЯ ХАРАКТЕРИСТИКА, ПОВЫШАЮЩАЯ ПРИВЛЕКАТЕЛЬНОСТЬ ОБЛИГАЦИИ
KIDDIE TAX
НАЛОГ НА НЕ ЗАРАБОТАННЫЙ ДОХОД (свыше определенной суммы) РЕБЕНКА ДО 14 ЛЕТ
KILLING
СОРВАТЬ «КУШ»
KITING
ИСПОЛЬЗОВАНИЕ ФИКТИВНЫХ ЧЕКОВ; ПОДДЕЛКА СУММЫ ЧЕКА; ВЗВИНЧИВАНИЕ ЦЕН
KNOW-HOW
«НОУ-ХАУ»; ПРОИЗВОДСТВЕННЫЕ (ФИРМЕННЫЕ) СЕКРЕТЫ
KNOWLEDGE INTENSIVE
НАУКОЕМКИЙ
KNOW-YOUR-CUSTOMER RULE
ПРАВИЛО «ЗНАЙ СВОЕГО КЛИЕНТА»
KUDOS
СЛАВА; ВЫСОКАЯ РЕПУТАЦИЯ

L

LABELING LAWS
ЗАКОН О НАДЛЕЖАЩЕЙ МАРКИРОВКЕ ТОВАРОВ
LABOR
НАЕМНЫЙ ТРУД; РАБОТА
LABOR AGREEMENT
ТРУДОВОЕ СОГЛАШЕНИЕ
LABOR DISPUTE
ТРУДОВОЙ СПОР
LABOR FORCE
РАБОЧАЯ СИЛА
LABOR INTENSIVE
ТРУДОЕМКИЙ
LABOR MOBILITY
МОБИЛЬНОСТЬ ТРУДА, РАБОЧЕЙ СИЛЫ
LABOR PIRACY
«ПИРАТСКОЕ» ПЕРЕМАНИВАНИЕ РАБОТНИКОВ
LABOR POOL
ФОНД РАБОЧЕЙ СИЛЫ
LABOR UNION
ПРОФСОЮЗ
LACHES
ПРОСРОЧКА; ПРЕСТУПНАЯ ХАЛАТНОСТЬ
LADING
ОТПРАВЛЕННЫЙ ГРУЗ, ФРАХТ
LAGGING INDICATOR
ОТСТАЮЩИЙ ПОКАЗАТЕЛЬ
LAN (LOCAL AREA NETWORK)
ЛВС: ЛОКАЛЬНАЯ ВЫЧИСЛИТЕЛЬНАЯ СЕТЬ
LAND
ЗЕМЛЯ; ЗЕМЕЛЬНЫЙ НАДЕЛ, УЧАСТОК
LAND BANKING
ПОКУПКА ЗЕМЛИ ДЛЯ БУДУЩЕГО ПОЛЬЗОВАНИЯ
LAND CONTRACT
ДОГОВОР О ЗЕМЛЕПОЛЬЗОВАНИИ
LAND DEVELOPMENT
ЗАСТРОЙКА ЗЕМЕЛЬНОГО УЧАСТКА; БЛАГОУСТРОЙСТВО
LANDLOCKED
БЕЗ ВЫХОДА К МОРЮ
LANDLORD
ЗЕМЛЕВЛАДЕЛЕЦ; ВЛАДЕЛЕЦ НЕДВИЖИМОСТИ
LANDMARK
ОРИЕНТИР; ВЕХА; ПРИМЕЧАТЕЛЬНЫЙ ОБЪЕКТ
LANDSCAPE (FORMAT)
ГОРИЗОНАЛЬНЫЙ - О РАСПОЛОЖЕНИИ ТЕКСТА ИЛИ ИЗОБРАЖЕНИЯ
НА БУМАГЕ, ПРИ КОТОРОМ ГОРИЗОНАЛЬНОЕ НАПРАВЛЕНИЕ
СОВПАДАЕТ С ШИРОКОЙ СТОРОНОЙ ЛИСТА

LAND TRUST
ЗЕМЕЛЬНЫЙ ТРАСТ
LAND-USE INTENSITY
ИНТЕНСИВНОСТЬ ЗЕМЛЕПОЛЬЗОВАНИЯ
LAND-USE PLANNING
ПЛАНИРОВАНИЕ ЗЕМЛЕПОЛЬЗОВАНИЯ
LAND-USE REGULATION
РЕГУЛИРОВАНИЕ ЗЕМЛЕПОЛЬЗОВАНИЯ
LAND-USE SUCCESSION
ПРЕЕМСТВЕННОСТЬ ЗЕМЛЕПОЛЬЗОВАНИЯ
LAPPING
СОКРЫТИЕ НЕДОСТАЧИ ПУТЁМ ЗАДЕРЖКИ ПРОВОДКИ
LAPSE
УПУЩЕНИЕ; ИСТЕЧЕНИЕ; ПРЕКРАЩЕНИЕ СТРАХОВОГО ПОКРЫТИЯ
ИЗ-ЗА НЕУПЛАТЫ
LAPSING SCHEDULE
ГРАФИК ИСТЕЧЕНИЯ СРОКОВ
LAST IN, FIRST OUT (LIFO)
УЧЕТ «ПРИШЕЛ ПОСЛЕДНИМ, ОБСЛУЖЕН ПЕРВЫМ»,
РАСХОДОВАНИЕ ТОВАРНЫХ ЗАПАСОВ В ПОРЯДКЕ, ОБРАТНОМ
ПОСТУПЛЕНИЮ
LAST SALE
ПОСЛЕДНЯЯ ЗАРЕГИСТРИРОВАННАЯ РЕАЛИЗАЦИЯ (ценной бумаги)
LATENT DEFECT
СКРЫТЫЙ ИЗЪЯН, ДЕФЕКТ
LATITUDE
ДОПУСТИМАЯ ШИРОТА толкования
LAW
ЗАКОН; ПРАВО
LAW OF DIMINISHING RETURNS
ЗАКОН СНИЖЕНИЯ РЕНТАБЕЛЬНОСТИ
LAW OF INCREASING COSTS
ЗАКОН РОСТА СЕБЕСТОИМОСТИ
LAW OF LARGE NUMBERS
ЗАКОН БОЛЬШИХ ЧИСЕЛ
LAW OF SUPPLY AND DEMAND
ЗАКОН СПРОСА И ПРЕДЛОЖЕНИЯ
LAY OFF
УВОЛЬНЕНИЕ РАБОТНИКОВ (в связи с сокращением
производства)
LEADER
ЛИДЕР; ВЕДУЩЕЕ ЛИЦО
LEADER PRICING
СНИЖЕНИЕ ЦЕН НА ВЕДУЩИЕ ТОВАРЫ С ЦЕЛЬЮ ПРИВЛЕЧЕНИЯ
ПОКУПАТЕЛЕЙ
LEADING INDICATORS
ОПЕРЕЖАЮЩИЕ ИНДИКАТОРЫ
LEAD TIME
ВРЕМЕННОЙ РАЗРЫВ МЕЖДУ ПОЛУЧЕНИЕМ ЗАКАЗА И ЕГО
ВЫПОЛНЕНИЕМ
LEASE
АРЕНДА; СДАЧА В АРЕНДУ
LEASEHOLD
АРЕНДОВАННАЯ СОБСТВЕННОСТЬ

LEASEHOLD IMPROVEMENT
БЛАГОУСТРОЙСТВО, СОВЕРШЕНСТВОВАНИЕ АРЕНДОВАННОЙ
СОБСТВЕННОСТИ
LEASEHOLD INSURANCE
СТРАХОВАНИЕ АРЕНДОВАННОЙ СОБСТВЕННОСТИ
LEASEHOLD MORTGAGE
ИПОТЕКА НА АРЕНДОВАННУЮ СОБСТВЕННОСТЬ
LEASEHOLD VALUE
ЦЕННОСТЬ АРЕНДОВАННОЙ СОБСТВЕННОСТИ
LEASE WITH OPTION TO PURCHASE
АРЕНДА С ВОЗМОЖНОСТЬЮ ВЫКУПА
LEAST-EFFORT PRINCIPLE
ПРИНЦИП «НАИМЕНЬШИХ УСИЛИЙ»
LEAVE OF ABSENCE
ОТПУСК за собственный счет
LEDGER
БУХГАЛТЕРСКАЯ КНИГА; ГРОССБУХ
LEGAL ENTITY
ЮРИДИЧЕСКОЕ ЛИЦО
LEGAL INVESTMENT
ЗАКОННАЯ ИНВЕСТИЦИЯ
LEGAL LIST
СПИСОК ВЫСОКОКАЧЕСТВЕННЫХ ЦЕННЫХ БУМАГ, ОДОБРЕННЫХ К
ПОКУПКЕ ФИДУЦИАРНЫМИ УЧРЕЖДЕНИЯМИ
LEGAL MONOPOLY
ЗАКОННАЯ МОНОПОЛИЯ
LEGAL NAME
ЮРИДИЧЕСКОЕ НАЗВАНИЕ
LEGAL NOTICE
ЮРИДИЧЕСКОЕ УВЕДОМЛЕНИЕ
LEGAL OPINION
УДОСТОВЕРЕНИЕ ЗАКОННОСТИ
LEGAL RIGHT
ЮРИДИЧЕСКОЕ ПРАВО
LEGAL TENDER
ЗАКОННОЕ СРЕДСТВО ПЛАТЕЖА
LEGAL WRONG
НАРУШЕНИЕ ЗАКОННОГО ПРАВА
LEGATEE
ЛЕГАТАРИЙ; НАСЛЕДНИК ПО ЗАВЕЩАНИЮ
LENDER
КРЕДИТОР; ЗАИМОДАВЕЦ
LESSEE
АРЕНДАТОР; СЪЕМЩИК
LESSOR
АРЕНДОДАТЕЛЬ
LESS THAN CARLOAD (L/C)
МЕНЬШЕ ОДНОЙ ЗАГРУЗКИ ТРАНСПОРТНОГО СРЕДСТВА
LETTER OF INTENT
ПРОТОКОЛ О НАМЕРЕНИЯХ
LETTER STOCK
АКЦИИ, НЕ ЗАРЕГИСТРИРОВАННЫЕ В КОМИССИИ ПО ЦЕННЫМ
БУМАГАМ И ИХ ОБМЕНУ (SEC), ВСЛЕДСТВИИ ЧЕГО ОНИ НЕ МОГУТ
ОТКРЫТО ОБМЕНИВАТЬСЯ

LEVEL DEBT SERVICE
РАВНОМЕРНО РАСПРЕДЕЛЕННОЕ ОБСЛУЖИВАНИЕ ДОЛГА
LEVEL OUT
ВЫРАВНИВАТЬ; ВЫРАВНИВАТЬСЯ
LEVEL-PAYMENT INCOME STREAM
РАВНОМЕРНОЕ ПОСТУПЛЕНИЕ ДОХОДОВ
LEVEL-PAYMENT MORTGAGE
ИПОТЕКА С РАВНОМЕРНОЙ УПЛАТОЙ
LEVEL PREMIUM
РАВНОМЕРНАЯ ОПЛАТА СТРАХОВОЙ ПРЕМИИ
LEVERAGE
СРЕДСТВА ВОЗДЕЙСТВИЯ
LEVERAGED BUYOUT (LBO)
ПРИОБРЕТЕНИЕ КОМПАНИИ В КРЕДИТ С ЗАЛОГОМ АКТИВОВ
ЗАКУПАЕМОЙ КОМПАНИИ
LEVERAGED COMPANY
КОМПАНИЯ С ВЫСОКОЙ ДОЛЕЙ ДОЛГОСРОЧНОГО КРЕДИТА
LEVERAGED LEASE
АРЕНДА АКТИВА, ЧАСТИЧНО ПРИОБРЕТЕННОГО В КРЕДИТ
LEVY
ОБЛОЖЕНИЕ; ВЗИМАНИЕ
LIABILITY
ОБЯЗАТЕЛЬСТВО
LIABILITY, BUSINESS EXPOSURES
ОТВЕТСТВЕННОСТЬ КАК РЕЗУЛЬТАТ ДЕЛОВЫХ
ОПЕРАЦИЙ
LIABILITY, CIVIL
ГРАЖДАНСКАЯ ОТВЕТСТВЕННОСТЬ
LIABILITY, CRIMINAL
УГОЛОВНАЯ ОТВЕТСТВЕННОСТЬ
LIABILITY DIVIDEND
ДИВИДЕНД С УЧЕТОМ ОТВЕТСТВЕННОСТИ
LIABILITY INSURANCE
СТРАХОВАНИЕ ОТВЕТСТВЕННОСТИ
LIABILITY, LEGAL
ОТВЕТСТВЕННОСТЬ ПО ЗАКОНУ
LIABILITY, PROFESSIONAL
ПРОФЕССИОНАЛЬНАЯ ОТВЕТСТВЕННОСТЬ
LIABLE
ОТВЕТСТВЕННЫЙ; ОБЯЗАННЫЙ
LIBEL
ЖАЛОБА; ИСКОВОЕ ЗАЯВЛЕНИЕ; КЛЕВЕТА; ОЧЕРНЕНИЕ
LICENSE
ЛИЦЕНЗИЯ
LICENSE BOND
ГАРАНТИЯ НАЛИЧИЯ НЕОБХОДИМЫХ ЛИЦЕНЗИЙ
LICENSEE
ЛИЦЕНЗИАТ; ДЕРЖАТЕЛЬ ЛИЦЕНЗИИ
LICENSE LAW
ЛИЦЕНЗИОННОЕ ПРАВО
LICENSING EXAMINATION
ЭКСПЕРТИЗА ПРИ ПОЛУЧЕНИИ ЛИЦЕНЗИИ
LIEN
ЗАЛОГОВОЕ ПРАВО; ПРАВО УДЕРЖАНИЯ ИМУЩЕСТВА ЗА ДОЛГИ

LIFE CYCLE
ЖИЗНЕННЫЙ ЦИКЛ; СРОК СЛУЖБЫ
LIFE ESTATE
ВЛАДЕНИЕ СОБСТВЕННОСТЬЮ НА СРОК ЖИЗНИ ВЛАДЕЛЬЦА
LIFE EXPECTANCY
СРЕДНЯЯ ПРОДОЛЖИТЕЛЬНОСТЬ ЖИЗНИ
LIFE TENANT
АРЕНДАТОР, СЪЕМЩИК НА ВСЮ ЖИЗНЬ
LIGHTERAGE
ПОГРУЗКА И РАЗГРУЗКА СУДОВ ПОСРЕДСТВОМ ЛИХТЕРОВ; ПЛАТА
ЗА ПОЛЬЗОВАНИЕ ЛИХТЕРОМ
LIKE-KIND PROPERTY
НАЛОГОВАЯ КАТЕГОРИЯ ДЛЯ ОБОЗНАЧЕНИЯ СОБСТВЕННОСТИ
ОДНОГ КЛАССА
LIMITED AUDIT
ОГРАНИЧЕННЫЙ АУДИТ
LIMITED COMPANY
КОМПАНИЯ С ОГРАНИЧЕННОЙ ОТВЕТСТВЕННОСТЬЮ
LIMITED DISTRIBUTION
ОГРАНИЧЕННЫЙ СБЫТ
LIMITED LIABILITY
ОГРАНИЧЕННАЯ ОТВЕТСТВЕННОСТЬ
LIMITED OCCUPANCY AGREEMENT
СОГЛАШЕНИЕ ОБ ОГРАНИЧЕННОЙ АРЕНДЕ
LIMITED OR SPECIAL PARTNER
ПАРТНЕР С ОГРАНИЧЕННОЙ ОТВЕТСТВЕННОСТЬЮ; ПАРТНЕР НА
ОСОБЫХ ПРАВАХ
LIMITED PARTNERSHIP
ТОВАРИЩЕСТВО С ОГРАНИЧЕННОЙ ОТВЕТСТВЕНН
ОСТЬЮ
LIMITED PAYMENT LIFE INSURANCE
ПОЖИЗНЕННОЕ СТРАХОВАНИЕ С ОГРАНИЧЕННЫМ ПЕРИОДОМ
УПЛАТЫ ВЗНОСОВ
LIMIT ORDER
ЛИМИТИРОВАННЫЙ ЗАКАЗ
LIMIT UP, LIMIT DOWN
ОГРАНИЧЕНИЕ ЦЕНЫ «СВЕРХУ» или «СНИЗУ»
LINE
ЛИНИЯ; ЛИНЕЙНЫЙ
LINE AND STAFF ORGANIZATION
ЛИНЕЙНЫЙ ТИВ РАСПРЕДЕЛЕНИЯ ПОЛНОМОЧИЙ
LINE AUTHORITY
ЛИНЕЙНЫЕ ПОЛНОМОЧИЯ
LINE CONTROL
ЛИНЕЙНЫЙ КОНТРОЛЬ
LINE EXTENSION
РАСШИРЕНИЕ ЛИНИИ (кредита)
LINE FUNCTION
ЛИНЕЙНАЯ ФУНКЦИЯ
LINE MANAGEMENT
ЛИНЕЙНОЕ РУКОВОДСТВО
LINE OF CREDIT
КРЕДИТНАЯ ЛИНИЯ (ПОТОЛОК, В ПРЕДЕЛАХ КОТОРОГО ЗАЁМЩИК
МОЖЕТ БРАТЬ КРЕДИТ)

LINE ORGANIZATION
ЛИНЕЙНАЯ ОРГАНИЗАЦИЯ
LINE PITCH
ИНТЕРВАЛ СТРОК
LINE PRINTER
СТРОЧНОЕ ПЕЧАТАЮЩЕЕ УСТРОЙСТВО; СТРОЧНЫЙ ПРИНТЕР
LINK
УКАЗАТЕЛЬ СВЯЗИ, ССЫЛКА
LINKED OBJECT
МЕТОД РАСПРЕДЕЛЕНИЯ ФЕРМЕРСКОГО ДОХОДА ТЕКУЩЕГО ГОДА
НА ПРЕДЫДУЩИЕ ТРИ ГОДА
LIQUID ASSET
ЛИКВИДНЫЙ АКТИВ, ОБОРОТНЫЙ КАПИТАЛ
LIQUIDATE
ЛИКВИДИРОВАТЬ
LIQUIDATED DAMAGES
ЗАРАНЕЕ ОЦЕНЕННЫЕ УБЫТКИ ОДНОЙ СТОРОНЫ В СЛУЧАЕ
НАРУШЕНИЯ КОНТРАКТА ДРУГОЙ СТОРОНОЙ
LIQUIDATED DEBT
ПОГАШЕННЫЙ ДОЛГ
LIQUIDATION VALUE
СТОИМОСТЬ ПРИ ЛИКВИДАЦИИ
LIQUIDATION
ЛИКВИДАЦИЯ; ПОГАШЕНИЕ
LIQUIDATION DIVIDEND
ДИВИДЕНД ПРИ ЛИКВИДАЦИИ
LIQUID CRYSTAL DISPLAY (LCD)
ДИСПЛЕЙ НА ЖИДКИХ КРИСТАЛЛАХ
LIQUIDITY
ЛИКВИДНОСТЬ
LIQUIDITY PREFERENCE
ПРЕДПОЧТЕНИЕ ЛИКВИДНОСТИ
LIQUIDITY RATIO
КОЭФФИЦИЕНТ ЛИКВИДНОСТИ
LIST
СПИСОК; ПЕРЕЧЕНЬ; ВКЛЮЧАТЬ В СПИСОК
LISTED OPTIONS
ОПЦИОНЫ, ДОПУЩЕННЫЕ К ТОРГАМ НА БИРЖЕ
LISTED SECURITY
ЦЕННЫЕ БУМАГИ, ВХОДЯЩИЕ В ЛИСТИНГ, Т. Е. ДОПУЩЕННЫЕ К
ОБРАЩЕНИЮ НА ФОНДОВОЙ БИРЖЕ
LISTING
ЛИСТИНГ, УСТАНОВЛЕНИЕ СООТВЕТСТВИЯ ЦЕННОЙ БУМАГИ
ОПРЕДЕЛЁННЫМ КРИТЕРИЯМ ДЛЯ ДОПУСКА К ТОРГАМ НА БИРЖЕ
LISTING AGENT, LISTING BROKER
АГЕНТ ПО ТОРГОВЛЕ НЕДВИЖИМОСТЬЮ ПРОДАЮЩЕЙ СТОРОНЫ
LISTING REQUIREMENTS
ТРЕБОВАНИЯ ДЛЯ ДОПУСКА К ТОРГАМ НА БИРЖЕ
LIST PRICE
ПРЕЙСКУРАНТНАЯ, ОПУБЛИКОВАННАЯ или РЕКЛАМИРУЕМАЯ ЦЕНА
LITIGANT
ТЯЖУЩАЯСЯ СТОРОНА, СТОРОНА В СУДОПРОИЗВОДСТВЕ
LITIGATION
ТЯЖБА; СУДЕБНЫЙ СПОР, ПРОЦЕСС

LIVING TRUST
ПРИЖИЗНЕННЫЙ ТРАСТ
LOAD
ГРУЗ; КОМИССИЯ НА ПОКУПКУ АКЦИЙ ОТКРЫТОГО
ИНВЕСТИЦИОННОГО ФОНДА
LOAD FUND
СОВМЕСТНЫЙ ИНВЕСТИЦИОННЫЙ ФОНД , ВЗИМАЮЩИЙ
КОМИССИИ С СУММЫ СВОИХ АКЦИЙ ПРИ СДЕСКАХ С НИМИ
ИНВЕСТОРОВ
LOAN
ЗАЕМ; ССУДА; КРЕДИТ
LOAN APPLICATION
ЗАЯВКА НА ПОЛУЧЕНИЕ КРЕДИТА, ЗАЙМА
LOAN COMMITTEE
ССУДНЫЙ КОМИТЕТ
LOAN-TO-VALUE RATIO (LTV)
ОТНОШЕНИЕ РАЗМЕРА КРЕДИТА К ЦЕННОСТИ КРЕДИТУЕМОГО
ОБЪЕКТА
LOAN VALUE
РАЗМЕР КРЕДИТА
LOBBYIST
ЛОББИСТ
LOCK BOX
»ЗАПЕРТЫЙ ЯЩИК», БАНКОВСКАЯ УСЛУГА ПО ПОЛУЧЕНИЮ И
ПЕРЕДАЧЕ ПЛАТЁЖНОЙ КОРРЕСПОНДЕНЦИИ КОМПАНИИ ЧЕРЕЗ
ОТДЕЛЬНЫЙ ПОЧТОВЫЙ ЯЩИК, И ПО ОСУЩЕСТВЛЕНИЮ НА ЭТОЙ
ОСНОВЕ ЗАЧИСЛЕНИЙ НА СЧЁТ И СПИСАНИЙ С НЕГО
LOCKED IN
ЗАМОРОЖЕННЫЙ, ЗАФИКСИРОВАННЫЙ
LOCKOUT
БЛОКИРОВКА, ЗАХВАТ; ЛОКАУТ, Т. Е. БЛОКАДА РУКОВОДСТВОМ
ДОПУСКА К РАБОЧИМ МЕСТАМ ДО РАЗРЕШЕНИЯ ТРУДОВОГО
СПОРА
LOCK-UP OPTION
ПРЕДОСТАВЛЕНИЕ ПРАВА ПРИОБРЕТЕНИЯ ПАКЕТА ДОЧЕРНЕЙ
КОМПАНИИ, КОТОРОЙ ГРОЗИТ ЗАХВАТ
LOGIC DIAGRAM
ЛОГИЧЕСКАЯ БЛОК-СХЕМА
LOG IN (LOG ON)
ВХОД В СИСТЕМУ, ЛОГОН
LOGIN IDENTIFICATION (LOGIN ID)
ИДЕНТИФИКАЦИЯ ПРИ ВХОДЕ В
СИСТЕМУ
LOGO
ЛОГОТИП; ЯЗЫК ПРОГРАММИРОВАНИЯ, РАЗРАБОТАННЫЙ С ЦЕЛЬЮ
ОБУЧЕНИЯ ДЕТЕЙ
LOG OFF
ВЫХОД ИЗ СИСТЕМЫ
LONG BOND
ДОЛГОСРОЧНАЯ ОБЛИГАЦИЯ, СРОКОМ БОЛЕЕ 10 ЛЕТ
LONG COUPON
ДОЛГОСРОЧНАЯ ОБЛИГАЦИЯ
LONGEVITY PAY
ПЛАТА ЗА ВЫСЛУГУ ЛЕТ

LONG POSITION
ДЛИННАЯ ПОЗИЦИЯ (В КОТОРОЙ НАХОДИТСЯ УЧАСТНИК
ТОРГОВОЙ СДЕЛКИ, КУПИВШИЙ БОЛЬШЕ ЦЕННЫХ БУМАГ, ЧЕМ
ПРОДАЛ)
LONG-RANGE PLANNING
ДОЛГОСРОЧНОЕ ПЛАНИРОВАНИЕ
LONG-TERM DEBT or LONG-TERM LIABILITY
ДОЛГОСРОЧНЫЙ ДОЛГ или ДОЛГОСРОЧНОЕ ОБЯЗАТЕЛЬСТВО
LONG-TERM GAIN (LOSS)
ДОЛГОСРОЧНАЯ ПРИБЫЛЬ (УБЫТОК)
LONG-TERM TREND
ДОЛГОСРОЧНАЯ ТЕНДЕНЦИЯ
LONG-WAVE CYCLE
ЦИКЛ КОНДРАТЬЕВА, СОГЛАСНО КОТОРОМУ ЭКОНОМИКИ
ЗАПАДНЫХ СТРАН ПОДВЕРЖЕННЫ ОСОБО ДЛИТЕЛЬНЫМ
ЦИКЛИЧЕСКИМ КОЛЕБАНИЯМ 50-60 ЛЕТ
LOOP
ПЕТЛЯ; ЦИКЛ, Т. Е. КОНСТРУКЦИЯ ПРОГРАММЫ,
ОБЕСПЕЧИВАЮЩАЯ ПОВТОРЕНИЕ ГРУППЫ ОПЕРАЦИЙ
LOOPHOLE
ЛАЗЕЙКА; УЛОВКА
LOOSE REIN
ОСЛАБЛЕНИЕ УПРАВЛЕНИЕ; УПРАВЛЕНИЕ «НА ДЛИННОМ
ПОВОДКЕ»
LOSS
ПОТЕРЯ; УТРАТА; УБЫТОК
LOSS ADJUSTMENT EXPENSE
РАСХОД НА КОМПЕНСАЦИЮ УБЫТКА
LOSS CARRYBACK
ОБРАТНЫЙ ПЕРЕНОС УБЫТКА (для учета в налогообложении за
предшествующие годы)
LOSS CARRYFORWARD
ПЕРЕНОС УБЫТКА «ВПЕРЕД» (для учета в последующем
налогообложении)
LOSS CONTINGENCY
НЕПРЕДВИДЕННЫЙ УБЫТОК
LOSS LEADER
ТОВАР, ПРОДАЮЩИЙСЯ ПО ЗАНИЖЕННОЙ ЦЕНЕ ДЛЯ ПРИВЛЕЧЕНИЯ
ПОКУПАТЕЛЕЙ
LOSS OF INCOME INSURANCE
СТРАХОВАНИЕ ОТ УТРАТЫ ДОХОДА
LOSS RATIO
КОЭФФИЦИЕНТ УБЫТКОВ
LOT AND BLOCK
МЕТОД ЛОКАЛИЗАЦИИ УЧАСТКА ЗЕМЛИ
LOT LINE
ГРАНИЦА ЗЕМЕЛЬНОГО УЧАСТКА
LOTTERY
ЛОТЕРЕЯ
LOW
НИЗКИЙ; САМАЯ НИЗКАЯ ЦЕНА КОГДА-ЛИБО УПЛАЧЕННАЯ ЗА
ЦЕННУЮ БУМАГУ
LOWER CASE CHARACTER/LETTER
ЗНАК/БУКВА В НИЖНЕМ РЕГИСТРЕ

LOWER-INVOLVEMENT MODEL
МОДЕЛЬ МАЛОЙ ВОВЛЕЧЕННОСТИ
LOWER OF COST OR MARKET
МЕТОД УЧЁТА ЗАПАСОВ, ПРИ КОТОРОМ АКТИВ УЧИТЫВАЕТСЯ ИЛИ
ПО СЕБЕСТОИМОСТИ, ИЛИ ПО РЫНОЧНОЙ ЦЕНЕ – СМОТРЯ КАКАЯ
ИЗ НИХ НИЖЕ
LOW-GRADE
НИЗКОСОРТНЫЙ; НИЗКОКАЧЕСТВЕННЫЙ
LOW RESOLUTION
НИЗКАЯ РАЗРЕШАЮЩАЯ СПОСОБНОСТЬ, РЕЗОЛЮЦИЯ
LOW-TECH
НИЗКОТЕХНОЛОГИЧНЫЙ ПРОДУКТ
LUMP SUM
ЕДИНОВРЕМЕННАЯ СУММА
LUMPSUM DISTRIBUTION
ЕДИНОВРЕМЕННАЯ ВЫПЛАТА БЕНЕФИЦИАРИЮ ВСЕЙ СУММЫ
LUMP-SUM PURCHASE
ПОКУПКА С ЕДИНОВРЕМЕННОЙ УПЛАТОЙ
LUXURY TAX
НАЛОГ НА ПРЕДМЕТЫ РОСКОШИ

M

MACRO
МАКРОКОМАНДА
MACROECONOMICS
МАКРОЭКОНОМИКА
MACROENVIRONMENT
СОВОКУПНОСТЬ НАЦИОНАЛЬНЫХ И МЕЖДУНАРОДНЫХ
МАКРОЭКОНОМИЧЕСКИХ СИЛ
MAGNETIC CARD
МАГНИТНАЯ КАРТА
MAGNETIC STRIP
МАГНИТНАЯ ПОЛОСКА
MAILBOX
ПОЧТОВЫЙ ЯЩИК
MAIL FRAUD
МОШЕННИЧЕСТВО С ПОЧТОВЫМИ ПЕРЕВОДАМИ
MAILING LIST
СПИСОК ДЛЯ РАССЫЛКИ
MAINFRAME
БАЗОВОЕ ВЫЧИСЛИТЕЛЬНОЕ УСТРОЙСТВО
MAIN MENU
БАЗОВОЕ МЕНЮ
MAINTENANCE
ОБСЛУЖИВАНИЕ (кредита); ТЕХОБСЛУЖИВАНИЕ
MAINTENANCE BOND
ДОКУМЕНТ ГАРАНТИИ КАЧЕСТВА ВЫПОЛНЕНИЯ РАБОТ, ДАННЫЙ
ПОДРЯДЧИКОМ
MAINTENANCE FEE
СБОР ЗА ОБСЛУЖИВАНИЕ; ЕЖЕГОДНАЯ КОМИССИЯ
MAINTENANCE METHOD
СПОСОБ ОБСЛУЖИВАНИЯ
MAJORITY
БОЛЬШИНСТВО
MAJORITY SHAREHOLDER
ДЕРЖАТЕЛЬ КОНТРОЛЬНОГО ПАКЕТА АКЦИЙ
MAKER
ИЗГОТОВИТЕЛЬ
MAKE-WORK
БЕСПОЛЕЗНАЯ РАБОТА, СОЗДАННАЯ ДЛЯ ПОВЫШЕНИЯ ЗАНЯТОСТИ
MALICIOUS MISCHIEF
ЗЛОУМЫШЛЕННЫЙ ВРЕД
MALINGERER
СИМУЛЯНТ
MALINGERING
СИМУЛЯЦИЯ
MALL
ТОРГОВЫЙ ЦЕНТР

MALPRACTICE
НЕДОБРОСОВЕСТНАЯ ПРАКТИКА; ЗЛОУПОТРЕБЛЕНИЕ ДОВЕРИЕМ
MANAGE
УПРАВЛЯТЬ; РУКОВОДИТЬ; СПРАВЛЯТЬСЯ
MANAGED ACCOUNT
УПРАВЛЯЕМЫЙ СЧЕТ
MANAGED CURRENCY
УПРАВЛЯЕМАЯ ВАЛЮТА
MANAGED ECONOMY
УПРАВЛЯЕМАЯ ЭКОНОМИКА
MANAGEMENT
УПРАВЛЕНИЕ; РУКОВОДСТВО
MANAGEMENT AGREEMENT
СОГЛАШЕНИЕ ОБ УПРАВЛЕНИИ; РУКОВОДСТВЕ
MANAGEMENT AUDIT
АУДИТ РУКОВОДСТВА
MANAGEMENT BY CRISIS
МЕТОД УПРАВЛЕНИЯ, ПРИ КОТОРОМ СООТВЕТСТВУЮЩИЕ МЕРЫ
ПРИНИМАЮТСЯ ТОЛЬКО ПОСЛЕ ВОЗНИКНОВЕНИЯ КРИЗИСНОЙ
СИТУАЦИИ
MANAGEMENT BY EXCEPTION
МЕТОД УПРАВЛЕНИЯ , ПРИ КОТОРОМ КОРРЕКТИРУЮТСЯ
ОТКЛОНЕНИЯ ОТ ЗАРАНЕЕ ОПРЕДЕЛЁННОЙ НОРМЫ
MANAGEMENT BY OBJECTIVE (MBO)
МЕТОД УПРАВЛЕНИЯ, ОСНОВАННЫЙ НА СОГЛАСОВАНИИ ЦЕЛЕЙ
РУКОВОДСТВА И ПОДЧИНЁННЫХ
MANAGEMENT BY WALKING AROUND (MBWA)
МЕТОД УПРАВЛЕНИЯ, ОСНОВАННЫЙ НА ЛИЧНОМ ПРИСУТСТВИИ
РУКОВОДИТЕЛЯ И ЛИЧНОМ КОНТАКТЕ С ПОДЧИНЁННЫМИ
MANAGEMENT CONSULTANT
КОНСУЛЬТАНТ ПО МЕНЕДЖМЕНТУ
MANAGEMENT CYCLE
ЦИКЛ УПРАВЛЕНИЯ, РУКОВОДСТВА
MANAGEMENT FEE
КОМИССИОННЫЕ ЗА УПРАВЛЕНИЕ
MANAGEMENT GAME
ДЕЛОВАЯ ИГРА
MANAGEMENT GUIDE
РУКОВОДСТВО ПО УПРАВЛЕНИЮ
MANAGEMENT INFORMATION SYSTEM (MIS)
СИСТЕМА ОБЕСПЕЧЕНИЯ РУКОВОДСТВА НЕОБХОДИМОЙ
ИНФОРМАЦИЕЙ
MANAGEMENT PREROGATIVE
ПРЕРОГАТИВА РУКОВОДСТВА
MANAGEMENT RATIO
КОЛИЧЕСТВО РУКОВОДИТЕЛЕЙ НА 1000 РАБОТНИКОВ
MANAGEMENT SCIENCE
НАУКА О РУКОВОДСТВЕ
MANAGEMENT STYLE
СТИЛЬ РУКОВОДСТВА
MANAGEMENT SYSTEM
СИСТЕМА РУКОВОДСТВА
MANAGER
РУКОВОДИТЕЛЬ; МЕНЕДЖЕР

MANAGERIAL ACCOUNTING
ИСПОЛЬЗОВАНИЕ ФИНАНСОВОЙ ОТЧЁТНОСТИ ДЛЯ ПРИНЯТИЯ
ИНФОРМИРОВАННЫХ РЕШЕНИЙ РУКОВОДСТВОМ
MANAGERIAL GRID
ТАБЛИЦА КЛАССИФИКАЦИИ СТИЛЕЙ РУКОВОДСТВА, ОСНОВАННАЯ
НА БАЛАНСЕ ЗАБОТ О ЛЮДЯХ И ПРОИЗВОДСТВЕ (81 ВЗМОЖНЫХ
ВАРИАНТОВ)
MANDATE
МАНДАТ; ПОЛНОМОЧИЕ
MANDATORY COPY
ЗАЩИТА ОТ КОПИРОВАНИЯ МУЗЫКАЛЬНЫХ ФАЙЛОВ
MAN-HOUR
ЧЕЛОВЕКО-ЧАС
MANIFEST
ПРОЯВЛЯТЬСЯ, ОБНАРУЖИВАТЬСЯ;
МАНИФЕСТ; ЗАЯВЛЕНИЕ;
ДЕКЛАРАЦИЯ СУДОВОГО ГРУЗА
MANIPULATION
МАНИПУЛЯЦИЯ; МАНИПУЛИРОВАНИЕ
MANUAL
РУЧНОЙ
MANUAL SKILL
МАСТЕРСТВО, УМЕНИЕ
MANUFACTURE
ИЗГОТОВЛЕНИЕ; ПРОИЗВОДСТВО
MANUFACTURING COST
ЦЕНА ПРОИЗВОДСТВА
MANUFACTURING INVENTORY
ПРОИЗВОДСТВЕННЫЕ МАТЕРИАЛЬНЫЕ ЗАПАСЫ
MANUFACTURING ORDER
ЗАКАЗ НА ИЗГОТОВЛЕНИЕ
MAP
КАРТА; ПРОКЛАДЫВАТЬ, НАМЕЧАТЬ ПУТЬ
MARGIN
МАРЖА; МИНИМАЛЬНО ПРИЕМЛЕМЫЙ УРОВЕНЬ; РАЗНИЦА
MARGIN ACCOUNT
МАРЖИНАЛЬНЫЙ СЧЕТ , ТЮ ЕЮ СЧЁТ КЛИЕНТА У БРОКЕРА, ПО
КОТОРОМУ МОЖНО СОВЕРШАТЬ СДЕЛКИ С МАРЖЕЙ
MARGINAL COST
ПРЕДЕЛЬНАЯ СТОИМОСТЬ
MARGINAL COST CURVE
КРИВАЯ ПРЕДЕЛЬНОЙ СТОИМОСТИ
MARGINAL EFFICIENCY OF CAPITAL
ПРЕДЕЛЬНАЯ ЭФФЕКТИВНОСТЬ КАПИТАЛА
MARGINAL PRODUCER
ПРОИЗВОДИТЕЛЬ, С ТРУДОМ СВОДЯЩИЙ КОНЦЫ С КОНЦАМИ
MARGINAL PROPENSITY TO CONSUME (MPC)
ПРЕДЕЛЬНАЯ СКЛОННОСТЬ К ПОТРЕБЛЕНИЮ
MARGINAL PROPENSITY TO INVEST
ПРЕДЕЛЬНАЯ СКЛОННОСТЬ К ИНВЕСТИРОВАНИЮ
MARGINAL PROPENSITY TO SAVE (MPS)
ПРЕДЕЛЬНАЯ СКЛОННОСТЬ К СБЕРЕЖЕНИЮ
MARGINAL PROPERTY
ПРЕДЕЛЬНАЯ СОБСТВЕННОСТЬ

MARGINAL REVENUE
ПРЕДЕЛЬНЫЙ ДОХОД
MARGINAL TAX RATE
ПРЕДЕЛЬНАЯ СТАВКА НАЛОГООБЛОЖЕНИЯ
MARGINAL UTILITY
ПРЕДЕЛЬНАЯ ПОЛЕЗНОСТЬ
MARGIN CALL
ТРЕБОВАНИЕ ГАРАНТИЙНОГОВЗНОСА. ДОПОЛНИТЕЛЬНОГО
ОБЕСПЕЧЕНИЯ
MARGIN OF PROFIT
МАРЖА ПРИБЫЛИ
MARGIN OF SAFETY
ЗАПАС ПРОЧНОСТИ
MARGINS
ПОЛЯ; КРАЙНИЕ ПРЕДЕЛЫ
MARITAL DEDUCTION
СУПРУЖЕСКАЯ НАЛОГОВАЯ СКИДКА
MARKDOWN
ВЕЛИЧИНА СКИДКИ
MARKET
РЫНОК
MARKETABLILITY
ПРИГОДНОСТЬ К ПРОДАЖЕ НА РЫНКЕ
MARKETABLE SECURITIES
ЛЕГКО РЕАЛИЗУЕМЫЕ ЦЕННЫЕ БУМАГИ
MARKETABLE TITLE
ЛЕГКО РЕАЛИЗУЕМЫЙ ПРАВОВОЙ ТИТУЛ
MARKET AGGREGATION
РЫНОЧНОЕ НАКОПЛЕНИЕ
MARKET ANALYSIS
РЫНОЧНЫЙ АНАЛИЗ
MARKET AREA
ЗОНА РЫНКА
MARKET BASKET
«РЫНОЧНАЯ КОРЗИНА»
MARKET COMPARISON APPROACH
ОДИН ИЗ ТРЁХ МЕТОДОВ ОЦЕНКИ НЕДВИЖИМОСТИ, ОСНОВАННЫЙ
НА СОПОСТАВЛЕНИИИ ЦЕН НА ПОДОБНУЮ СОБСТВЕННОСТЬ
MARKET DEMAND
РЫНОЧНЫЙ СПРОС
MARKET DEVELOPMENT INDEX
ИНДЕКС РАЗВИТИЯ РЫНКА
MARKET ECONOMY
РЫНОЧНАЯ ЭКОНОМИКА
MARKET EQUILIBRIUM
РАВНОВЕСИЕ РЫНКА
MARKET INDEX
РЫНОЧНЫЙ ПОКАЗАТЕЛЬ, ИНДЕКС
MARKETING
МАРКЕТИНГ; СБЫТ; РЕКЛАМА, ПРОДВИЖЕНИЕ ТОВАРА
MARKETING CONCEPT
ПРИНЦИП МАРКЕТИНГА
MARKETING DIRECTOR
ДИРЕКТОР ПО МАРКЕТИНГУ

MARKETING INFORMATION SYSTEM
СИСТЕМА ИНФОРМАЦИИ МАРКЕТИНГА
MARKETING MIX
СОВОКУПНОСТЬ ЧЕТЫРЁХ ЭЛЕМЕНТОВ, НЕОБХОДИМЫХ ДЛЯ
УДАЧНОГО СБЫТА: ПРОДУКТ, ЦЕНА, МЕСТО СБЫТА И УСИЛИЯ ПО
ПРОДВИЖЕНИЮ
MARKETING PLAN
ПЛАН СБЫТА НА РЫНКЕ; ПЛАН МАРКЕТИНГА
MARKETING RESEARCH
ИЗУЧЕНИЕ ПРОДВИЖЕНИЯ ТОВАРА ОТ ПРОИЗВОДИТЕЛЯ К
ПОТРЕБИТЕЛЮ
MARKET LETTER
КОНЪЮНКТУРНЫЙ ОБЗОР
MARKET ORDER
ПРИКАЗ БРОКЕРУ О ПОКУПКЕ
MARKET PENETRATION
ВЫХОД НА РЫНОК
MARKET PRICE
РЫНОЧНАЯ ЦЕНА
MARKET RENT
РЫНОЧНАЯ АРЕНДНАЯ ПЛАТА
MARKET RESEARCH
ИЗУЧЕНИЕ РЫНКА, КОНЪЮНКТУРЫ
MARKET SEGMENTATION
СЕГМЕНТАЦИЯ РЫНКА
MARKET SHARE
ДОЛЯ В СБЫТЕ НА РЫНКЕ
MARKET SYSTEM
РЫНОЧНАЯ СИСТЕМА
MARKET TEST
ПРОВЕРКА РЫНКОМ
MARKET TIMING
ВЫБОР ВРЕМЕНИ ОПЕРАЦИЙ НА РЫНКЕ
MARKET VALUE
РЫНОЧНАЯ СТОИМОСТЬ
MARKET VALUE CLAUSE
ОГОВОРКА О РЫНОЧНОЙ СТОИМОСТИ
MARK TO THE MARKET
ПРАКТИКА ЕЖЕДНЕВНОЙ ПЕРЕОЦЕНКИ ПОРТФЕЛЯ ИНВЕСТИЦИЙ
ПО ТЕКУЩЕМУ СОСТОЯНИЮ ЦЕН НА РЫНКЕ
MARKUP
ПОДНЯТИЕ ЦЕНЫ; НАЦЕНКА
MARRIAGE PENALTY
НАКАЗАНИЕ ЗА СУПРУЖЕСТВО (особенность налогообложения, когда
супруги вместе платят более высокий налог, чем платили бы по
отдельности)
MARXISM
МАРКСИЗМ
MASK
МАСКА; КОМБИНАЦИЯ РАЗРЯДОВ
MASS APPEAL
ПРИВЛЕКАТЕЛЬНОСТЬ ДЛЯ МАСС
MASS COMMUNICATION
СРЕДСТВА МАССОВОЙ СВЯЗИ

MASS MEDIA
СРЕДСТВА МАССОВОЙ ИНФОРМАЦИИ (СМИ)
MASS PRODUCTION
МАССОВОЕ ПРОИЗВОДСТВО
MASTER LEASE
ГЛАВНЫЙ ДОГОВОР АРЕНДЫ
MASTER LIMITED PARTNERSHIP
ТОВАРИЩЕСТВО С ОДНИМ ГЛАВНЫМ И ПАРТНЁРОМ И С
ПАРТНЁРАМИ С ОГРАНИЧЕННОЙ ОТВЕТСТВЕННОСТЬЮ
MASTER PLAN
ОСНОВНОЙ ПЛАН
MASTER POLICY
ГЕНЕРАЛЬНАЯ ПОЛИТИКА
MASTER-SERVANT RULE
ПРАВИЛО «ХОЗЯИН – СЛУГА», Т. Е. РАБОТОДАТЕЛЬ НЕСЁТ
ОТВЕТСТВЕННОСТЬ ЗА УЩЕРБ, НАНЕСЁННЫЙ РАБОТНИКАМИ В
РЕЗУЛЬТАТЕ ПРОЦЕССА ПРОИЗВОДСТВА
MASTHEAD
НАЗВАНИЕ ГАЗЕТЫ (НА ПЕРВОЙ СТРАНИЦЕ), СВЕДЕНИЯ О ЕЁ
РЕДАКТОРЕ, ПОДПИСКЕ И Т. П., РАСПОЛОЖЕННЫЕ НА ПЕРВОЙ
СТРАНИЦЕ
MATCHING PRINCIPLE
ПРИНЦИП УЧЁТА ИЗДЕРЖЕК ПО МЕРЕ ПОСТУПЛЕНИЯ ДОХОДА, НА
СОЗДАНИЕ КОТОРОГО ПОШЛИ ЭТИ ИЗДЕРЖКИ
MATERIAL
МАТЕРИАЛ; ДОКУМЕНТ; МАТЕРИАЛЬНЫЙ; СУЩЕСТВЕННЫЙ
MATERIAL FACT
СУЩЕСТВЕННЫЙ ФАКТ (необходимое условие договора, контракта)
MATERIALITY
МАТЕРИАЛЬНОСТЬ; СУЩЕСТВЕННОСТЬ
MATERIAL MAN
РЕАЛЬНЫЙ ЧЕЛОВЕК
MATERIALS HANDLING
ПОГРУЗО-РАЗГРУЗОЧНЫЕ; ОПЕРАЦИИ; ВНУТРИЗАВОДСКОЙ
ТРАНСПОРТ; ОБРАЩЕНИЕ С МАТЕРИАЛАМИ
MATERIALS MANAGEMENT
УПРАВЛЕНИЕ МАТЕРИАЛЬНЫМИ ЗАПАСАМИ
MATRIX
МАТРИЦА; ТАБЛИЦА
MATRIX ORGANIZATION
МАТРИЧНАЯ ОРГАНИЗАЦИЯ
MATURED ENDOWMENT
ДАРЕНИЕ С НАСТУПИВШИМ СРОКОМ ПОГАШЕНИЯ
MATURE ECONOMY
ЭКОНОМИКА С НИЗКИМ ПРИРОСТОМ НАСЕЛЕНИЯ И НИЗКИМ
УРОВНЕМ ЭКОНОМИЧЕСКОГО РОСТА
MATURITY
СРОК (ДОЛГОВОГО ОБЯЗАТЕЛЬСТВА); НАСТУПЛЕНИЕ
СРОКА
MATURITY DATE
ДАТА НАСТУПЛЕНИЯ СРОКА
MAXIMIZE
MAXIMUM CAPACITY
МАКСИМАЛЬНАЯ МОЩНОСТЬ

M-CATS (MUNICIPAL CERTIFICATES OF ACCRUAL ON TREASURY SECURITIES)
МУНИЦИПАЛЬНЫЕ ЦЕННЫЕ БУМАГИ, ВЫПУЩЕННЫЕ КАЗНАЧЕЙСТВОМ США И ПРОДАННЫЕ НАМНОГО НИЖЕ НОМИНАЛЬНОЙ СТОИМОСТИ
MEAN, ARITHMETIC
СРЕДНЕАРИФМЕТИЧЕСКОЕ
MEAN, GEOMETRIC
СРЕДНЕГЕОМЕТРИЧЕСКОЕ
MEAN RETURN
СРЕДНЯЯ ОКУПАЕМОСТЬ, ПРИБЫЛЬНОСТЬ
MECHANIC'S LIEN
ЗАЛОГОВОЕ ПРАВО ИСПОЛНИТЕЛЯ РАБОТЫ КАК ГАРАНТИЯ ЕЁ ОПЛАТЫ
MECHANIZATION
МЕХАНИЗАЦИЯ
MEDIA
СРЕДСТВА МАССОВОЙ ИНФОРМАЦИИ (СМИ)
MEDIA BUY
ПОКУПКА ВРЕМЕНИ И МЕСТА В СМИ ДЛЯ РАЗМЕЩЕНИЯ РЕКЛАМЫ
MEDIA BUYER
ПОКУПАТЕЛЬ ВРЕМЕНИ И МЕСТА В СМИ ДЛЯ РАЗМЕЩЕНИЯ РЕКЛАМЫ
MEDIA OPTION
ВЫБОР СМИ ДЛЯ РАЗМЕЩЕНИЯ РЕКЛАМЫ
MEDIA PLAN
ПЛАН И СПОЛЬЗОВАНИЯ СМИ ДЛЯ РЕКЛАМЫ
MEDIA PLANNER
ОТВЕТСТВЕННЫЙ ЗА ПЛАНИРОВАНИЕ И РАЗМЕЩЕНИЕ РЕКЛАМЫ В СМИ
MEDIATION
ПОСРЕДНИЧЕСТВО
MEDIA WEIGHT
ШИРОТА РАСПРОСТРАНЕНИЯ РЕКЛАМЫ ПОСРЕДСТВОМ СМИ, ВЫРАЖЕННАЯ В КОЛИЧЕСТВЕ ЗРИТЕЛЕЙ, ЧИТАТЕЛЕЙ И Т. П.
MEDICAL EXAMINATION
МЕДИЦИНСКИЙ ОСМОТР
MEDIUM
ПОСРЕДНИК; СРЕДА
MEDIUM OF EXCHANGE
СРЕДСТВО ОБРАЩЕНИЯ
MEDIUM-TERM BOND
СРЕДНЕСРОЧНАЯ ОБЛИГАЦИЯ
MEETING OF THE MINDS
СОГЛАШЕНИЕ ВСЕХ УЧАСТВУЮЩИХ СТОРОН С УСЛОВИЯМИ КОНТРАКТА
MEGABUCKS
МИЛЛИОННЫЕ СУММЫ, БОЛЬШИЕ ДЕНЬГИ
MEGATYPE
МЕГАТИП
MEMBER BANK
БАНК – ЧЛЕН ФЕДЕРАЛЬНОЙ РЕЗЕРВНОЙ СИСТЕМЫ США
MEMBER FIRM or MEMBER CORPORATION
ФИРМА или КОРПОРАЦИЯ – ЧЛЕН БИРЖИ

MEMORANDUM
МЕМОРАНДУМ; СЛУЖЕБНАЯ ЗАПИСКА
MEMORY
ПАМЯТЬ
MENIAL
РУЧНОЙ (труд)
MENU BAR
ЛИНЕЙКА МЕНЮ
MERCANTILE
ТОРГОВЫЙ
MERCANTILE AGENCY
ОРГАНИЗАЦИЯ, ПОСТАВЛЯЮЩАЯ СВОИМ КЛИЕНТАМ ИНФОРМАЦИЮ
О РАЗЛИЧНЫХ ФИРМАХ И КОМПАНИЯХ
MERCANTILE LAW
ЗАКОН О ТОРГОВЛЕ
MERCANTILISM
МЕРКАНТИЛИЗМ
MERCHANDISE
РОЗНИЧНЫЙ ТОВАР
MERCHANDISE ALLOWANCE
НАДБАВКА НА РАСХОДЫ, СВЯЗАННЫЕ С ВОЗВРАТОМ
НЕКАЧЕСТВЕННОГО И Т.П. ТОВАРА
MERCHANDISE BROKER
ТОВАРНЫЙ БРОКЕР
MERCHANDISE CONTROL
УПРАВЛЕНИЕ ДВИЖЕНИЕМ ТОВАРОВ
MERCHANDISING
УСИЛИЯ ПО ПРОДВИЖЕНИЮ ТОВАРА, ВКЛЮЧАЯ РЕКЛАМУ,
ГАРАНТИИ, ОФОРМЛЕНИЕ ДИСПЛЕЕВ, РАСПРОДАЖИ И Т. П.
MERCHANDISING DIRECTOR
ДИРЕКТОР ПО ДВИЖЕНИЮ ТОВАРОВ
MERCHANDISING SERVICE
УСЛУГИ ПО СБЫТУ ТОВАРОВ
MERCHANTABLE
ПРИГОДНЫЙ К КУПЛЕ – ПРОДАЖЕ ТОВАР
MERCHANT BANK
ТОРГОВЫЙ БАНК
MERGE
СЛИВАТЬСЯ: ОБЪЕДИНЯТЬСЯ
MERGER
СЛИЯНИЕ, ОБЪЕДИНЕНИЕ (компаний)
MERIT INCREASE
ПРИБАВКА К ЗАРАБОТНОЙ ПЛАТЕ ЗА ПОВЫШЕНИЕ КВАЛИФИКАЦИИ
MERIT RATING
ОЦЕНКА КВАЛИФИКАЦИИ ; (ПЕРЕ)АТТЕСТАЦИЯ
METER RATE
ТАРИФ ОПЛАТЫ ПО СЧЕТЧИКУ
METES AND BOUNDS
ГРАНИЦЫ ЗЕМЕЛЬНОГО УЧАСТКА С УКАЗАНИЕМ КРАЙНИХ ТОЧЕК И
УГЛОВ
METHODS-TIME MEASUREMENT (MTM)
ХРОНОМЕТРАЖ ТРУДОВЫХ ОПЕРАЦИЙ
METRICATION
ПЕРЕВОД В МЕТРИЧЕСКУЮ СИСТЕМУ

METRIC SYSTEM
МЕТРИЧЕСКАЯ СИСТЕМА
METROPOLITAN AREA
ЗОНА ВОКРУГ крупного города с пригородами
MICROECONOMICS
МИКРОЭКОНОМИКА
MICROMOTION STUDY
ИССЛЕДОВАНИЕ МИКРОСДВИГОВ
MIDCAREER PLATEAU
ПЛАТО, ЗАМЕДЛЕНИЕ РОСТА В СЕРЕДИНЕ КАРЬЕРЫ
MIDDLE MANAGEMENT
СРЕДНЕЕ АДМИНИСТРАТИВНОЕ ЗВЕНО
MIDNIGHT DEADLINE
КРАЙНИЙ СРОК, НАСТУПАЮЩИЙ В ПОЛНОЧЬ НА ДАТУ КРАЙНЕГО СРОКА
MIGRATE
МИГРИРОВАТЬ, ПЕРЕСЕЛЯТЬСЯ
MIGRATORY WORKER
РАБОЧИЙ-ОТХОДНИК
MILITARY-INDUSTRIAL COMPLEX
ВОЕННО-ПРОМЫШЛЕННЫЙ КОМПЛЕКС
MILKING
ПОБОРЫ
MILKING STRATEGY
СТРАТЕГИЯ ПОБОРОВ
MILEAGE RATE
СТАВКА КОМПЕНСАЦИИ ЗА ПРОБЕГ
MILLIONAIRE
МИЛЛИОНЕР
MILLIONAIRE ON PAPER
«БУМАЖНЫЙ» МИЛЛИОНЕР
MINERAL RIGHTS
ПРАВА НА НЕДРА
MINIMAX PRINCIPLE
ПРИНЦИП МИНИМАКС,Т. Е. ПРИНЦИП ПРИНЯТИЯ РЕШЕНИЙ НА ОСНОВЕ МИНИМАЛЬНЫХ ПОТЕРЬ В СЛУЧАЕ НЕБЛАГОПРИЯТНОГО ИСХОДА
MINIMIZE
СВОДИТЬ К МИНИМУМУ, УМЕНЬШАТЬ
MINIMUM LEASE PAYMENTS
МИНИМАЛЬНАЯ АРЕНДНАЯ ПЛАТА
MINIMUM LOT AREA
МИНИМАЛЬНАЯ РАЗРЕШЁННАЯ ПЛОЩАДЬ ЗЕМЕЛЬНОГО УЧАСТКА, НАДЕЛА
MINIMUM PENSION LIABILITY
СОСТОЯНИЕ ПЕНСИОННОГО ПЛАНА, КОГДА ПЕНСИОННЫЕ ОБЯЗАТЕЛЬСТВА ПРЕВЫШАЮТ СРЕДНЮЮ СТОИМОСТЬ ЕГО АКТИВОВ
MINIMUM PREMIUM DEPOSIT PLAN
ПЛАН ДЕПОНИРОВАНИЯ С МИНИМАЛЬНОЙ ВЫПЛАТОЙ
MINIMUM WAGE
МИНИМАЛЬНАЯ ЗАРАБОТНАЯ ПЛАТА
MINOR
МЕЛКИЙ; НЕСОВЕРШЕННОЛЕТНИЙ

MINORITY INTEREST or MINORITY INVESTMENT
УЧАСТИЕ В КАПИТАЛЕ или ИНВЕСТИЦИЯ БЕЗ КОНТРОЛЬНОГО
ПАКЕТА
MINTAGE
ЧЕКАНКА МОНЕТЫ
MINUTES
ПРОТОКОЛ (собрания, заседания)
MISDEMEANOR
ПРОСТУПОК
MISMANAGEMENT
НЕКАЧЕСТВЕННОЕ, ОШИБОЧНОЕ РУКОВОДСТВО
MISREPRESENTATION
ВВЕДЕНИЕ В ЗАБЛУЖДЕНИЕ; ИСКАЖЕНИЕ ФАКТОВ
MISSTATEMENT OF AGE
НЕПРАВИЛЬНОЕ УКАЗАНИЕ ВОЗРАСТА
MISTAKE
ОШИБКА
MISTAKE OF LAW
ОШИБКА В ПРАВЕ; ЮРИДИЧЕСКАЯ ОШИБКА
MITIGATION OF DAMAGES
УМЕНЬШЕНИЕ СУММЫ ВЗЫСКИВАЕМЫХ УБЫТКОВ
MIX
СМЕСЬ; АССОРТИМЕНТ
MIXED ECONOMY
СМЕШАННАЯ ЭКОНОМИКА
MIXED PERILS
СМЕШАННЫЕ РИСКИ
MIXED SIGNALS
НЕЯСНЫЕ НАМЁКИ, СИГНАЛЫ
MODE
РЕЖИМ, СПОСОБ
MODELING
МОДЕЛИРОВАНИЕ
MODELING LANGUAGE
ЯЗЫК МОДЕЛИРОВАНИЯ
MODEL UNIT
ОБРАЗЦОВАЯ, ПОКАЗАТЕЛЬНАЯ КВАРТИРА или
ОБЪЕКТ
MODERN PORTFOLIO THEORY (MPT)
ТЕОРИЯ СОВРЕМЕННОГО ПОРТФЕЛЯ
MODIFIED ACCRUAL
, БУХГАЛТЕРСКИЙ МЕТОД, ПРИМЕНЯЕМЫЙ ПРАВИТЕЛЬСТВОМ, ПРИ
КОТОРОМ ПОСТУПЛЕНИЯ УЧИТЫВАЮТСЯ ТОЛЬКО ПРИ ИХ
НАЛИЧИИ И ВОЗМОЖНОСТИ ОЦЕНКИ
MODIFIED LIFE INSURANCE
МОДИФИЦИРОВАННОЕ СТРАХОВАНИЕ ЖИЗНИ
MODIFIED UNION SHOP
МОДИФИЦИРОВАННАЯ ПРОФСОЮЗНАЯ ЯЧЕЙКА
MODULE
МОДУЛЬ
MOM AND POP STORE
(мелкое торговое предприятие в семейном владении
MOMENTUM
ИНЕРЦИЯ; НАБРАННЫЙ РАЗГОН

MONETARIST
МОНЕТАРИСТ; ПРИВЕРЖЕНЕЦ ТЕОРИЙ МОНЕТАРИЗМА
MONETARY
ДЕНЕЖНЫЙ
MONETARY ITEM
АКТИВ В ДЕНЕЖНОМ ВЫРАЖЕНИИ
MONETARY RESERVE
ДЕНЕЖНЫЕ РЕЗЕРВЫ
MONETARY STANDARD
ДЕНЕЖНЫЙ СТАНДАРТ
MONEY
ДЕНЬГИ
MONEY ILLUSION
«ДЕНЕЖНАЯ ИЛЛЮЗИЯ»
MONEY INCOME
ДЕНЕЖНЫЙ ДОХОД
MONEY MARKET
ДЕНЕЖНЫЙ РЫНОК (РЫНОК КРАТКОСРОЧНЫХ КАПИТАЛОВ В
ФОРМЕ КРЕДИТОВ И ЦЕННЫХ БУМАГ СРОКОМ ОБЫЧНО ДО 90
ДНЕЙ)
MONEY MARKET FUND
СОВМЕСТНЫЙ ФОНД , ВКЛАДЫВАЮЩИЙ СРЕДСТВА В ЦЕННЫЕ
БУМАГИ ДЕНЕЖНОГО РЫНКА
MONEY SUPPLY
ПРЕДЛОЖЕНИЕ ДЕНЕГ НА РЫНКЕ
MONOPOLIST
МОНОПОЛИСТ
MONOPOLY
МОНОПОЛИЯ
MONOPOLY PRICE
МОНОПОЛЬНАЯ ЦЕНА
MONOPSONY
МОНОПСОНИЯ; МОНОПОЛИЯ ПОКУПАТЕЛЯ
MONTHLY COMPOUNDING OF INTEREST
ЕЖЕМЕСЯЧНОЕ ИСЧИСЛЕНИЕ СЛОЖНОГО ПРОЦЕНТА
MONTHLY INVESTMENT PLAN
ПЛАН ЕЖЕМЕСЯЧНЫХ ИНВЕСТИЦИЙ
MONTH-TO-MONTH TENANCY
ПОМЕСЯЧНАЯ АРЕНДА ЖИЛЬЯ
MONUMENT
МЕЖЕВОЙ ЗНАК
MOONLIGHTING
ВТОРАЯ РАБОТА; ПРИРАБОТОК
MORALE
МОРАЛЬНОЕ СОСТОЯНИЕ, ДУХ
MORAL HAZARD
МОРАЛЬНАЯ УГРОЗА
MORAL LAW
НРАВСТВЕННЫЙ ЗАКОН
MORAL OBLIGATION BOND
МУНИЦИПАЛЬНАЯ ОБЛИГАЦИЯ, ОБЕСПЕЧЕННАЯ МОРАЛЬНЫМ
ОБЯЗАТЕЛЬСТВОМ ПРАВИТЕЛЬСТВА
MORAL SUASION
МЕРЫ МОРАЛЬНОГО ПРИНУЖДЕНИЯ

MORATORIUM
МОРАТОРИЙ
MORTALITY TABLE
ТАБЛИЦА СМЕРТНОСТИ
MORTGAGE
ИПОТЕКА; ЗАКЛАДНАЯ
MORTGAGE ASSUMPTION
ПРИНЯТИЕ НА СЕБЕ ИПОТЕЧНЫХ ОБЯЗАТЕЛЬСТВ (ОБЫЧНО ПРИ
ПОКУПКЕ ЗЕМЕЛЬНОГО УЧАСТКА) ПРОДАВЦА
MORTGAGE-BACKED CERTIFICATE
СЕРТИФИКАТ, ОБЕСПЕЧЕННЫЙ ПУЛОМ ИПОТЕК
MORTGAGE-BACKED SECURITY
ЦЕННАЯ БУМАГА, ОБЕСПЕЧЕННАЯ ПУЛОМ ИПОТЕК
MORTGAGE BANKER
ИПОТЕЧНЫЙ БАНКИР
MORTGAGE BOND
ИПОТЕЧНАЯ ОБЛИГАЦИЯ
MORTGAGE BROKER
ИПОТЕЧНЫЙ БРОКЕР
MORTGAGE COMMITMENT
ДОГОВОР О ВЫДАЧЕ ИПОТЕЧНОГО КРЕДИТА В БУДУЩЕМ
MORTGAGE CONSTANT
ИПОТЕЧНАЯ КОНСТАНТА6 СООТНОШЕНИЕ МЕЖДУ ГОДОВЫМ
ОБСЛУЖИВАНИЕ ДОЛГА И ОСНОВНОЙ СУММОЙ ДОЛГА
MORTGAGE CORRESPONDENT
ПОСРЕДНИК, ОКАЗЫВАЮЩИЙ ПЛАТНЫЕ УСЛУГИ ПО
ОБСЛУЖИВАНИЮ ИПОТЕЧНОЙ ЗАДОЛЖЕННОСТИ
MORTGAGE DEBT
ЗАДОЛЖЕННОСТЬ ПО ЗАКЛАДНОЙ, ИПОТЕЧНАЯ ЗАДОЛЖЕННОСТЬ
MORTGAGE DISCOUNT
ВЫЧЕТ ЗАЁМЩИКОМ ИЗ ОСНОВНОЙ СУММОЙ ИПОТЕКИ В ЕЁ
НАЧАЛЕ
MORTGAGEE
КРЕДИТОР ПО ИПОТЕЧНОМУ ЗАЛОГУ;
ЗАЛОГОДЕРЖАТЕЛЬ
MORTGAGE INSURANCE
СТРАХОВАНИЕ ИПОТЕЧНОГО ЗАЛОГА
MORTGAGE INSURANCE POLICY
ПОЛИС СТРАХОВАНИЯ ИПОТЕЧНОГО ЗАЛОГА
MORTGAGE LIEN
ПРАВО УДЕРЖАНИЯ ЗАЛОЖЕННОЙ НЕДВИЖИМОСТИ В СЛУЧАЕ
НЕВЫПОЛНЕНИЯ ДОЛГОВЫХ ОБЯЗАТЕЛЬСТВ
MORTGAGE OUT
ПОЛУЧЕНИЕ БОЛЬШЕЙ СУММЫ КРЕДИТА, ЧЕМ ТРЕБУЕТСЯ ДЛЯ
ЗАВЕРШЕНИЯ СТРОИТЕЛЬСТВА
MORTGAGE RELIEF
ОСВОБОЖДЕНИЕ ОТ ИПОТЕЧНЫХ ОБЯЗАТЕЛЬСТВ
MORTGAGE SERVICING
ОБСЛУЖИВАНИЕ ДОЛГА ПО ЗАКЛАДНОЙ
MORTGAGOR
ДОЛЖНИК ПО ИПОТЕЧНОМУ ЗАЛОГУ
MOTION STUDY
ИЗУЧЕНИЕ ЭФФЕКТИВНОСТИ ОТДЕЛЬНЫХ МАНИПУЛЯЦИЙ,
НЕОБХОДИМЫХ ДЛЯ ПРОЦЕССА ПРОИЗВОДСТВА

MOTIVATION
МОТИВАЦИЯ, ВНУТРЕННЕЕ ПОБУЖДЕНИЕ
MOTOR FREIGHT
ПЕРЕВОЗКА ГРУЗА АВТОТРАНСПОРТОМ
MOUSE
МЫШЬ (УСТРОЙСТВО ВВОДА КООРДИНАТ)
MOUSE PAD
КОВРИК ДЛЯ МЫШИ
MOVEMENT
ДВИЖЕНИЕ; ПЕРЕМЕЩЕНИЕ
MOVER AND SHAKER
ЧЕЛОВЕК, ОКАЗЫВАЮЩИЙ БОЛЬЩОЕ ВЛИЯНИЕ
MOVING AVERAGE
ПОДВИЖНАЯ СРЕДНЯЯ ЦЕНА ЦЕННЫХ БУМАГ ИЛИ ЗАПАСОВ
MUCKRAKER
ЧЕЛОВЕК, ПОСТАВИВШИЙ СВОЕЙ ЗАДАЧЕЙ РАЗОБЛАЧАТЬ
КОРРУПЦИЮ
MULTIBUYER
ЧАСТЫЙ, АКТИВНЫЙ ПОКУПАТЕЛЬ
MULTICASTING
МЕТОД ПРЕДАЧИ ИНФОРМАЦИИ ОТ ОДНОГО ИСТОЧНИКА К ГРУППЕ
ПОЛУЧАТЕЛЕЙ
MULTICOLINEARITY
МНОЖЕСТВЕННАЯ КОЛИНЕАРНОСТЬ
MULTIEMPLOYER BARGAINING
ПЕРЕГОВОРЫ МЕЖДУ АССОЦИАЦИЕЙ РАБОТОДАТЕЛЕЙ И
ТРУДОВЫМ СОЮЗОМ
MULTIFUNCTION
МНОГОФУНКЦИОНАЛЬНЫЙ
MULTIMEDIA
ДВА ИЛИ БОЛЬШЕ СМИ; КОМПЬЮТЕРНЫЕ ПРИЛОЖЕНИЯ,
ВКЛЮЧАЮЩИЕ В СЕБЯ ТЕКСТ, ГРАФИКУ ВЫСОКОГО РАЗРЕШЕНИЯ,
МУЛЬТИПЛИКАЦИЮ, ЗВУК И Т. П.
MULTINATIONAL CORPORATION (MNC)
МЕЖДУНАРОДНАЯ КОРПОРАЦИЯ
MULTIPLE
МНОЖЕСТВЕННЫЙ; КРАТНЫЙ; ОТНОШЕНИЕ ЦЕНЫ К
ДОХОДУ
MULTIPLE LISTING
МНОЖЕСТВЕННАЯ КОТИРОВКА ЦЕННОЙ БУМАГИ
MULTIPLE LOCATIONS FORMS
СТРАХОВОЕ ПОКРЫТИЕ СОБСТВЕННОСТИ, НАХОДЯЩЕЙСЯ В
РАЗНЫХ МЕСТАХ
MULTIPLE-MANAGEMENT PLAN
ПЛАН КОЛЛЕКТИВНОГО РУКОВОДСТВА
MULTIPLE-PERIL INSURANCE
СТРАХОВАНИЕ РАЗЛИЧНЫХ РИСКОВ
MULTIPLE REGRESSION
МНОЖЕСТВЕННАЯ РЕГРЕССИЯ
MULTIPLE RETIREMENT AGES
ШКАЛА ВОЗРАСТА ВЫХОДА НА ПЕНСИЮ
MULTIPLE SHOP
ТРУДОВОЙ СОЮЗ, ВКЛЮЧАЮЩИЙ КАК СПЕЦИАЛИСТОВ, ТАК И
НЕКВАЛИФИЦИРОВАННЫХ РАБОТНИКОВ

MULTIPLIER
МУЛЬТИПЛИКАТОР
MULTIUSER
МНОГОПОЛЬЗОВАТЕЛЬСКИЙ, ДЛЯ МНОГИХ ПОЛЬЗОВАТЕЛЕЙ
MUNICIPAL BOND
МУНИЦИПАЛЬНАЯ ОБЛИГАЦИЯ
MUNICIPAL REVENUE BOND
МУНИЦИПАЛЬНАЯ ОБЛИГАЦИЯ С ВЫПЛАТОЙ ИЗ ДОХОДОВ ОТ
ФИНАНСИРУЕМЫХ ПРОЕКТОВ
MUNIMENTS OF TITLE
ДОКУМЕНТАЛЬНОЕ ПОДТВЕРЖДЕНИЕ ПРАВОВОГО ТИТУЛА
MUTUAL ASSOCIATION
ВЗАИМНАЯ ССУДО-СБЕРЕГАТЕЛЬНАЯ АССОЦИАЦИЯ
MUTUAL COMPANY
ВЗАИМНАЯ КОМПАНИЯ
MUTUAL FUND
 СОВМЕСТНЫЙ ФОНД, ИНВЕСТИЦИОННАЯ КОМПАНИЯ ОТКРЫТОГО
ТИПА
MUTUAL INSURANCE COMPANY
КОМПАНИЯ ВЗАИМНОГО СТРАХОВАНИЯ
MUTUALITY OF CONTRACT
ВЗАИМНОСТЬ ОБЯЗАТЕЛЬСТВ ПО ДОГОВОРУ, КОНТРАКТУ

N

NAKED OPTION
НЕ ЗАЩИЩЕННЫЙ ОПЦИОН (бирж.)
NAKED POSITION
НЕ ЗАЩИЩЕННАЯ ПОЗИЦИЯ (бирж.)
NAMED PERIL POLICY
СТРАХОВОЙ ПОЛИС С КОНКРЕТНЫМ РИСКОМ – ОБЪЕКТОМ
СТРАХОВАНИЯ
NAME SCHEDULE BOND
ПУНКТ ДЕЛОВОГО СТРАХОВАНИЯ, ПОКРЫВАЮЩИЙ НЕЧЕСТНЫЕ
ДЕЙСТВИЯ ОГОВОРЕННЫХ ДОЛЖНОСТНЫХ ЛИЦ
NATIONALIZATION
НАЦИОНАЛИЗАЦИЯ
NATIONAL WEALTH
НАЦИОНАЛЬНОЕ БОГАТСТВО
NATURAL BUSINESS YEAR
КАЛЕНДАРНЫЙ ДЕЛОВОЙ ГОД
NATURAL MONOPOLY
ЕСТЕСТВЕННАЯ МОНОПОЛИЯ
NATURAL RESOURCES
ПРИРОДНЫЕ РЕСУРСЫ
NAVIGATION
НАВИГАЦИЯ
NEAR MONEY
«ПОЧТИ ДЕНЬГИ» (высоколиквидные активы)
NEED SATISFACTION
УДОВЛЕТВОРЕНИЕ ПОТРЕБНОСТИ
NEGATIVE AMORTIZATION
ОТРИЦАТЕЛЬНАЯ (ОБРАТНАЯ)
АМОРТИЗАЦИЯ
NEGATIVE CARRY
СИТУАЦИЯ, КОГДА СТОИМОСТЬ ФИНАНСИРОВАНИЯ ЦЕННЫХ
БУМАГ ВЫШЕ ДОХОДА ОТ НИХ
NEGATIVE CASH FLOW
ПРЕВЫШЕНИЕ НАЛИЧНЫХ ВЫПЛАТ НАД ПОСТУПЛЕНИЯМИ
NEGATIVE CORRELATION
ОТРИЦАТЕЛЬНАЯ КОРРЕЛЯЦИЯ
NEGATIVE INCOME TAX
ОТРИЦАТЕЛЬНЫЙ ПОДОХОДНЫЙ НАЛОГ, ПРЕДЛОЖЕННАЯ
СИСТЕМА, ПРИ КОТОРОЙ ЛИЦА С ДОХОДОМ НИЖЕ
ОПРЕДЕЛЕННОГО УРОВНЯ ПОЛУЧАЛИ БЫ ВЫПЛАТЫ
NEGATIVE WORKING CAPITAL
ОТРИЦАТЕЛЬНЫЙ ОБОРОТНЫЙ КАПИТАЛ
NEGLIGENCE
НЕБРЕЖНОСТЬ, ХАЛАТНОСТЬ
NEGOTIABLE
СВОБОДНООБРАЩАЮЩИЙСЯ, ОБОРОТНЫЙ

NEGOTIABLE CERTIFICATE OF DEPOSIT
СВОБОДНО ОБРАЩАЮЩИЙСЯ ДЕПОЗИТНЫЙ СЕРТИФИКАТ
NEGOTIABLE INSTRUMENT
ОБРАЩАЮЩИЙСЯ КРЕДИТНО-ФИНАНСОВЫЙ ДОКУМЕНТ
NEGOTIABLE ORDER OF WITHDRAWAL (NOW)
ОБРАЩАЮЩИЙСЯ ПРИКАЗ ОБ ИЗЪЯТИИ СРЕДСТВ
NEGOTIATED MARKET PRICE
ДОГОВОРНАЯ РЫНОЧНАЯ ЦЕНА (МЕЖДУ ПРАВИТЕЛЬСТВОМ И
ПРОИЗВОДИТЕЛЕМ)
NEGOTIATED PRICE
ДОГОВОРНАЯ ЦЕНА
NEGOTIATION
ПЕРЕГОВОРЫ; ОБСУЖДЕНИЕ
NEIGHBORHOOD STORE
МЕСТНЫЙ МАГАЗИН
NEOCLASSICAL ECONOMICS
НЕОКЛАССИЧЕСКАЯ ЭКОНОМИКА
NEPOTISM
СЕМЕЙСТВЕННОСТЬ; НЕПОТИЗМ
NEST EGG
ДЕНЬГИ, ОТЛОЖЕННЫЕ НА ЧЁРНЫЙ ДЕНЬ
NET
НЕТТО; ЧИСТЫЙ
NET ASSETS
НЕТТО – АКТИВЫ
NET ASSET VALUE (NAV)
СТОИМОСТЬ ЧИСТЫХ АКТИВОВ (в расчете на одну акцию)
NET BOOK VALUE
АМОРТИЗИРОВАННАЯ СТОИМОСТЬ
NET CONTRIBUTION
ЧИСТЫЙ ВКЛАД
NET COST
ЧИСТАЯ СТОИМОСТЬ
NET CURRENT ASSETS
ЧИСТЫЕ ТЕКУЩИЕ АКТИВЫ
NET INCOME
ЧИСТЫЙ ДОХОД
NET INCOME PER SHARE OF COMMON STOCK
ЧИСТЫЙ ДОХОД НА ОДНУ ПРОСТУЮ АКЦИЮ
NET LEASABLE AREA
«ЧИСТАЯ» АРЕНДУЕМАЯ ПЛОЩАДЬ
NET LEASE
НЕТТО – АРЕНДА (арендатор оплачивает все текущие расходы)
NET LISTING
БРОКЕРСКИЙ ДОГОВОР, ПО КОТОРОМУ брокер получает комиссию,
ЕСЛИ продажнАЯ ценА ПРЕВЫШАЕТ определеннУЮ величинУ)
NET LOSS
чИСТЫЕ УБЫТКИ
NET NATIONAL PRODUCT
ЧИСТЫЙ НАЦИОНАЛЬНЫЙ ПРОДУКТ
NET OPERATING INCOME (NOT)
ЧИСТЫЙ ОПЕРАЦИОННЫЙ ДОХОД
NET OPERATING LOSS (NOL)
ЧИСТЫЙ ОПЕРАЦИОННЫЙ УБЫТОК

NET PRESENT VALUE (NPV)
ЧИСТАЯ ТЕКУЩАЯ ЦЕННОСТЬ
NET PROCEEDS
НЕТТО –ВЫРУЧКА (от продажи)
NET PROFIT
ЧИСТАЯ ПРИБЫЛЬ
NET PROFIT MARGIN
ПРЕДЕЛ ЧИСТОЙ ПРИБЫЛИ (отношение нетто-прибыли к нетто-продажам)
NET PURCHASES
чИСТЫЕ ЗАКУПКИ
NET QUICK ASSETS
чИСТЫЕ ЛИКВИДНЫЕ АКТИВЫ
NET RATE
ЧИСТАЯ СТАВКА
NET REALIZABLE VALUE
ЧИСТАЯ РЕАЛИЗУЕМАЯ СТОИМОСТЬ
NET SALES
НЕТТО – ПРОДАЖИ
NET SURFING

NET TRANSACTION
НЕТТО – ТРАНЗАКЦИЯ (СДЕЛКА)
NETWORK
СЕТЬ ЭВМ ИЛИ СЕТЬ ПЕРЕДАЧИ ДАННЫХ
NETWORK ADMINISTRATOR
СПЕЦИАЛИСТ ПО ОБСЛУЖИВАНИЮ СЕТЕЙ
NETWORKING
СОЗДАНИЕ СЕТЕЙ;
ИСПОЛЬЗОВАНИЕ СВЯЗЕЙ
NET YIELD
НЕТТО – ДОХОД
NEW ISSUE
НОВАЯ ЭМИССИЯ
NEW MONEY
СУММА ДОПОЛНИТЕЛЬНОГО ДОЛГОСРОЧНОГО
ФИНАНСИРОВАНИЯ, ПРЕВЫШАЮЩАЯ СУММУ
РЕФИНАНСИРОВАНИЯ
NEWSPAPER SYNDICATE
ГАЗЕТНЫЙ СИНДИКАТ
NEW TOWN
НОВЫЙ ГОРОД
NICHE
НИША
NIGHT LETTER
МЕТОД ДОСТАВКИ КОРРЕПОНДЕНЦИИ АДРЕССАТУ НА СЛЕДУЮЩИЙ
ДЕНЬ
NODE
УЗЕЛ СЕТИ ПЕРЕДАЧИ ДАННЫХ ИЛИ СЕТИ ЭВМ
NO-GROWTH
ОТСУТСТВИЕ РОСТА
NO-LOAD FUND
ВЗАИМНЫЙ ИНВЕСТИЦИОННЫЙ ФОНД, ПРОДАЮЩИЙ СВОИ АКЦИИ
ИНВЕСТОРАМ БЕЗ КОМИССИОННЫХ

NOMINAL ACCOUNT
НОМИНАЛЬНЫЙ СЧЕТ; СЧЁТ ПРИХОДОВ И РАСХОДОВ
NOMINAL DAMAGES
НОМИНАЛЬНЫЙ УЩЕРБ
NOMINAL INTEREST RATE
НОМИНАЛЬНАЯ ПРОЦЕНТНАЯ СТАВКА
NOMINAL SCALE
НОМИНАЛЬНАЯ ШКАЛА
NOMINAL WAGE
НОМИНАЛЬНАЯ ЗАРАБОТНАЯ ПЛАТА
NOMINAL YIELD
НОМИНАЛЬНЫЙ ДОХОД
NOMINEE
УСЛОВНЫЙ ВЛАДЕЛЕЦ, Т.Е. ФИЗИЧЕСКОЕ ИЛИ ЮРИДИЧЕСКОЕ ЛИЦО
НА ЧЬЁ ИМЯ ЗАРЕГИСТРИРОВАНЫ ЦЕННЫЕ БУМАГИ ПРИ
СОВЕРШЕНИИ С НИМИ ТРАСТОВЫХ ОПЕРАЦИЙ В ИНТЕРЕСАХ
РЕАЛЬНОГО ВЛАДЕЛЬЦА
NONCALLABLE
ОБЛИГАЦИЯ, НЕ ПОГАШАЕМАЯ ДОСРОЧНО
NONCOMPETITIVE BID
НЕКОНКУРЕНТНОЕ ТЕНДЕРНОЕ ПРЕДЛОЖЕНИЕ (ЗАЯВКА)
NONCONFORMING USE
НЕПРЕДУСМОТРЕННОЕ ИСПОЛЬЗОВАНИЕ
NONCONTESTABILITY CLAUSE
ОГОВОРКА О НЕОСПОРИМОСТИ
NONCUMULATIVE PREFERRED STOCK
ПРИВИЛЕГИРОВАННАЯ АКЦИЯ, ПО КОТОРОЙ ДИВИДЕНД НЕ
НАКАПЛИВАЕТСЯ
NONCURRENT ASSET
АКТИВ, НЕ УЧАСТВУЮЩИЙ В ФИНАНСОВЫХ ОПЕРАЦИЯХ
КОМПАНИИ В ТЕЧЕНИИ ЦЕЛОГО ДЕЛОВОГО ЦИКЛА (ГОДА)
NONDEDUCTIBILITY OF EMPLOYER CONTRIBUTIONS
НЕВОЗМОЖНОСТЬ СПИСАНИЯ ВЗНОСОВ РАБОТОДАТЕЛЯ
NONDISCRETIONARY TRUST
ТРАСТ, КОТОРЫЙ МОЖЕТ ПРИОБРЕТАТЬ ТОЛЬКО ЗАРАНЕЕ
ОГОВОРЕННЫЕ ЦЕННЫЕ БУМАГИ
NONDISTURBANCE CLAUSE
ОГОВОРКА О НЕВМЕШАТЕЛЬСТВЕ, О ПРОДОЛЖЕНИИ
ДЕЯТЕЛЬНОСТИ
NONDURABLE GOODS
ТОВАРЫ НЕДЛИТЕЛЬНОГО ПОЛЬЗОВАНИЯ
NONFORMATTED
НЕФОРМАТИРОВАННЫЙ
NONGLARE
АНТИБЛИКОВЫЙ
NONMEMBER BANK
БАНК, НЕ ЯВЛЯЮЩИЙСЯ ЧЛЕНОМ ФЕДЕРАЛЬНОЙ РЕЗЕРВНОЙ
СИСТЕМЫ США
NONMEMBER FIRM
БРОКЕРСКАЯ ФИРМА, НЕ ЯВЛЯЮЩАЯСЯ ЧЛЕНОМ БИРЖИ
NONMONETARY ITEM
НЕ ДЕНЕЖНАЯ СТАТЬЯ
NONNEGOTIABLE INSTRUMENT
НЕ ОБРАЩАЮЩИЙСЯ КРЕДИТНО-ФИНАНСОВЫЙ ИНСТРУМЕНТ

NONOPERATING EXPENSE (REVENUE)
НЕЭКСПЛУАТАЦИОННЫЙ РАСХОД (ДОХОД)
NONPARAMETRIC STATISTICS
НЕПАРАМЕТРИЧЕСКАЯ СТАТИСТИКА
NONPERFORMANCE
НЕВЫПОЛНЕНИЕ
NONPRODUCTIVE
НЕПРОДУКТИВНЫЙ
NONPRODUCTIVE LOAN
НЕПРОИЗВОДИТЕЛЬНЫЙ КРЕДИТ
NONPROFIT ACCOUNTING
СИСТЕМА УЧЕТА НЕКОММЕРЧЕСКИХ ОРГАНИЗАЦИЙ
NONPROFIT CORPORATION
НЕКОММЕРЧЕСКАЯ КОРПОРАЦИЯ,
NONPUBLIC INFORMATION
ВНУТРЕННЯЯ ИНФОРМАЦИЯ
NONRECOURSE
БЕЗ ПРАВА ОБОРОТА, РЕГРЕССА
NONRECURRING CHARGE
ЕДИНИЧНЫЙ СБОР
NONREFUNDABLE
ОГРАНИЧЕНИЕ ПРАВА ЭМИТЕНТА ОБЛИГАЦИЙ ПОГАШАТЬ ЗАЕМ ЗА СЧЕТ НОВОГО ЗАЙМА
NONREFUNDABLE FEE or NONREFUNDABLE DEPOSIT
НЕ ВОЗВРАЩАЕМАЯ ОПЛАТА или НЕ ВОЗВРАЩАЕМЫЙ ПЕРВЫЙ ВЗНОС
NONRENEWABLE NATURAL RESOURCES
НЕВОЗОБНОВЛЯЕМЫЕ ПРИРОДНЫЕ РЕСУРСЫ
NONSTOCK CORPORATION
КОМПАНИЯ БЕЗ АКЦИОНЕРНОГО КАПИТАЛА
NONSTORE RETAILING
РОЗНИЧНАЯ ТОРГОВЛЯ НЕ ЧЕРЕЗ МАГАЗИН
NONVOTING STOCK
АКЦИИ БЕЗ ПРАВА ГОЛОСА
NO-PAR STOCK
АКЦИИ БЕЗ ФИКСИРОВАННОГО НОМИНАЛА
NORM
НОРМА; СТАНДАРТ
NORMAL PRICE
НОРМАЛЬНАЯ ЦЕНА
NORMAL PROFIT
НОРМАЛЬНАЯ ПРИБЫЛЬ
NORMAL RETIREMENT AGE
НОРМАЛЬНЫЙ ПЕНСИОННЫЙ ВОЗРАСТ
NORMAL WEAR AND TEAR
НОРМАЛЬНЫЙ ИЗНОС
NORMATIVE ECONOMICS
НОРМАТИВНАЯ ЭКОНОМИКА
NO-STRIKE CLAUSE
ОГОВОРКА ОБ ОТКАЗЕ ОТ ЗАБАСТОВОК
NOTARIZE
ЗАВЕРИТЬ НОТАРИАЛЬНО
NOTE
ПРИМЕЧАНИЕ; ИЗВЕЩЕНИЕ; УВЕДОМЛЕНИЕ; БАНКНОТА;

КРАТКОСРОЧНАЯ ЦЕННАЯ БУМАГА
NOTEBOOK COMPUTER
НОУТБУК
NOTE PAYABLE
ВЕКСЕЛЬ К ОПЛАТЕ
NOTE RECEIVABLE
ВЕКСЕЛЬ К ПОЛУЧЕНИЮ
NOT FOR PROFIT
НЕ ДЛЯ ПОЛУЧЕНИЯ ПРИБЫЛИ
NOTICE
УВЕДОМЛЕНИЕ; ИЗВЕЩЕНИЕ
NOTICE OF CANCELLATION CLAUSE
ОГОВОРКА ОБ ОБЯЗАТЕЛЬНОСТИ УВЕДОМЛЕНИЯ ОБ ОТМЕНЕ,
ПРЕКРАЩЕНИИ
NOTICE OF DEFAULT
УВЕДОМЛЕНИЕ О НАРУШЕНИИ
NOTICE TO QUIT
ЗАЯВЛЕНИЕ ОБ УВОЛЬНЕНИИ
NOT RATED (NR)
БЕЗ РЕЙТИНГА
NOVATION
НОВАЦИЯ; НОВОВВЕДЕНИЕ
NSF (NONSUFFICIENT FUNDS CHECK)
 НЕОБЕСПЕЧЕННЫЙ ЧЕК
NUISANCE
НЕУДОБСТВО, ПОМЕХА
NULL AND VOID
НЕ ИМЕЮЩИЙ ЮРИДИЧЕСКОЙ СИЛЫ; НЕДЕЙСТВИТЕЛЬНЫЙ
NUM LOCK KEY
КЛАВИША "ЦИФР"; КЛАВИША ПЕРЕКЛЮЧЕНИЯ И ФИКСАЦИИ
РЕГИСТРА ВСПОМОГАТЕЛЬНОЙ КЛАВИАТУРЫ

O

OBJECTIVE
ЦЕЛЬ, ЗАДАЧ; ОБЪЕКТИВНЫЙ
OBJECTIVE VALUE
ОБЪЕКТИВНАЯ ЦЕННОСТЬ
OBLIGATION BOND
ТИП ИПОТЕЧНОЙ ОБЛИГАЦИИ, У КОТОРОЙ НОМИНАЛЬНАЯ
СТОИМОСТЬ ПРЕВЫШАЕТ СТОИМОСТЬ ЗАЛОЖЕННОЙ
НЕДВИЖИМОСТИ
OBLIGEE
лицо, по отношению к которому имеются обязательства
OBLIGOR
лицо, принявшее на себя обязательство
OBSERVATION TEST
ПРОВЕРКА НАБЛЮДЕНИЕМ
OBSOLESCENCE
УСТАРЕВАНИЕ, МОРАЛЬНЫЙ ИЗНОС
OCCUPANCY LEVEL
УРОВЕНЬ ЗАНЯТОСТИ (например, в гостинице); АРЕНДЫ (жилья)
OCCUPANCY, OCCUPANT
ВЛАДЕНИЕ; ПРОЖИВАНИЕ; ЖИЛЕЦ; СЪЕМЩИК
OCCUPATION
РОД ЗАНЯТИЙ; ПРОФЕССИЯ
OCCUPATIONAL ANALYSIS
АНАЛИЗ ПРОФЕССИИ
OCCUPATIONAL DISEASE
ПРОФЕССИОНАЛЬНОЕ ЗАБОЛЕВАНИЕ
OCCUPATIONAL GROUP
ПРОФЕССИОНАЛЬНАЯ ГРУППА
OCCUPATIONAL HAZARD
ПРОФЕССИОНАЛЬНАЯ ОПАСНОСТЬ
ODD LOT
БИРЖЕВАЯ СДЕЛКА С БЛОКОМ ЦЕННЫХ БУМАГ МЕНЕЕ 100 ШТУК
ODD PAGE
НЕЧЁТНАЯ СТРАНИЦА
ODD-VALUE PRICING
УСТАНОВЛЕНИЕ ЦЕН НА 1 ЦЕНТ НИЖЕ КРУГЛОЙ ЦЕНЫ (НАПР. 1.99)
OFFER
ПРЕДЛОЖЕНИЕ
OFFER AND ACCEPTANCE
ПРЕДЛОЖЕНИЕ И ЕГО ПРИНЯТИЕ
OFFEREE
ЛИЦО, КОТОРОМУ ДЕЛАЕТСЯ ПРЕДЛОЖЕНИЕ
OFFERER
ЛИЦО, ДЕЛАЮЩЕЕ ПРЕДЛОЖЕНИЕ
OFFERING DATE
ДАТА НАЧАЛА ПУБЛИЧНОЙ ПРОДАЖИ НОВЫХ АКЦИЙ

OFFERING PRICE
НАЧАЛЬНАЯ ЦЕНА ПУБЛИЧНОЙ ПРОДАЖИ НОВЫХ АКЦИЙ
OFFICE MANAGEMENT
РУКОВОДСТВО ДЕЛОВОЙ КОНТОРОЙ
OFFICIAL EXCHANGE RATE
ОФИЦИАЛЬНЫЙ ВАЛЮТНЫЙ КУРС
OFF LINE
АВТОНОМНЫЙ, НЕПОДКЛЮЧЁННЫЙ
OFF PEAK
ВНЕПИКОВЫЙ
OFF-PRICE
УЦЕНКА
OFF-SALE DATE
ДАТА ОТЧЁТА ГАЗЕТНОГО КИОСКА СВОЕМУ РАСПРОСТРАНИТЕЛЮ
OFFSET
ЗАЧЕТ; КОМПЕНСАЦИЯ
OFFSHORE
ОФФШОРНЫЙ
OFF-SITE COST
ИЗДЕРЖКИ, ПОНЕСЁННЫЕ ВНЕ СТРОИТЕЛЬНОЙ ПЛОЩАДКИ, НО
СВЯЗАННЫЕ СО СТРОИТЕЛЬСТВОМ
OFF THE BALANCE SHEET
ВНЕБАЛАНСОВЫЙ; ЗАБАЛАНСОВЫЙ
OFF THE BOOKS
НЕ ПРОВОДИМЫЙ ПО БУХГАЛТЕРСКИМ КНИГАМ
OFF TIME
НЕРАБОЧЕЕ ВРЕМЯ
OIL AND GAS LEASE
АРЕНДА НЕФТЕГАЗОВОГО МЕСТОРОЖДЕНИЯ
OLIGOPOLY
ОЛИГОПОЛИЯ
OMBUDSMAN
УПОЛНОМОЧЕННЫЙ ПО РАБОТЕ С ЖАЛОБАМИ (на банки,
госучреждения)
OMITTED DIVIDEND
ПРОПУЩЕННЫЙ (НЕВЫПЛАЧЕННЫЙ) ДИВИДЕНД
ON ACCOUNT
ЧАСТИЧНЫЙ ПЛАТЕЖ В СЧЕТ ПОГАШЕНИЯ
ONBOARD COMPUTER
БОРТОВОЙ КОМПЬЮТЕР
ON DEMAND
ПО ТРЕБОВАНИЮ
ONE-CENT SALE
СИМВОЛИЧЕСКАЯ ПРОДАЖА (ЗА 1 ЦЕНТ)
ONE-HUNDRED-PERCENT LOCATION
МЕСТО, ГДЕ ТОРГОВОЕ ПРЕДПРИЯТИЕ МОЖЕТ ДОСТИГНУТЬ
НАИВЫСШЕЙ ЭФФЕКТИВНОСТИ
ONE-MINUTE MANAGER
НАЗВАНИЕ ПОПУЛЯРНОЙ КНИГИ К, БЛАНШАРДА И С. ДЖОНСОНА;
УПРОЩЕНИЕ СЛОЖНЫХ УПРАВЛЕНЧЕСКИХ СИТУАЦИЙ
ONE-TME BUYER
РАЗОВЫЙ ПОКУПАТЕЛЬ
ONE-TIME RATE
РАЗОВАЯ СТАВКА

ON-LINE
ПОДКЛЮЧЁННЫЙ; ИНТЕРАКТИВНЫЙ, ДИАЛОГОВЫЙ
ON-LINE DATA BASE
ИНТЕРАКТИВНАЯ БАЗА ДАННЫХ
ON ORDER
ЗАКАЗАННЫЙ, НО ЕЩЁ НЕ ПОЛУЧЕННЫЙ ТОВАР
ON-SALE DATE
ДАТУ ДОСТАВКИ НОВЫХ ПЕЧАТНЫХ ИЗДАНИЙ В ГАЗЕТНЫЙ КИОСК
ON SPECULATION (ON SPEC)
РАБОТА, ВЫПОЛНЕННАЯ БЕЗ ЗАКАЗА И КОТОРАЯ БУДЕТ ОПЛАЧЕНА
ТОЛЬКО ЕСЛИ КЛИЕНТ ЕЙ ВОСПОЛЬЗУЕТСЯ
ON-THE-JOB TRAINING (OJT)
ОБУЧЕНИЕ БЕЗ ОТРЫВА ОТ ПРОИЗВОДСТВА
OPEN
ОТКРЫВАТЬ; ОТКРЫТЫЙ
OPEN ACCOUNT
ОТКРЫТЫЙ СЧЕТ
OPEN BID
ТЕНДЕРНАЯ ЗАЯВКА С ОТКРЫТОЙ К ПОНИЖЕНИЮ ЦЕНОЙ ПРОЕКТА
OPEN DATING
УКАЗАНИЕ СРОКА ХРАНЕНИЯ НА ПРОДУКТАХ ПИТАНИЯ
OPEN DISTRIBUTION
ПРОДАЖА ОДИНАКОВОГО ТОВАРА НА ОДНОЙ ТЕРРИТОРИИ
РАЗНЫМИ ПРОДАВЦАМИ
OPEN-DOOR POLICY
ПОЛИТИКА ОТКРЫТЫХ ДВЕРЕЙ
OPEN ECONOMY
ОТКРЫТАЯ ЭКОНОМИКА
OPEN-ENDED
ОТКРЫТОГО ТИПА
OPEN-END LEASE
ОТКРЫТАЯ АРЕНДА , С ДОПОЛНИТЕЛЬНОЙ ПОСЛЕДНЕЙ ВЫПЛАТОЙ,
ПОКРЫВАЮЩЕЙ ВОЗМОЖНЫЙ УЩЕРБ, НАНЕСЁННЫЙ
СОБСТВЕННОСТИ
OPEN-END MANAGEMENT COMPANY
УПРАВЛЕНЧЕСКАЯ КОМПАНИЯ ОТКРЫТОГО ТИПА
OPEN-END MORTGAGE
ОТКРЫТАЯ ИПОТЕКА , С ВОЗМОЖНОСТЬЮ УВЕЛИЧЕНИЯ СУММЫ
ЗАЙМА
OPEN HOUSE
ДЕНЬ ОТКРЫТЫХ ДВЕРЕЙ
OPEN HOUSING
ВОЗМОЖНОСТЬ ПОКУПКИ ИЛИ СНЯТИЯ В АРЕНДУ ЖИЛЬЯ ЛИЦАМИ
ЛЮБОЙ РАССЫ ИЛИ РЕЛИГИИ БЕЗ ДИСКРИМИНАЦИИ
OPENING
ЦЕНА ЦЕННЫХ БУМАГ НА НАЧПЛО ДНЯ ТОРГОВ;
ПРЕДСТАВЛЯЮЩАЯСЯ ВОЗМОЖНОСТЬ
OPEN INTEREST
ОБЩАЯ СУММА НЕРЕАЛИЗОВАННЫХ КОНТРАКТОВ НА БИРЖЕ
OPEN LISTING
ОТКРЫТАЯ КОТИРОВКА
OPEN-MARKET RATES
ПРОЦЕНТНЫЕ СТАВКИ СВОБОДНО ОБРАЩАЮЩИХСЯ НА РЫНКЕ
ЦЕННЫХ БУМАГ

OPEN MORTGAGE
ИПОТЕКА, СРОЧНАЯ К ПОГАШЕНИЮ ИЛИ ПРОСРОЧЕННАЯ
OPEN ORDER
НЕВЫПОЛНЕННЫЙ ПРИКАЗ К ПОКУПКЕ ИЛИ ПРОДАЖЕ НА БИРЖЕ
OPEN OUTCRY
СВОБОДНЫЙ БИРЖЕВОЙ ТОРГ (голосом, без аукционера)
OPEN SHOP
ПРЕДПРИЯТИЕ, НАНИМАЮЩЕЕ КАК ЧЛЕНОВ, ТАК И НЕ ЧЛЕНОВ
ПРОФСОЮЗА
OPEN SPACE
ОТКРЫТОЕ ПРОСТРАНСТВО, ОСТАВЛЕННОЕ НЕЗАСТРОЕННЫМ ДЛЯ
ОБЩЕГО ПОЛЬЗОВАНИЯ
OPEN STOCK
ОТКРЫТЫЙ К ПОКУПКЕ ТОВАРНЫЙ ЗАПАС
OPEN-TO-BUY
ОТКРЫТЫЙ МЕТОД ЗАКУПКИ ТОВАРНЫХ ЗАПАСОВ РОЗНИЧНЫМ
ПРОДАВЦОМ
OPEN UNION
ПРОФСОЮЗ БЕЗ ОГРАНИЧЕНИЯ ЧЛЕНСТВА
OPERAND
ОПЕРАНД
OPERATING CYCLE
РАБОчИЙ, ОПЕРАЦИОННЫЙ ЦИКЛ
OPERATING EXPENSE
ЭКСПЛУАТАЦИОННЫЕ РАСХОДЫ
OPERATING LEASE
ЭКСПЛУАТАЦИОННАЯ АРЕНДА БЕЗ ОБСЛУЖИВАНИЯ
ОБОРУДОВАНИЯ
OPERATING PROFIT (LOSS)
ОПЕРАЦИОННАЯ ПРИБЫЛЬ (УБЫТОК)
OPERATING RATIO
ОПЕРАЦИОННЫЙ КОЭФФИЦИЕНТ, СООТНОШЕНИЕ ДОХОДОВ К
ЗАТРАТАМ
OPERATING SYSTEM
ОПЕРАЦИОННАЯ СИСТЕМА
OPERATIONAL AUDIT
АНАЛИЗ ПРОИЗВОДСТВЕННОГО ПРОЦЕССА ДЛЯ ЕГО УЛУЧШЕНИЯ
OPERATIONAL CONTROL
ОПЕРАТИВНЫЙ КОНТРОЛЬ, УПРАВЛЕНИЕ
OPERATION MODE
ОПЕРАЦИОННЫЙ РЕЖИМ
OPERATIONS RESEARCH (OR)
РАЗРАБОТКА МАТЕМАТИЧЕСКИХ МОДЕЛЕЙ ПОСТОРЯЮЩИХСЯ
ОПЕРАЦИЙ
OPERATOR
ОПЕРАТОР
OPINION
МНЕНИЕ; ТОЧКА ЗРЕНИЯ; ЗАКЛЮЧЕНИЕ АДВОКАТА
OPINION LEADER
ЛИЦО, ОКАЗЫВАЮЩЕЕ СИЛЬНОЕ ВЛИЯНИЕ НА МНЕНИЕ ДРУГИХ
OPINION OF TITLE
ЗАКЛЮЧЕНИЕ АДВОКАТА О ПРАВОВОМ ТИТУЛ
OPPORTUNITY COST
АЛЬТЕРНАТИВНЫЕ ИЗДЕРЖКИ

OPTICAL CARACHTER RECOGNITION (OCR)
ОПТИЧЕСКОЕ РАСПОЗНАВАНИЕ ЗНАКОВ
OPTICAL FIBER
ОПТИЧЕСКОЕ ВОЛОКНО
OPTIMUM CAPACITY
ОПТИМАЛЬНАu МОЩНОСТЬ, ЗАГРУЗКА
OPTION
ОПЦИОН; ВАРИАНТ ВЫБОРА
OPTIONAL MODES OF SETTLEMENT
ВАРИАНТЫ УЛАЖИВАНИЯ, ДОСТИЖЕНИЯ ДОГОВОРЕННОСТИ
OPTION HOLDER
ДЕРЖАТЕЛЬ ОПЦИОНА
ORAL CONTRACT
УСТНАЯ ДОГОВОРЕННОСТЬ
ORANGE GOODS
ТОВАРЫ СРЕДНЕГО СРОКА ПОЛЬЗОВАНИЯ (НАПР. ОДЕЖДА)
OR BETTER
«ИЛИ ЛУЧШЕ» (оговорка в документе)
ORDER
ЗАКАЗ; ПРИКАЗ; ПОРЯДОК; ПОСЛЕДОВАТЕЛЬНОСТЬ
ORDER BILL OF LANDING
ОРДЕРНЫЙ КОНОСАМЕНТ
ORDER CARD
БЛАНК ЗАКАЗА, ОТПЕЧАТАННАЯ НА ОТКРЫТКЕ ДЛЯ ОТВЕТА НА
ПРЕДЛОЖЕНИЕ ТОВАРА, УСЛУГИ
ORDER ENTRY
ВЗЯТИЕ, ОФОРМЛЕНИЕ ЗАКАЗА ПОТРЕБИТЕЛЯ
ORDER FLOW PATTERN
ТЕНДЕНЦИЯ ПОСТУПЛЕНИЯ ЗАКАЗА
ORDER FORM
БЛАНК ЗАКАЗА
ORDER NUMBER
НОМЕР ЗАКАЗА
ORDER PAPER
ДОКУМЕНТ ЗАКАЗА, ПРИКАЗА
ORDER-POINT SYSTEM
СИСТЕМА АВТОМАТИЧЕСКОГО ПОПОЛНЕНИЯ МАТЕРИАЛЬНЫХ
ЗАПАСОВ, КОГДА ОНИ ДОСТИГАЮТ ОПРЕДЕЛЁННОГО УРОВНЯ
ORDER REGULATION
РЕГУЛИРОВАНИЕ ЗАКАЗОВ, ПРИКАЗОВ
ORDINAL SCALE
ПОРЯДКОВАЯ ШКАЛА
ORDINANCE
УКАЗ; ДЕКРЕТ
ORDINARY AND NECESSARY BUSINESS EXPENSE
«ОБЫЧНЫЕ И НЕОБХОДИМЫЕ ДЕЛОВЫЕ РАСХОДЫ»
ORDINARY ANNUITY
ОБЫЧНЫЙ АННУИТЕТ
ORDINARY COURSE OF BUSINESS
«В ОБЫЧНОМ ПОРЯДКЕ ДЕЛ»
ORDINARY GAIN OR ORDINARY INCOME
ОБЫЧНАЯ ПРИБЫЛЬ или ОБЫЧНЫЙ ДОХОД
ORDINARY INTEREST
ОБЫЧНЫЙ ПРОЦЕНТ (рассчитанный на основе года в 360 дней)

ORDINARY LOSS
ОБЫЧНЫЙ УБЫТОК
ORDINARY PAYROLL EXCLUSION ENDORSEMENT
УТВЕРЖДЕНИЕ ИСКЛЮЧЕНИЯ ИЗ ОБЫЧНОГО ФОНДА ЗАРАБОТНОЙ
ПЛАТЫ
ORGANIZATION
ОРГАНИЗАЦИЯ
ORGANIZATIONAL BEHAVIOR
ОРГАНИЗАЦИОННОЕ ПОВЕДЕНИЕ
ORGANIZATIONAL CHART
ОРГАНИЗАЦИОННАЯ СХЕМА
ORGANIZATION COST
РАСХОДЫ НА СОЗДАНИЕ ПРЕДПРИЯТИЯ
ORGANIZATION DEVELOPMENT
ОРГАНИЗАЦИОННОЕ РАЗВИТИЕ
ORGANIZATION PLANNING
ОРГАНИЗАЦИОННОЕ ПЛАНИРОВАНИЕ
ORGANIZATION STRUCTURE
ОРГАНИЗАЦИОННАЯ СТРУКТУРА
ORGANIZED LABOR
ТРУДОВАЯ СИЛА, ОРГАНИЗОВАННАЯ В ПРОФСОЮЗЫ
ORIENTATION
ОРИЕНТАЦИЯ
ORIGINAL COST
ИСХОДНАЯ СТОИМОСТЬ
ORIGINAL ENTRY
ИСХОДНАЯ ПОЗИЦИЯ
ORIGINAL ISSUE DISCOUNT (OID)
СКИДКА С НОМИНАЛЬНОЙ ЦЕНЫ (ценной бумаги в момент выпуска)
ORIGINAL MATURITY
ПЕРВОНАЧАЛЬНЫЙ СРОК ПОГАШЕНИЯ ЦЕННОЙ БУМАГИ
ORIGINAL ORDER
ИСХОДНЫЙ, ПЕРВОНАЧАЛЬНЫЙ ЗАКАЗ (ПРИКАЗ)
ORIGINATION FEE
ПЛАТА БАНКУ ВО ВРЕМЯ ИНИЦИАЦИИ КРЕДИТА
ORIGINATOR
ИНИЦИАТОР ОПЕРАЦИЙ
OTHER INCOME
ПРОЧИЕ ДОХОДЫ (не от обычных операций)
OTHER INSURANCE CLAUSE
ОГОВОРКА О СУЩЕСТВОВАНИИ ПАРАЛЛЕЛЬНОГО
СТРАХОВАНИЯ
OTHER PEOPLE'S MONEY
ЗАЕМНЫЕ СРЕДСТВА
OUTBID
ВЫИГРАТЬ ТЕНДЕР
OUTCRY MARKET
РЫНОК ТОРГОВЛИ БЕЗ АУКЦИОНЕРА (бирж.)
OUT OF THE MONEY
ОПЦИОН С ЦЕНОЙ ИСПОЛНЕНИЯ НИЖЕ ТЕКУЩЕЙ ЦЕНЫ В СЛУЧАЕ
ОПЦИОНА НА ПРОДАЖУ И ВЫШЕ ТЕКУЩЕЙ ЦЕНЫ В СЛУЧАЕ
ОПЦИОНА НА ПОКУПКУ
OUTLET STORE
ФИРМЕННЫЙ МАГАЗИН РОЗНИЧНОЙ ТОРГОВЛИ

OUTSIDE DIRECTOR
ПРИГЛАШЕННЫЙ ДИРЕКТОР
OUTSOURCING
ПЕРЕДАЧА РАБОТЫ ТРЕТЬИМ ЛИЦАМ
OUTSTANDING
НЕОПЛАЧЕННЫЙ; НЕ ПРЕДЪЯВЛЕННЫЙ К ПЛАТЕЖУ; В ОБРАЩЕНИИ;
ВЫДАЮЩИЙСЯ
OUTSTANDING BALANCE
ТЕКУЩАЯ ЗАДОЛЖЕННОСТЬ
OUTSTANDING CAPITAL STOCK
АКЦИИ В ОБРАЩЕНИИ
OVERAGE
ИЗБЫТОК; ИЗЛИШЕК
OVERALL EXPENSES METHOD
МЕТОД АНАЛИЗА ПО ОБЩИМ РАСХОДАМ
OVERALL RATE OF RETURN
ОБЩИЙ УРОВЕНЬ ДОХОДНОСТИ
OVER-AND-SHORT
«СВЕРХ ИЛИ В НЕДОСТАЧЕ», РАЗНИЦА МЕЖДУ
ЗАРЕГИСТРИРОВАННЫМИ ЦИФРАМИ ПРОДАЖ И РЕЗУЛЬТАТАМИ
АУДИТА
OVERBOOKED
ПОДПИСКА СВЕРХ ПРЕДЛАГАЕМОЙ СУММЫ (бирж.); ПРОДАЖА (мест
или билетов) СВЕРХ ВОЗМОЖНОСТИ
OVERBOUGHT
ХАРАКТЕРИЗУЮЩИЙСЯ ЧРЕЗМЕРНО ВЫСОКИМ КУРСОМ
OVERCHARGE
ЗАВЫШЕННАЯ ЦЕНА
OVERFLOW
ПЕРЕПОЛНЕНИЕ
OVERHANG
ЗНАЧИТЕЛЬНЫЙ ЗАПАС ЦЕННЫХ БУМАГ, КОТОРЫЙОКАЖЕТ
ЦЕНОВОЕ ДАВЛЕНИЕ В СЛУЧАЕ ПОСТУПЛЕНИЯ НА
РЫНОК
OVERHEAD
НАКЛАДНЫЕ РАСХОДЫ
OVERHEATING
ЧРЕЗМЕРНОЕ УСКОРЕНИЕ ЭКОНОМИЧЕСКОГО РАЗВИТИЯ
OVERIMPROVEMENT
ИЗЛИШНЕЕ УЛУЧШЕНИЕ
OVERISSUE
ВЫПУСК АКЦИЙ СВЕРХ УСТАВНОЙ СУММЫ
OVERKILL
ПЕРЕСТАРАТЬСЯ
OVERPAYMENT
ПЕРЕПЛАТА
OVERPRODUCTION
ПЕРЕПРОИЗВОДСТВО
OVERRIDE
ОТМЕНЯТЬ,   ДАТЬ КОМАНДУ БОЛЕЕ ВЫСОКОГО УРОВНЯ
OVERRUN
ПЕРЕПРОИЗВОДСТВО
OVER (SHORT)
ПРЕВЫШЕНИЕ (НЕДОСТАТОК)

OVER THE COUNTER (OTC)
ВНЕБИРЖЕВОЙ РЫНОК ЦЕННЫХ БУМАГ; ПРОДАЖА ЛЕКАРСТВ БЕЗ рецепта)
OVER-THE-COUNTER RETAILING
ОТКРЫТАЯ РОЗНИЧНАЯ ПРОДАЖА (без ограничений)
OVERTIME
СВЕРХУРОЧНОЕ ВРЕМЯ
OVERTRADING
ИЗБЫТОЧНАЯ, ЧРЕЗМЕРНАЯ ТОРГОВЛЯ
OVERVALUED
ПЕРЕОЦЕНЕННЫЙ (ОЦЕНЕННЫЙ ВЫШЕ СТОИМОСТИ)
OVERWRITE
ЗАТИРАТЬ, ЗАПИСЫВАТЬ ДАННЫЕ В ОБЛАСТЬ НОСИТЕЛЯ, ЗАНЯТУЮ ДРУГИМИ ДАННЫМИ
OWNER-OPERATOR
ВЛАДЕЛЕЦ – ИСПОЛНИТЕЛЬ
OWNERSHIP
ВЛАДЕНИЕ СОБСТВЕННОСТЬЮ
OWNERSHIP FORM
ФОРМА СОБСТВЕННОСТИ

P

PACESETTER
ЛИЦО, ТОВАР И Т. П., ЗАДАЮЩИЕ РИТМ
PACKAGE
ПАКЕТ; УПАКОВКА; КОМПЛЕКТ
PACKAGE BAND
ДОПОЛНИТЕЛЬНЫЙ ОБОДОК НА УПАКОВКЕ, СОДЕРЖАЩИЙ
РЕКЛАМУ, ОБЬЯВЛЕНИЯ И Т. П.
PACKAGE CODE
СИСТЕМА ИДЕНТИФИКАЦИИ КАЖДОЙ ПОСЫЛКИ ПРИ ТОРГОВЛЕ
ПОЧТОЙ
PACKAGE DESIGN
КОНСТРУКЦИЯ УПАКОВКИ
PACKAGED GOODS
РАСФАСОВАННЫЕ ТОВАРЫ
PACKAGE MORTGAGE
КОМБИНИРОВАННАЯ ИПОТЕКА
PACKING LIST
УПАКОВОЧНЫЙ ЛИСТ
PADDING
ПОДСТИЛКА; РАЗДУВАНИЕ
PAGE BREAK
РАЗДЕЛИТЕЛЬ СТРАНИЦЫ
PAGE DOWN
КЛАВИША «СТРАНИЦА ВНИЗ»
PAGE FORMAT
ФОРМАТ СТРАНИЦЫ
PAGE UP
КЛАВИША «СТРАНИЦА ВВЕРХ»
PAGINATION
РАЗДЕЛЕНИЕ ДОКУМЕНТА НА СТРАНИЦЫ
PAID IN ADVANCE
ПРЕДОПЛАТА
PAID-IN CAPITAL
ОПЛАЧЕННАЯ ЧАСТЬ КАПИТАЛА
PAID-IN SURPLUS
ОПЛАЧЕННЫЙ ИЗЛИШЕК КАПИТАЛА
PAID STATUS
ОПЛАЧЕННЫЙ ЗАКАЗ
PAINTBRUSH
ПРОГРАММА РИСОВАНИЯ
PAINTING THE TAPE
НЕЛЕГАЛЬНАЯ ПРАКТИКА КУПЛИ-ПРОДАЖИ ЦЕННЫХ БУМАГ С
ЦЕЛЬЮ СОЗДАНИЯ ВИДИМОСТИ АКТИВНОЙ ТОРГОВЛИ И
ПРИВЛЕЧЕНИЯ ИНВЕСТИТОРОВ
PALMTOP
РУЧНОЕ ЭВМ

PAPER
БУМАГА; ДОКУМЕНТ
PAPER GOLD
СЕРТИФИКАТ ОБМЕНЫ НА ЗОЛОТО
PAPER JAM
ЗАМЯТИЕ БУМАГИ В ПЕЧАТАЮЩЕМ УСТРОЙСТВЕ
PAPER MONEY
БУМАЖНЫЕ ДЕНЬГИ
PAPER PROFIT (LOSS)
БУМАЖНАЯ (НЕРЕАЛИЗОВАННАЯ) ПРИБЫЛЬ (УБЫТОК)
PAR
ПАРИТЕТ; НОМИНАЛЬНАЯ СТОИМОСТЬ
PARALEGAL
РАБОТНИК ЮРИДИЧЕСКОЙ ФИРМЫ, НЕ ЯВЛЯЮЩИЙСЯ
ПРОФЕССИОНАЛЬНЫМ ЮРИСТОМ И ВЫПОЛНЯЮЩИЙ
ВСПОМОГАТЕЛЬНЫЕ ФУНКЦИИ
PARALLEL CONNECTION
ПАРАЛЛЕЛЬНАЯ СВЯЗЬ
PARALLEL PROCESSING
ПАРАЛЛЕЛЬНАЯ ОБРАБОТКА
PARAMETER
ПАРАМЕТР
PAR BOND
ОБЛИГАЦИЯ, ВЫПУСКАЕМАЯ ИЛИ ПРОДАВАЕМАЯ ПО
НОМИНАЛЬНОЙ СТОИМОСТИ
PARCEL
БЛОК АКЦИЙ; ЗЕМЕЛЬНЫЙ НАДЕЛ; ПАКЕТ
PARENT COMPANY
МАТЕРИНСКАЯ КОМПАНИЯ
PARITY
ПАРИТЕТ; РАВЕНСТВО; ПАРНОСТЬ
PARITY CHECK
КОНТРОЛЬ ПАРНОСТИ
PARITY PRICE
ПАРИТЕТНАu ЦЕНА
PARKING
ВРЕМЕННОЕ ПОМЕЩЕНИЕ СРЕДСТВ; АВТОСТОЯНКА; ВЫЖИДАНИЕ
PARLIAMENT PROCEDURE
ПАРЛАМЕНТСКАЯ ПРОЦЕДУРА
PARTIAL DELIVERY
ЧАСТИЧНАЯ ПОСТАВКА
PARTIAL-EQUILIBRIUM ANALYSIS
АНАЛИЗ ЧАСТИЧНОГО РАВНОВЕСИЯ
PARTIAL RELEASE
ЧАСТИЧНЫЙ ВЫПУСК
PARTIAL TAKING
IIРИОБРЕТЕНИЕ ЧАСТИ СОБСТВЕННОСТИ
PARTICIPATING INSURANCE
СТРАХОВАНИЕ С ВЫПЛАТОЙ ДИВИДЕНДОВ
PARTICIPATING POLICY
СТРАХОВОЙ ПОЛИС С ВЫПЛАТОЙ ДИВИДЕНДОВ
PARTICIPATING PREFERRED STOCK
ПРИВИЛЕГИРОВАННЫЕ АКЦИИ, ДАЮЩИЕ ПРАВО НА
ДОПОЛНИТЕЛЬНЫЙ ДИВИДЕНД УЧАСТИЯ

PARTICIPATION CERTIFICATE
СЕРТИФИКАТ УЧАСТИЯ
PARTICIPATION LOAN
СОВМЕСТНАЯ ССУДА (НЕСКОЛЬКИХ БАНКОВ ОДНОМУ ЗАЁМЩИКУ)
PARTICIPATIVE BUDGETING
УЧАСТИЕ КЛЮЧЕВЫХ РАБОТНИКОВ КОМПАНИИ В ПЛАНИРОВАНИИ
ЕЁ БЮДЖЕТА
PARTICIPATIVE LEADERSHIP
ПООЩРЕНИЕ УЧАСТИЯ РЯДОВЫХ РАБОТНИКОВ В ПРИНЯТИИ
РЕШЕНИЙ
PARTITION
РАЗДЕЛЯТЬ; ВЫДЕЛЯТЬ; РАЗДЕЛЕНИЕ; ВЫДЕЛЕНИЕ; ПЕРЕГОРОДКА
PARTNER
ПАРТНЕР
PARTNERSHIP
ТОВАРИЩЕСТВО; ПАРТНЕРСТВО
PART-TIME
НА ПОЛ СТАВКИ
PAR VALUE
ПАРИТЕТ, НОМИНАЛ, НОМИНАЛЬНАЯ ВЕЛИЧИНА
PASSED DIVIDEND
ПРОПУЩЕННЫЙ ДИВИДЕНД
PASSENGER MILE
ПАССАЖИРО – МИЛЯ
PASSIVE ACTIVITIES
ПАССИВНЫЕ ОПЕРАЦИИ
PASSIVE INCOME (LOSS)
ПАССИВНЫЙ ДОХОД (УБЫТОК)
PASSIVE INVESTOR
ПАССИВНЫЙ ИНВЕСТОР
PASSPORT
ПАСПОРТ
PASS-THROUGH SECURITY
ЦЕННЫЕ БУМАГИ , ПОЛУЧАЮЩИЕ ДОХОД ОТ ДРУГИХ КРЕДИТНО-
ФИНАНСОВЫХ ИНСТРУМЕНТОВ
PASSWORD
ПАРОЛЬ
PASTE
ПРИКЛЕИВАТЬ
PAST SERVICE BENEFIT
ЛЬГОТЫ ЗА ПРЕДШЕСТВОВАВШУЮ
СЛУЖБУ
PATENT
ПАТЕНТ; ПАТЕНТОВАТЬ
PATENT INFRINGEMENT
НАРУШЕНИЕ ПАТЕНТНЫХ ПРАВ
PATENT MONOPOLY
ПАТЕНТНАЯ МОНОПОЛИЯ
PATENT OF INVENTION
ПАТЕНТ НА ИЗОБРЕТЕНИЕ
PATENT PENDING
ЗАЯВКА НА ПАТЕНТ ПОДАНА
PATENT WARFARE
«ПАТЕНТНАЯ ВОЙНА»

PATERNALISM
ПОКРОВИТЕЛЬСТВО. ПАТЕРНАЛИЗМ
PATH
МАРШРУТ
PATRONAGE DIVIDEND AND REBATE
ДИВИДЕНД (ПРЕМИЯ) И СКИДКА ОПТОВИКА РОЗНИЧНОМУ
ПРОДАВЦУ
PAUPER
НИЩИЙ; НЕСОСТОЯТЕЛЬНЫЙ ДОЛЖНИК
PAY
ЗАПЛАТИТЬ, ОПЛАТИТЬ; ОПЛАТА
PAYABLES
ДЕБЕТ; СЧЕТА К ОПЛАТЕ
PAY AS YOU GO
ВЫПЛАТА ПЕНСИЙ ИЗ ТЕКУЩИХ ДОХОДОВ
PAYBACK PERIOD
СРОК ПОГАШЕНИЯ
PAYCHECK
ЗАРПЛАТА, ВЫДАВАЕМАЯ ЧЕКОМ
PAYDAY
ДЕНЬ ЗАРАБОТНОЙ ПЛАТЫ
PAYEE
ПОЛУЧАТЕЛЬ ПЛАТЕЖА
PAYER
ПЛАТЕЛЬЩИК
PAYING AGENT
ПЛАТЕЖНЫЙ АГЕНТ
PAYLOAD
ПОЛЕЗНЫЙ ГРУЗ; КОММЕРЧЕСКАЯ НАГРУЗКА; ОПЛАЧИВАЕМЫЙ
ГРУЗ
PAYMENT BOND
ОБЯЗАТЕЛЬСТВО ОПЛАТЫ
PAYMENT DATE
ДАТА ПЛАТЕЖА
PAYMENT IN DUE COURSE
ОПЛАТА В НАДЛЕЖАЩЕЕ ВРЕМЯ
PAYMENT METHOD
СПОСОБ ОПЛАТЫ, РАСЧЕТОВ
PAYOLA
СРЫТАЯ ИЛИ КОСВЕННАЯ ОПЛАТА (за услугу)
PAYOUT
ПРИБЫЛЬ ОТ ИНВЕСТИЦИЙ, РАВНАЯ ПЕРВОНАЧАЛЬНОМУ
ВЛОЖЕНИЮ
PAYOUT RATIO
КОЭФФИЦИЕНТ ВЫПЛАТЫ ПРИБЫЛИ В ФОРМЕ
ДИВИДЕНДОВ
PAY PERIOD
СРОК ОПЛАТЫ
PAYROLL
ВЕДОМОСТЬ НАЧИСЛЕНИЯ ЗАРАБОТНОЙ ПЛАТЫ
PAYROLL DEDUCTION
СПИСАНИЕ ФОНДА ЗАРАБОТНОЙ ПЛАТЫ
PAYROLL SAVINGS PLAN
ПРОГРАММА СБЕРЕЖЕНИЙ ИЗ ЗАРАБОТНОЙ ПЛАТЫ

PAYROLL TAX
НАЛОГ НА ЗАРАБОТНУЮ ПЛАТУ
PEAK
ПИК; ВЫСШАЯ ТОЧКА
PEAK PERIOD
ПИКОВЫЙ ПЕРИОД; ПЕРИОД НАИБОЛЬШЕГО СПРОСА
PECULATION
НЕЗАКОННОЕ РАСПОРЯЖЕНИЕ ЧУЖОЙ СОБСТВЕННОСТЬЮ
PECUNIARY
ДЕНЕЖНЫЙ; ФИНАНСОВЫЙ
PEG
ФИКСАЦИЯ ЦЕНЫ НА ОПРЕДЕЛЁННОМ УРОВНЕ
PENALTY
НАКАЗАНИЕ; ШТРАФ
PENNY STOCK
«КОПЕЕЧНАЯ» АКЦИЯ (с рыночной ценой менее 1 долл.)
PENSION FUND
ПЕНСИОННЫЙ ФОНД
PEON
ПЕОН; РАБ
PEOPLE INTENSIVE
ТРУДОЕМКИЙ
PER CAPITA
НА ДУШУ НАСЕЛЕНИЯ
PER-CAPITA DEBT
ЗАДОЛЖЕННОСТЬ НА ДУШУ НАСЕЛЕНИЯ
PERCENTAGE LEASE
АРЕНДА С ОПЛАТОЙ НА ОСНОВЕ ПРОЦЕНТОВ ОТ ДОХОДА или
ВЫРУЧКИ
PERCENTAGE-OF-COMPLETION METHOD
МЕТОДИКА УЧЕТА ИСХОДЯ ИЗ ПРОЦЕНТА ВЫПОЛНЕНИЯ
PERCENTAGE-OF-SALES METHOD
МЕТОДИКА УЧЕТА ИСХОДЯ ОТ ПРОЦЕНТА СБЫТА
PERCENT, PERCENTAGE
ПРОЦЕНТ, ПРОЦЕНТНОЕ СООТНОШЕНИЕ
PERCOLATION TEST
ИСПЫТАНИЕ ФИЛЬТРАЦИОННОЙ СПОСОБНОСТИ
(ПОЧВЫ)
PER DIEM
СУТОЧНЫЕ
PERFECT COMPETITION
СОВЕРШЕННАЯ КОНКУРЕНЦИЯ
PERFECT (PURE) MONOPOLY
СОВЕРШЕННАЯ (ЧИСТАЯ) МОНОПОЛИЯ
PERFECTED
УСОВЕРШЕНСТВОВАННЫЙ
PERFORMANCE
ПОКАЗАТЕЛИ РАБОТЫ, ИСПОЛНЕНИЯ; ЭКСПЛУАТАЦИОННЫЕ
КАЧЕСТВА
PERFORMANCE BOND
ГАРАНТИЯ КАЧЕСТВА ИСПОЛНЕНИЯ
PERFORMANCE FUND
СОВМЕСТНЫЙ ФОНД, СОЗДАННЫЙ ДЛЯ ПРИРОСТ КАПИТАЛА (А НЕ
ВЫПЛАТЫ ДИВИДЕНДОВ)

PERFORMANCE STOCK
АКЦИИ СБЫСТРО РАСТУЩЕЙ ЦЕНОЙ
PERIPHERAL DEVICE
ПЕРЕФИРИЙНОЕ УСТРОЙСТВО
PERIOD
СРОК
PERIOD EXPENSE, PERIOD COST
ПЕРИОДИЧЕСКИЕ ЗАТРАТЫ, РАСХОДЫ
PERIODIC INVENTORY METHOD
МЕТОДИКА ПЕРИОДИЧЕСКОГО УЧЕТА МАТЕРИАЛЬНЫХ ЗАПАСОВ
PERISHABLE
СКОРОПОРТЯЩИЙСЯ
PERJURY
ЛЖЕСВИДЕТЕЛЬСТВО ВО ВРЕМЕНИ
PERMANENT DIFFERENCE
ПОСТОЯННАЯ РАЗНИЦА
PERMANENT FINANCING
ПОСТОЯННОЕ (ДОЛГОСРОЧНОЕ) ФИНАНСИРОВАНИЕ
PERMIT
РАЗРЕШИТЬ; РАЗРЕШЕНИЕ
PERMIT BOND
ОБЯЗАТЕЛЬСТВО ВЫПОЛНЕНИЯ ОПЕРАЦИЙ, НА КОТОРЫЕ ВЫДАНО
РАЗРЕШЕНИЕ
PERMUTATIONS
ПЕРЕСТАНОВКИ
PERPETUAL INVENTORY
СИСТЕМА НЕПРЕРЫВНОГО УЧЕТА (ИНВЕНТАРИЗАЦИИ)
ЗАПАСОВ
PERPETUITY
БЕССРОЧНОЕ ВЛАДЕНИЕ; ПОЖИЗНЕННАЯ РЕНТА
PERQUISITE (PERK)
ДОПОЛНИТЕЛЬНАЯ ЛЬГОТА, ПРИВИЛЕГИЯ, ВЫПЛАТА
PERSON
ЛИЦО
PERSONAL DATA SHEET
ЛИЧНАЯ УЧЕТНАЯ КАРТОЧКА
PERSONAL DIGITAL ASSISTANT (PDA)
ЭЛЕКТРОННЫЙ ОРГАНАЙЗЕР
PERSONAL FINANCIAL STATEMENT
ПЕРСОНАЛЬНЫЙ ФИНАНСОВЫЙ ОТЧЕТ
PERSONAL HOLDING COMPANY (PHC)
ЛИЧНЫЙ ХОЛДИНГ, Т. Е. КОРПОРАЦИЯ, КОТОРАЯ ПОЛУЧАЕТ БОЛЕЕ
60 % ПРИБЫЛИ ОТ ДИВИДЕНДОВ, ПРОЦЕНТОВ И Т. П. И 50 % АКЦИЙ
КОТОРОЙ ВЛАДЕЮТ 5 ИЛИ МЕНЕЕ ЛИЦ
PERSONAL INCOME
ЛИЧНЫЙ ДОХОД
PERSONAL INFLUENCE
ЛИЧНОЕ ВЛИЯНИЕ
PERSONAL INJURY
ТРАВМА; ЛИЧНЫЙ УЩЕРБ
PERSONAL LIABILITY
ЛИЧНАЯ ОТВЕТСТВЕННОСТЬ
PERSONAL PROPERTY
ЛИЧНАЯ СОБСТВЕННОСТЬ

PERSONAL PROPERTY FLOATER
СТРАХОВОЕ ПОКРЫТИЕ ВСЕЙ ЛИЧНОЙ СОБСТВЕННОСТИ,
НЕЗАВИСИМО ОТ ЕЁ НАХОЖДЕНИЯ
PERSONAL SELLING
ЛИЧНАЯ ПРОДАЖА
PERSONNEL
ПЕРСОНАЛ; ШТАТ; КАДРЫ
PERSONNEL DEPARTMENT
ОТДЕЛ КАДРОВ
PETITION
ПЕТИЦИЯ; ПРОШЕНИЕ; ХОДАТАЙСТВО
PETTY CASH FUND
ФОНД МЕЛКОЙ НАЛИЧНОСТИ
PHILLIP'S CURVE
КРИВАЯ ФИЛЛИПСА (взаимодействия инфляции и безработицы)
PHYSICAL COMMODITY
МАТЕРИАЛЬНЫЙ (ФИЗИЧЕСКИЙ) ТОВАР, ИМУЩЕСТВО
PHYSICAL DEPRECIATION
ФИЗИЧЕСКАЯ АМОРТИЗАЦИЯ
PHYSICAL EXAMINATION
МЕДИЦИНСКИЙ ОСМОТР
PHYSICAL INVENTORY
ФАКТИЧЕСКИЕ МАТЕРИАЛЬНЫЕ ЗАПАСЫ
PICKETING
ПИКЕТИРОВАНИЕ
PIECE RATE
ПОШТУЧНАЯ СТАВКА ПОЧТОВЫХ УСЛУГ
PIECE WORK
СДЕЛЬНАЯ РАБОТА
PIE CHART/GRAPH
СЕКТОРНАЯ ДИАГРАММА
PIER TO HOUSE
ОТ ПРИЧАЛА ДО ПРЕДПРИЯТИЯ
PIGGYBACK LOAN
КОМБИНИРОВАНИЕ СТРОИТЕЛЬНОЙ И ОБЫЧНОЙ ССУДЫ;
ЗАЙМ, КОТОРЫЙ НАХОДЯТСЯ В РУКАХ НЕСКОЛЬКИХ
СУБОРДИНИРОВАННЫХ КРЕДИТОРОВ
PILOT PLAN
ПРЕДВАРИТЕЛЬНЫЙ ПЛАН
PIN MONEY
«ДЕНЬГИ НА КАРМАННЫЕ РАСХОДЫ» (МЕЛКИЕ ВЫПЛАТЫ)
PIPELINE
В СТАДИИ РАЗРАБОТКИКОНВЕЕРНАЯ ОБРАБОТКА (ПРОГР.)
PITCH
ШАГ, ЧИСЛО ЗНАКОВ, ПЕЧАТАЕМЫХ ИЛИ
ПЕРФОРИРУЕМЫХ НА ЕДИНИЦУ ДЛИНЫ
PIXEL/PICTURE LEMENT
ПИКСЕЛ, ЭЛЕМЕНТ ИЗОБРАЖЕНИЯ
PIXEL IMAGE
ИЗОБРАЖЕНИЕ, РАЗЛОЖЕННОЕ НА ЭЛЕМЕНТЫ
PLACEMENT TEST
ТЕСТ ДЛЯ ПОДБОРКИ НАИБОЛЕЕ ПОДХОДЯЩЕЙ РАБОТЫ
PLACE UTILITY
РАЗМЕЩЕНИЕ ТОВАРА В УДОЬНЫХ ДЛЯ ПОТРЕБИТЕЛЯ МЕСТАХ

PLAIN TEXT
НЕЗАШИФРОВАННЫЙ ТЕКСТ
PLAINTIFF
ИСТЕЦ
PLAN
ПЛАН; ПРОГРАММА; ПЛАНИРОВАТЬ
PLAN B
РЕЗЕРВНЫЙ, ЗАПАСНОЙ ПЛАН
PLANNED ECONOMY
ПЛАНОВАЯ ЭКОНОМИКА
PLANT
ЗАВОД; ПРОМЫШЛЕННАЯ УСТАНОВКА; НАСАЖДАТЬ, ВНЕДРЯТЬ
PLAT
КАРТА ЗЕМЕЛЬНОГО УЧАСТКА
PLAT BOOK
КНИГА ЗЕМЕЛЬНОГО УЧЕТА
PLEADING
ЗАЯВЛЕНИЕ (В СУДЕ)
PLEDGE
ЗАЛОГ; ОБЕСПЕЧЕНИЕ (КРЕДИТА)
PLOT
ЗЕМЕЛЬНЫЙ УЧАСТОК; ЧЕРТИТЬ; ПЛАНИРОВАТЬ
PLOT PLAN
ПЛАН ЗЕМЕЛЬНОГО УЧАСТКА
PLOTTAGE VALUE
УВЕЛИЧЕНИЕ СТОИМОСТИ НАДЕЛА ИЗ-ЗА ОБЪЕДИНЕНИЯ МЕЛКИХ
УЧАСТКОВ В ОДИН КРУПНЫЙ
PLOTTER
ПЛАНИРОВЩИК; ГРАФОПОСТРОИТЕЛЬ (ПЛОТТЕР)
PLOW BACK
РЕИНВЕСТИРОВАНИЕ ПРИБЫЛИ В ОСНОВНЫЕ ФОНДЫ
PLUS TICK
ОБОЗНАЧЕНИЕ ПОСЛЕДНЕЙ ВО ВРЕМЕНИ СДЕЛКИ (с ценными
бумагами)
POCKET COMPUTER
КАРМАННОЕ ЭВУ
POINT
ТОЧКА; «ПУНКТ» (бирж.)
POINT CHART
ТОЧЕЧНАЯ СХЕМА
POISON PILL
«ГОРЬКАЯ ТАБЛЕТКА» (прием принятия повышенных обязательств во
избежание поглощения)
POISSON DISTRIBUTION
ПУАССОНОВО РАСПРЕДЕЛЕНИЕ
POLICE POWER
ПОЛНОМОЧИЯ НА ВЫПОЛНЕНИЕ ПОЛИЦЕЙСКИХ, НАДЗОРНЫХ
ФУНКЦИЙ
POLICY HOLDER
ДЕРЖАТЕЛЬ СТРАХОВОГО ПОЛИСА; СТРАХОВАТЕЛЬ
POLICY LOAN
КРЕДИТ ПОД СТРАХОВОЙ ПОЛИС
POLLUTION
ЗАГРЯЗНЕНИЕ

POOL
ПУЛ; ОБЪЕДИНЕНИЕ
POOLING OF INTERESTS
«ПУЛИНГ»; ОБЪЕДИНЕНИЕ ИНТЕРЕСОВ
PORTAL-TO-PORTAL PAY
ОПЛАТА ДОСТАВКИ «ОТ ТОЧКИ ДО ТОЧКИ»
PORTFOLIO
ПОРТФЕЛЬ (ЦЕННЫХ БУМАГ)
PORTFOLIO BETA SCORE
ОЦЕНКА РИСКА ПОРТФЕЛЯ ЦЕННЫХ БУМАГ ПОСРЕДСТВОМ БЕТА-
КОЭФФИЦИЕНТА
PORTFOLIO INCOME
ДОХОД ОТ ПОРТФЕЛЯ ЦЕННЫХ БУМАГ
PORTFOLIO MANAGER
ОТВЕТСТВЕННЫЙ ЗА УПРАВЛЕНИЕ ИНВЕСТИЦИЯМИ КЛИЕНТА
PORTFOLIO REINSURANCE
ПОВТОРНОЕ СТРАХОВАНИЕ ПОРТФЕЛЯ ЦЕННЫХ БУМАГ
PORTFOLIO THEORY
ТЕОРИЯ РАЗМЕЩЕНИЯ ИНВЕСТИЦИЙ
PORT OF ENTRY
ПОРТ ВВОЗА (ТАМОЖЕННОЙ ОБРАБОТКИ)
PORTRAIT (FORMAT)
ВЕРТИКАЛЬНЫЙ - О РАСПОЛОЖЕНИИ ТЕКСТА ИЛИ ИЗОБРАЖЕНИЯ
НА БУМАГЕ, ПРИ КОТОРОМ ВЕРТИКАЛЬНОЕ НАПРАВЛЕНИЕ
СОВПАДАЕТ С ШИРОКОЙ СТОРОНОЙ ЛИСТА
POSITION
ПОЗИЦИЯ, ПОЛОЖЕНИЕ
POSITIONING
РАЗМЕЩЕНИЕ; ОПРЕДЕЛЕНИЕ ПОЗИЦИИ
POSITIVE CONFIRMATION
ПОЛОЖИТЕЛЬНОЕ ПОДТВЕРЖДЕНИЕ
POSITIVE LEVERAGE
ПРИВЛЕЧЕНИЕ ЗАЁМНЫХ СРЕДСТВ ДЛЯ УВЕЛИЧЕНИЯ ДОХОДНОСТИ
ИНВЕСТИЦИЙ
POSITIVE YIELD CURVE
ПОЛОЖИТЕЛЬНАЯ КРИВАЯ ДОХОДНОСТИ
POSSESSION
ВЛАДЕНИЕ
POST-CLOSING TRIAL BALANCE
ПРЕДВАРИТЕЛЬНЫЙ БАЛАНС ПОСЛЕ ЗАКРЫТИЯ СЧЁТА
POSTING
ВЫВЕШИВАНИЕ (ОБЪЯВЛЕНИЯ); ПРОВОДКА ПО БУХГАЛТЕРСКИМ
КНИГАМ
POVERTY
БЕДНОСТЬ; НИЩЕТА
POWER DOWN
ВЫКЛЮЧЕНИЕ ПИТАНИЯ
POWER OF ATTORNEY
ДОВЕРЕННОСТЬ
POWER OF SALE
ПРАВО НА ПРОДАЖУ (ПО ЗАКЛАДНОЙ ИЛИ ДОВЕРИТЕЛЬНОМУ
ФОНДУ, В СЛУЧАЕ НЕВЫПОЛНЕНИЯ УСЛОВИЙ)
POWER SURGE
ВСПЛЕСК НАПРЯЖЕНИЯ В СЕТИ

POWER UP
ВКЛЮЧЕНИЕ ПИТАНИЯ
PRACTICAL CAPACITY
ПРАКТИЧЕСКАЯ ПРОИЗВОДСТВЕННАЯ МОЩНОСТЬ
PRE-BILL
(ВЫСТАВЛЯТЬ) ПРЕДВАРИТЕЛЬНЫЙ СЧЕТ
PRECAUTIONARY MOTIVE
ИЗ СООБРАЖЕНИЙ ПРЕДОСТОРОЖНОСТИ
PRECLOSING
ПРЕДВАРИТЕЛЬНОЕ ОФОРМЛЕНИЕ
PRECOMPUTE
ПРЕДВАРИТЕЛЬНЫЙ ПОДСЧЕТ
PREDICTION
ПРЕДСКАЗАНИЕ; ПРОГНОЗ
PREEMPTIVE RIGHTS
ПРЕИМУЩЕСТВЕННОЕ ПРАВО (существующих акционеров на вновь
выпускаемые акции)
PREEXISTING USE
ПРЕЖДЕПОЛЬЗОВАНИЕ
PREFABRICATED
СБОРНЫЙ
PREFERENTIAL REHIRING
ПОВТОРНЫЙ ПРИЕМ НА РАБОТУ ЛИЦ, уволенных ИЗ-ЗА
НЕЗАКОННОЙ ДИСКРИМИНАЦИИ
PREFERRED DIVIDEND
ДИВИДЕНД ПО ПРИВИЛЕГИРОВАННЫМ АКЦИЯМ
PREFERRED DIVIDEND COVERAGE
ПОКРЫТИЕ ДИВИДЕНДА ПО ПРИВИЛЕГИРОВАННЫМ АКЦИЯМ
PREFERRED STOCK
ПРИВИЛЕГИРОВАННАЯ АКЦИЯ
PRELEASE
АРЕНДА ПЛОЩАДЕЙ, ЕЩЁ НЕ СДАННЫХ В ЭКСПЛУАТАЦИЮ
PRELIMINARY PROSPECTUS
ПРЕДВАРИТЕЛЬНЫЙ ПРОСПЕКТ
PREMISES
ТЕРРИТОРИЯ (ЗДАНИЕ, ПОМЕЩЕНИЕ) ПРЕДПРИЯТИЯ ;
ВВОДНАЯ ЧАСТЬ ДОГОВОРА
PREMIUM
ПРЕМИЯ; НАДБАВКА; МАРЖА
PREMIUM BOND
ОБЛИГАЦИЯ с рыночной ценой выше номинальной
PREMIUM INCOME
ПРЕМИАЛЬНЫЙ ДОХОД
PREMIUM PAY
ПРЕМИАЛЬНАЯ ОПЛАТА
PREMIUM RATE
ПРЕМИАЛЬНАЯ СТАВКА
PRENUPTIAL AGREEMENT
СОГЛАШЕНИЕ (ФИНАНСОВОЕ) ПЕРЕД ВСТУПЛЕНИЕМ В
БРАК
PREPAID
ПРЕДОПЛАЧЕННЫЙ
PREPAID EXPENSE
ПРЕДОПЛАЧЕННЫЕ РАСХОДЫ

PREPAID-INTEREST
ПРЕДВАРИТЕЛЬНО ВЫПЛАЧЕННЫЙ ПРОЦЕНТ
PREPAYMENT
ПРЕДОПЛАТА
PREPAYMENT CLAUSE
ОГОВОРКА О ПРЕДОПЛАТЕ
PREPAYMENT PENALTY
ШТРАФ (ОПЛАТА) ЗА ДОСРОЧНОЕ ПОГАШЕНИЕ ССУДЫ
PREPAYMENT PRIVILEDGE
ЛЬГОТА ЗА ПРЕДОПЛАТУ
PREROGATIVE
ПРЕРОГАТИВА; ИСКЛЮЧИТЕЛЬНОЕ ПРАВО
PRESALE
ПРОБНАЯ ПРОДАЖА
PRESCRIPTION
ПРАВО ДАВНОСТИ; РЕЦЕПТ НА ЛЕКАРСТВО; ПРЕДПИСАНИЕ
PRESENTATION
ПРЕЗЕНТАЦИЯ; ДОКЛАД: СООБЩЕНИЕ
PRESENT FAIRLY
ЧЕСТНО ИЗВЕСТИТЬ, ДОЛОЖИТЬ
PRESENT VALUE
ПРИВЕДЁННАЯ СТОИМОСТЬ
PRESENT VALUE OF 1
ПРИВЕДЁННВЯ СТОИМОСТЬ ЕДИНИЦЫ
PRESENT VALUE OF ANNUITY
ПРИВЕДЁННАЯ СТОИМОСТЬ АННУИТЕТА
PRESIDENT
ПРЕЗИДЕНТ
PRESOLD ISSUE
ВЫПУСК ОБЛИГАЦИЙ, ПОЛНОСТЬЮ ПРОДАННЫЙ ДО ПУБЛИЧНОГО
ОБЪЯВЛЕНИЯ ЕГО ЦЕНЫ И ПРОЦЕНТА
PRESS KIT
НАБОРДОКУМЕНТОВ ДЛЯ ПОМЕЩЕНИЯ В ПРЕССЕ
PRESTIGE ADVERTISING
РЕКЛАМАНАПРАВЛЕННАЯ НА ПОДНЯТИЕ ПРЕСТИЖА КОМПАНИИ И
ЕЁ ПРОДУКЦИИ И УСЛУГ
PRESTIGE PRICING
ЦЕНООБРАЗОВАНИЕ С УЧЕТОМ ПРЕСТИЖА, РЕПУТАЦИИ
PRETAX EARNINGS
ДОХОД, ПОСТУПЛЕНИЯ ДО УПЛАТЫ НАЛОГОВ
PRETAX RATE OF RETURN
ДОХОД ПО ФИНАНСОВОМУ АКТИВУ ДО ВЫЧЕТА НАЛОГОВ
PREVENTIVE MAINTENANCE
ПРОФИЛАКТИЧЕСКОЕ ОБСЛУЖИВАНИЕ
PRICE ELASTICITY
ЦЕНОВАЯ ЭЛАСТИЧНОСТЬ
PRICE-FIXING
ПРЕСТУПНЫЙ СГОВОР С ЦЕЛЬЮ ВЛИЮНИЯ НА ЦЕНУ
PRICE INDEX
ИНДЕКС ЦЕН
PRICE LINING
УСТАНОВЛЕНИЕ ОПРЕДЕЛЁННЫХ ЦЕН НА ТОВАР, КОТОРЫЕ НЕ
МЕНЯЮТСЯ НА ПРОТЯЖЕНИИ ДЛИТЕЛЬНОГО ВРЕМЕНИ. А
ИЗМЕНЕНИЯ РЫНОЧНЫХ УСЛОВИЙ ОТРАЖАЮТСЯ НА ИЗМЕНЕНИЕ

КАЧЕСТВА ИЛИ КОЛИЧЕСТВА ПРЕДЛАГАЕМОГО ПО ЭТОЙ ЦЕНЕ
ТОВАРА
PRICE STABILIZATION
СТАБИЛИЗАЦИЯ ЦЕН
PRICE SUPPORT
ЦЕНОВАЯ ПОДДЕРЖКА ПРОИЗВОДИТЕЛЕЙ ГОСУДАРСТВОМ
PRICE SYSTEM
СИСТЕМА ЦЕНООБРАЗОВАНИЯ
PRICE WAR
ЦЕНОВАЯ КОНКУРЕНЦИЯ
PRICEY
МАКСИМАЛЬНО ВЫСОКАЯ ЦЕНА;
ЯВНО ЗАНИЖЕННАЯ или ЗАВЫШЕННАЯ ЦЕНА ценной бумаги ПРИ
ТОРГОВЛЕ НА БИРЖЕ
PRICING BELOW MARKET
НАЗНАЧЕНИЕ ЦЕНЫ НИЖЕ РЫНОЧНОЙ
PRIMARY BOYCOTT
БОЙКОТ ПРОФСОЮЗОМ ТОВАРОВ ИЛИ УСЛУГ КОМПАНИИ (с которой
он находится в конфликте)
PRIMARY DEMAND
СПРОС НА ТОВАРЫ ПЕРВОЙ НЕОБХОДИМОСТИ
PRIMARY DISTRIBUTION
ПЕРВИЧНОЕ РАСПРЕДЕЛЕНИЕ, РАЗМЕЩЕНИЕ (ценных бумаг)
PRIMARY EARNINGS PER (COMMON) SHARE
ДОХОДЫ КОМПАНИИ НА ОДНУ ПРОСТУЮ АКЦИЮ (после выплаты
налогов и привилегированных дивидендов)
PRIMARY LEASE
ПЕРВОНАЧАЛЬНАЯ АРЕНДА
PRIMARY MARKET
ПЕРВИЧНЫЙ РЫНОК
PRIMARY MARKET AREA
ЗОНА ПЕРВИЧНОГО РЫНКА
PRIMARY PACKAGE
ЕДИНИЧНАЯ УПАКОВКА ТОВАРА
PRIME PAPER
ПЕРВОКЛАССНАЯ ЦЕННАЯ БУМАГА
PRIME RATE
ПРАЙМ – РЕЙТ (ставка по кредитам первоклассным заемщикам)
PRIME TENANT
ПЕРВОКЛАССНЫЙ АРЕНДАТОР, СЪЕМЩИК
PRINCIPAL
ОСНОВНАЯ СУММА (займа, кредита); ПРИНЦИПАЛ (основной участник
или партнер)
PRINCIPAL AMOUNT
ОСНОВНАЯ СУММА
PRINCIPAL AND INTEREST PAYMENT (P&I)
ОПЛАТА ОСНОВНОЙ СУММЫ И ПРОЦЕНТОВ
PRINCIPAL, INTEREST, TAXES, AND INSURANCE PAYMENT (PITI)
ОПЛАТА ОСНОВНОЙ СУММЫ, ПРОЦЕНТОВ, НАЛОГОВ И
СТРАХОВАНИЯ
PRINCIPAL RESIDENCE
ОСНОВНОЕ МЕСТО ПРОЖИВАНИЯ
PRINCIPAL STOCK HOLDER
ОСНОВНОЙ АКЦИОНЕР

PRINCIPAL SUM
ОСНОВНАЯ СУММА (в частности, сумма для выплаты бенефициару страхового полиса)
PRINTER
ПРИНТЕР
PRINTOUT
РАСПЕЧАТКА
PRIOR PERIOD ADJUSTMENT
КОРРЕКТИРОВКА НА ПРЕДШЕСТВОВАВШИЙ ПЕРИОД
PRIOR-PREFERRED STOCK
ОСОБО ПРИВИЛЕГИРОВАННЫЕ АКЦИИ
PRIOR SERVICE COST
СУММА, НЕОБХОДИМАЯ ДЛЯ ВНЕСЕНИЯ В ПЕНСИОННЫЙ ФОНД ДО ОПРЕДЕЛЁННОЙ ДАТЫ
PRIVACY LAWS
ЗАКОНЫ О ПРАВАХ ЛИЧНОСТИ НА ОБЕСПЕЧЕНИЕ СЕКРЕТНОСТИ
PRIVATE COST
ЛИЧНАЯ СТОИМОСТЬ
PRIVATE LIMITED PARTNERSHIP
ЗАКРЫТОЕ ОГРАНИЧЕННОЕ ТОВАРИЩЕСТВО
PRIVATE MORTGAGE INSURANCE
ЛИЧНОЕ СТРАХОВАНИЕ ИПОТЕЧНОГО ЗАЛОГА
PRIVATE OFFERING or PRIVATE PLACEMENT
ЧАСТНОЕ ПРЕДЛОЖЕНИЕ или РАЗМЕЩЕНИЕ (ценных бумаг)
PRIVATIZATION
ПРИВАТИЗАЦИЯ
PRIVITY
ИМУЩЕСТВЕННЫЕ ОТНОШЕНИЯ ЛИЦ
PRIZE BROKER
ОТВЕТСТВЕННЫЙ ЗА ОРГАНИЗАЦИЮ ОБМЕНА ТОВАРОВ И УСЛУГ ФИРМЫ НА РАЗМЕЩЕНИЕ РЕКЛАМЫ В СМИ
PROBATE
ПРОВЕРЯТЬ, ДОКАЗЫВАТЬ ПОДЛИННОСТЬ, ДЕЙСТВИТЕЛЬНОСТЬ
PROBATIONARY EMPLOYEE
РАБОТНИК С ИСПЫТАТЕЛЬНЫМ СРОКОМ
PROCEEDS
ВЫРУЧКА; ПОСТУПЛЕНИЯ
PROCEEDS FROM RESALE
ВЫРУЧКА ОТ ПЕРЕПРОДАЖИ
PROCESSOR UPGRADE
МОДЕРНИЗАЦИЯ ПРОЦЕССОРА
PROCUREMENT
ПРИОБРЕТЕНИЕ
PROCURING CAUSE
ПОБУДИТЕЛЬНАЯ ПРИЧИНА
PRODUCE
ПРОИЗВОДИТЬ; ИЗГОТАВЛИВАТЬ
PRODUCER COOPERATIVE
ПРОИЗВОДСТВЕННЫЙ КООПЕРАТИВ
PRODUCER GOODS
ТОВАРЫ ПРОИЗВОДИТЕЛЯ
PRODUCT
ПРОДУКЦИЯ; ИЗДЕЛИЕ; ПРОИЗВЕДЕНИЕ (чисел)

PRODUCTION
ПРОИЗВОДСТВО
PRODUCTION CONTROL
ПРОИЗВОДСТВЕННЫЙ КОНТРОЛЬ
PRODUCTION-ORIENTED ORGANIZATION
ОРГАНИЗАЦИЯ С ПРОИЗВОДСТВЕННОЙ ОРИЕНТАЦИЕЙ
PRODUCTION-POSSIBILITY CURVE
КРИВАЯ ПРОИЗВОДСТВЕННЫХ ВОЗМОЖНОСТЕЙ
PRODUCTION RATE
ТЕМПЫ ПРОИЗВОДСТВА; ПРОЦЕНТНАЯ СТАВКА (сертификатов)
PRODUCTION WORKER
ПРОИЗВОДСТВЕННЫЙ РАБОчИЙ
PRODUCTIVITY
ПРОИЗВОДИТЕЛЬНОСТЬ
PRODUCT LIABILITY
ОТВЕТСТВЕННОСТЬ ЗА ПРОДУКЦИЮ
PRODUCT LIABILITY INSURANCE
СТРАХОВАНИЕ ОТВЕТСТВЕННОСТИ ЗА ПРОДУКЦИЮ
PRODUCT LIFE CYCLE
ЖИЗНЕННЫЙ ЦИКЛ ИЗДЕЛИЯ
PRODUCT LINE
ВИД ПРОДУКЦИИ
PRODUCT MIX
СМЕСЬ ИЗДЕЛИЙ
PROFESSION
ПРОФЕССИЯ
PROFIT
ПРИБЫЛЬ
PROFITABILITY
ПРИБЫЛЬНОСТЬ
PROFIT AND LOSS STATEMENT (P&L)
ОТЧЕТ О ПРИБЫЛЯХ И УБЫТКАХ
PROFIT CENTER
СЕГМЕНТ КОМПАНИИ, ПРИНОСЯЩИЙ ПРИБЫЛЬ
PROFITEER
СПЕКУЛЯНТ
PROFIT MARGIN
МАРЖА ПРИБЫЛИ (прибыль в процентах к реализации продукции или капиталу)
PROFIT MOTIVE
ЗАИНТЕРЕСОВАННОСТЬ В ПОЛУЧЕНИИ ПРИБЫЛИ
PROFIT AND COMMISSIONS FORM
СТРАХОВОЕ ПОКРЫТИЕ ВОЗМОЖНЫХ ПРИБЫЛИ И КОМИССИОННЫХ ОТ РЕАЛИЗАЦИИ ТОВАРА
PROFIT-SHARING PLAN
ПРОГРАММА УЧАСТИЯ В ПРИБЫЛЯХ
PROFIT SQUEEZE
ТРУДНОСТИ В ДОСТИЖЕНИИ ПРОШЛОГО УРОВНЯ ПРИБЫЛИ
PROFIT SYSTEM
СИСТЕМА НА ОСНОВЕ ПРИБЫЛИ
PROFIT TAKING
ИЗВЛЕЧЕНИЕ ПРИБЫЛИ (путем купли-продажи ценных бумаг)
PROGRAM BUDGETING
ФИНАНСИРОВАНИЕ ПРОГРАММЫ

PROGRAMMER
ПРОГРАММИСТ
PROGRAMMING LANGUAGE
ЯЗЫК ПРОГРАМИРОВАНИЯ
PROGRAM TRADE
КУПЛЯ-ПРОДАЖА ВСЕХ АКЦИЙ В ОПРЕДЕЛЁННОЙ КАТЕГОРИИ
PROGRESSIVE TAX
ПРОГРЕССИВНЫЙ НАЛОГ
PROGRESS PAYMENTS
ПЕРИОДИЧЕСКИЕ ПЛАТЕЖИ ПО МЕРЕ ВЫПОЛНЕНИЯ ПРОЕКТА
PROJECTED BENEFIT OBLIGATION
ПРОГНОЗИРУЕМЫЕ ОБЯЗАТЕЛЬСТВА ПО ЛЬГОТАМ
PROJECTED (PRO FORMA) FINANCIAL STATEMENT
ПРЕДВАРИТЕЛЬНЫЙ («ФОРМАЛЬНЫЙ») ФИНАНСОВЫЙ ОТЧЕТ
PROJECTION
ПРОГНОЗ; ПРЕДСКАЗАНИЕ
PROMISSORY NOTE
ПРОСТОЙ ВЕКСЕЛЬ
PROMOTIONAL ALLOWANCE
ВЫДЕЛЕНИЕ СРЕДСТВ НА РОСТ (заработной платы работников)
PROMOTION MIX
НАБОР УСИЛИЙ ДЛЯ ПРОДВИЖЕНИЯ НА РЫНКЕ
PROOF OF LOSS
ДОКАЗАТЕЛЬСТВО (СВИДЕТЕЛЬСТВО) УБЫТКА
PROPERTY
СОБСТВЕННОСТЬ; ИМУЩЕСТВО
PROPERTY LINE
ГРАНИЦА ЗЕМЕЛЬНОГО НАДЕЛА
PROPERTY MANAGEMENT
УПРАВЛЕНИЕ СОБСТВЕННОСТЬЮ
PROPERTY REPORT
ОТЧЕТ О ПРОДАЖЕ КРУПНОЙ ЗЕМЕЛЬНОЙ
СОБСТВЕННОСТИ
PROPERTY RIGHTS
ПРАВА СОБСТВЕННОСТИ
PROPERTY TAX
НАЛОГ НА СОБСТВЕННОСТЬ (землю и недвижимость)
PROPRIETARY INTEREST
ХОЗЯЙСКАЯ ЗАИНТЕРЕСОВАННОСТЬ
PROPRIETARY LEASE
АРЕНДА У СОБСТВЕННИКА
PROPRIETORSHIP
ПРАВО СОБСТВЕННОСТИ
PRORATE
ПРОПОРЦИОНАЛЬНО
PROSPECT
ПЕРСПЕКТИВА; ВОЗМОЖНЫЙ КЛИЕНТ
PROSPECTIVE RATING
УСТАНОВЛЕНИЕ СТРАХОВЫХ СТАВОК НА ОСНОВЕ ПРЕДЫДУЩЕГО
ОПЫТА
PROSPECTUS
ПРОСПЕКТ (ЭМИССИИ ЦЕННЫХ БУМАГ)
PROTECTED FILE
ЗАЩИЩЁННЫЙ ФАЙЛ

PROTECTIONISM
ПРОТЕКЦИОНИЗМ
PROTOCOL
ПРОТОКОЛ; ПРОЦЕДУРНЫЕ ПРАВИЛА
PROVISO
ОГОВОРКА (в законе или договоре)
PROXY
ДОВЕРЕННОСТЬ (на голосование); ДОВЕРЕННОЕ ЛИЦО (для голосования)
PROXY FIGHT
БОРЬБА ЗА ГОЛОСА АКЦИОНЕРОВ
PROXY STATEMENT
ДОКУМЕНТ О ПРЕДСТОЯЩЕМ ЕЖЕГОДНОМ СОБРАНИИ АКЦИОНЕРОВ
PRUDENCE
БЛАГОРАЗУМИЕ (финан.)
PSYCHIC INCOME
«ПСИХОЛОГИчЕСКИЙ» ДОХОД (ДОХОД В НЕДЕНЕЖНОЙ ФОРМЕ)
PUBLIC ACCOUNTING
БУХГАЛТЕРСКОЕ ОБСЛУЖИВАНИЕ
PUBLIC DOMAIN
СФЕРА ГОСУДАРСТВЕННОГО ВЛАДЕНИЯ
PUBLIC EMPLOYEE
ГОСУДАРСТВЕННЫЙ РАБОТНИК
PUBLIC FILE
ФАЙЛ ОБЩЕГО ПОЛЬЗОВАНИЯ
PUBLIC RECORD
ОТКРЫТЫЕ АРХИВЫ
PUBLIC RELATIONS (PR)
связи С ОБЩЕСТВЕННОСТЬЮ ; представительские функции (фирмы)
PUBLIC SALE
ПУБЛИЧНАЯ ПРОДАЖА
PUBLIC USE
ОБЩЕСТВЕННОЕ ПОЛЬЗОВАНИЕ
PUBLIC WORKS
ОБЩЕСТВЕННЫЕ РАБОТЫ
PUFFING
САМОВОСХВАЛЕНИЕ, ПРЕУВЕЛИЧЕНИЕ
PULL-DOWN MENU
ПУЛ-ДАУН МЕНЮ, СПУСКАЮЩЕЕСЯ МЕНЮ
PUMP PRIMING
ЭКОНОМИЧЕСКОЕ СТИМУЛИРОВАНИЕ ПУТЁМ ПОВЫШЕНИЯ ГОСУДАРСТВЕННЫХ РАСХОДОВ И СНИЖЕНИЯ НАЛОГОВ
PUNCH LIST
СПИСОК НЕОБХОДИМОГО РЕМОНТА ПЕРЕД ПРОДАЖЕЙ
PUNITIVE DAMAGES
ШТРАФНЫЕ УБЫТКИ
PURCHASE
ПРИОБРЕТЕНИЕ; ПОКУПКА
PURCHASE JOURNAL
ЖУРНАЛ УЧЕТА ПРИОБРЕТЕНИЙ
PURCHASE MONEY MORTGAGE
ИПОТЕКА ДЛЯ ПОЛУЧЕНИЯ ДЕНЕГ НА ПРИОБРЕТЕНИЕ

PURCHASE ORDER
ПРИКАЗ О ПРИОБРЕТЕНИИ: ЗАКАЗ
PURCHASING POWER
ПОКУПАТЕЛЬНАЯ СИЛА (СПОСОБНОСТЬ)
PURE CAPITALISM
ЧИСТЫЙ КАПИТАЛИЗМ
PURE COMPETITION
ЧИСТАЯ КОНКУРЕНЦИЯ
PURE-MARKET ECONOMY
ЭКОНОМИКА ЧИСТОГО РЫНКА
PURGE
ЧИСТИТЬ, ПРОИЗВОДИТЬ ЧИСТКУ ДИСКОВОЙ ПАМЯТИ,
УНИЧТОЖАЯ НЕНУЖНЫЕ ФАЙЛЫ
PUSH MONEY (PM)
ДЕНЬГИ НА ПРОДВИЖЕНИЕ ТОВАРА
PUT OPTION
ОПЦИОН ПУТ, ОПЦИОН ПРОДАВЦА
PUT TO SELLER
ИСПОЛНЕНИЕ ОПЦИОНА ПУТ
PYRAMIDING
ПРИОБРЕТЕНИЕ ДОПОЛНИТЕЛЬНЫХ ЦЕННЫХ БУМАГ ИЛИ ТОВАРОВ
ПУТЁМ ПРОДАЖИ «БУМАЖНОЙ» (НЕРЕАЛИЗОВАННОЙ) ПРИБЫЛИ
p VALUE
величина «p»

Q

QUALIFIED ENDORSEMENT
ОГРАНИЧЕННЫЙ ИНДОССАМЕНТ
QUALIFIED OPINION
КВАЛИФИЦИРОВАННОЕ МНЕНИЕ
QUALIFIED PLAN or QUALIFIED TRUST
ПРОГРАММА УЧАСТИЯ В ПРИБЫЛЯХ ИЛИ ПЕНСИОННЫХ
СБЕРЕЖЕНИЙ, ПОПАДАЮЩАЯ ПОД НАЛОГОВЫЕ ЛЬГОТЫ
QUALIFIED TERMINABLE INTEREST PROPERTY (Q-TIP) TRUST
ПОЖИЗНЕННЫЙ ТРАСТ С ВЫПЛАТОЙ ВСЕХ ДОХОДОВ КАК
МИНИМУМ РАЗ В ГОД
QUALITATIVE ANALYSIS
КАЧЕСТВЕННЫЙ АНАЛИЗ
QUALITATIVE RESEARCH
ИССЛЕДОВАНИЕ КАЧЕСТВЕННЫХ ПАРАМЕТРОВ ВЛИЯНИЯ РЕКЛАМЫ
НА АУДИТОРИЮ
QUALITY
КАЧЕСТВО; СВОЙСТВО
QUALITY CONTROL
КОНТРОЛЬ КАЧЕСТВА
QUALITY ENGINEERING
ИНЖИНЕРНЫЙ КОНТРОЛЬ КАЧЕСТВА
QUANTITATIVE ANALYSIS
КОЛИЧЕСТВЕННЫЙ АНАЛИЗ
QUANTITATIVE RESEARCH
ИССЛЕДОВАНИЕ КОЛИЧЕСТВЕННЫХ ПАРАМЕТРОВ ВЛИЯНИЯ
РЕКЛАМЫ НА АУДИТОРИЮ
QUANTITY DISCOUNT
СКИДКА С ОБЪЁМА
QUARTERLY
КВАРТАЛЬНЫЙ
QUASI CONTRACT
КВАЗИКОНТРАКТ
QUERY
ЗАПРОС
QUEUE
ОЧЕРЕДЬ, СТРУКТУРА ДАННЫХ ДЛЯ ХРАНЕНИЯ СПИСКА
ОБЙЕКТОВ, ПОДЛЕЖАЩИХ ОБРАБОТКЕ
QUICK ASSET
НАЛИЧНОСТЬ ИЛИ ВЫСОКОЛИКВИДНЫЕ АКТИВЫ
QUICK RATIO
КОЭФФИЦИЕНТ БЫСТРОТЫ ПОКРЫТИЯ ЛИКВИДНЫМИ АКТИВАМИ
QUIET ENJOYMENT
ПРАВО НА СПОКОЙНЫЕ УСЛОВИЯ ПОЛЬЗОВАНИЕ ПРЕДМЕТОМ
АРЕНДЫ (например, жильем)
QUIET TITLE SUIT
СУДЕБНОЕ РАССМОТРЕНИЕ СПОРА О ПРАВОВОМ ТИТУЛЕ С

УЧАСТИЕМ СПОРЯЩИХ СТОРОН
QUITCLAIM DEED
ДОКУМЕНТ ОБ ОТКАЗЕ ОТ ПРЕТЕНЗИЙ
QUORUM
КВОРУМ
QUOTA
КВОТА
QUOTA SAMPLE
НЕОБХОДИМОЕ КОЛИЧЕСТВО ВЫБОРКИ
QUOTATION
ЦИТАТА; КОТИРОВКА
QUO WARRANTO
РАССЛЕДОВАНИЕ ПРАВОМЕРНОСТИ ПРИТЯЗАНИЯ НА ДОЛЖНОСТЬ,
ПРИВИЛЕГИЮ, ПРАВО
QWERTY KEYBOARD
КЛАВИАТУРА СО СТАНДАРТНЫМ АМЕРИКАНСКИМ
РАСПОЛОЖЕНИЕМ ТЕКСТОВЫХ КЛАВИШ (НАЗВАНИЕ ПРОИСХОДИТ
ОТ ЛИТЕР, РАСПОЛОЖЕННЫХ СЛЕВА В ПЕРВОМ РЯДУ)

R

RACKET
РЭКЕТ, ПРЕСТУПНОЕ ВЫМОГАТЕЛЬСТВО
RAG CONTENT
СОДЕРЖАНИЕ ХЛОПКОВОГО ВОЛОКОНА В БУМАГЕ; ПОКАЗАТЕЛЬ
КАЧЕСТВА
RAIDER
«НАЛЕТЧИК»; «РЕЙДЕР» (лицо, активно скупающее акции для получения
контрольного пакета)
RAIN INSURANCE
СТРАХОВАНИЕ ОТ НЕБЛАГОПРИЯТНЫХ ПОГОДНЫХ УСЛОВИЙ
RAISED CHECK
ЧЕК С ВЫПУКЛОЙ НАДПИСЬЮ (ДЛЯ ПРЕДОТВРАЩЕНИЯ ПОДДЕЛКИ)
RALLY
РЕЗКОЕ ПОВЫШЕНИЕ КУРСА ЦЕННЫХ БУМАГ или ТОВАРНЫХ ЦЕН:
ВОССТАНОВЛЕНИЕ ПОСЛЕ СПАДА
RANDOM ACCESS MEMORY (RAM)
ОПЕРАТИВНАЯ ПАМЯТЬ (ОЗУ)
RANDOM-DIGIT DIALING
ПРОИЗВОЛЬНЫЙ НАБОР ТЕЛЕФОННЫХ НОМЕРОВ (МЕТОД
ТЕЛЕФОННОГО ИАРКЕТИНГА)
RANDOM-NUMBER GENERATOR
ГЕНЕРАТОР СЛУЧАЙНЫХ ЧИСЕЛ (вычисл.)
RANDOM SAMPLE
СЛУЧАЙНАЯ ВЫБОРКА
RANDOM WALK
ТЕОРИЯ ДВИЖЕНИЯ КУРСА ЦЕННЫХ БУМАГ, СОГЛАСНО КОТОЙ
ПРОШЛЫЕ ДВИЖЕНИЕ ЦЕН НЕ ЯВЛЯЕТСЯ ИНДИКАТОРОМ
БУДУЩЕГО
RANGE
ДИАПАЗОН: РАЗБРОС (ЦЕН)
RANK-AND FILE
ЧЛЕН, НЕ ЗАНИМАЮЩИЙ НИКАКОЙ ДОЛЖНОСТИ
RATABLE
ПРОПОРЦИОНАЛЬНЫЙ; ОБЛАГАЕМЫЙ НАЛОГОМ
RATE
СТАВКА; ТЕМП РОСТА; УРОВЕНЬ
RATE BASE
ОГРАНИЧЕНИЕ УРОВНЯ ПРИБЫЛЬНОСТИ РЕГУЛИРУЕМЫХ
ОТРАСЛЕЙ
RATE CARD
ИНФОРМАЦИЯ О РАСХОДАХ НА КАЖДЫЙ РЕКЛАМНЫЙ ОБЪЕКТ
RATED POLICY
СТРАХОВОЙ ПОЛИС С ПОВЫШЕННОЙ ПРЕМИАЛЬНОЙ ВЫПЛАТОЙ
ИЗ-ЗА СОСТОЯНИЯ ЗДОРОВЬЯ, ВРЕДНЫХ ПРИВЫЧЕК ИЛИ ОПАСНОЙ
ПРОФЕССИИ СТРАХУЕМОГО
RATES AND CLASSIFICATIONS
СТАВКИ И КЛАССИФИКАЦИИ

RATE SETTING
УСТАНОВЛЕНИЕ ТАРИФНОЙ СТАВКИ КОММУНАЛЬНЫХ УСЛУГ
RATIFICATION
РАТИФИКАЦИЯ
RATING
РЕЙТИНГ; УСЛОВНАЯ КОЛИЧЕСТВЕННАЯ ОЦЕНКА
RATIO ANALYSIS
КРЕДИТНЫЙ (ИНВЕСТИЦИОННЫЙ) АНАЛИЗ ПО СООТНОШЕНИЯМ
МЕЖДУ ФИНАНСОВЫМИ ПОКАЗАТЕЛЯМИ
RATIONING
РАЦИОНИРОВАНИЕ (ТОВАРОВ); КАРТОЧНАЯ СИСТЕМА
RATIO SCALE
ШКАЛА СООТНОШЕНИЙ
RAW DATA
НЕОБРАБОТАННЫЕ ДАННЫЕ
RAW LAND
НЕОБРАБОТАННАЯ ЗЕМЛЯ; ЦЕЛИНА
RAW MATERIAL
СЫРЬЕ; СЫРЬЕВОЙ МАТЕРИАЛ
READING THE TAPE
ЧТЕНИЕ БЕГУЩЕЙ СТРОКИ (БИРЖ.)
READJUSTMENT
КОРРЕКТИРОВКА
READ ONLY
НЕИЗМЕНЯЕМЫЙ (О ДАННЫХ, ИЗМЕНЕНИЕ КОТОРЫХ ЗАПРЕЩЕНО
ИЛИ ФИЗИЧЕСКИ НЕ-
ВОЗМОЖНО
REAL
РЕАЛЬНЫЙ, СУЩЕСТВУЮЩИЙ; НЕДВИЖИМЫЙ
REAL ACCOUNT
РЕАЛЬНЫЙ СЧЕТ
REAL EARNINGS
ЗАРАБОТНАЯ ПЛАТА И ДРУГИЕ ЗАРАБОТКИ, СКОРРЕКТИРОВАННЫЕ
НА ИНФЛЯЦИЮ
REAL ESTATE
НЕДВИЖИМОСТЬ
REAL ESTATE INVESTMENT TRUST (REIT)
ТРАСТ, СПЕЦИАЛИЗИРУЮЩИЙСЯ НА ИНВЕСТИЦИЯХ В
НЕДВИЖИМОСТЬ, ИПОТЕКИ
REAL ESTATE MARKET
РЫНОК НЕДВИЖИМОСТИ
REAL ESTATE OWNED (REO)
НЕДВИЖИМОСТЬ ВО ВЛАДЕНИИ
REAL INCOME
«РЕАЛЬНЫЙ» ДОХОД (скорректированный на уровень цен)
REAL INTEREST RATE
РЕАЛЬНЫЕ ПРОЦЕНТНЫЕ СТАВКИ (текущие ставки за вычетом темпов
роста цен)
REALIZED GAIN
РЕАЛИЗОВАННАЯ ПРИБЫЛЬ
REAL PROPERTY
ЗЕМЛЯ С ПОСТРОЙКАМИ И РАСТИТЕЛЬНОСТЬЮ НА НЕЙ
REAL RATE OF RETURN
РЕАЛЬНАЯ СТАВКА ДОХОДА (скорректированная на темпы роста цен)

REALTOR
АГЕНТ ПО ОПЕРАЦИЯМ С НЕДВИЖИМОСТЬЮ
REAL VALUE OF MONEY
РЕАЛЬНАЯ ЦЕНА ДЕНЕГ
REAL WAGES
РЕАЛЬНАЯ ЗАРАБОТНАЯ ПЛАТА
REAPPRAISAL LEASE
АРЕНДА С ПЕРИОДИЧЕСКИМ ПЕРЕСМОТРОМ ПЛАТЫ
REASONABLE PERSON
РАЗУМНОЕ ЛИЦО
REASSESSMENT
ПЕРЕСМОТР, ПРЕОЦЕНКА
REBATE
СКИДКА С ЦЕНЫ; ВОЗВРАТ ЧАСТИ УПЛАЧЕННЫХ ДЕНЕГ
REBOOT
ПЕРЕЗАГРУЗКА
RECALL
ОТОЗВАТЬ; ОТЗЫВ; ОТМЕНА
RECALL CAMPAIGN
КАМПАНИЯ ПО ОТЗЫВУ
RECALL STUDY
ИЗУЧЕНИЕ ПРИЧИН ОТЗЫВА
RECAPITALIZATION
РЕКАПИТАЛИЗАЦИЯ
RECAPTURE
ВОССТАНОВЛЕНИЕ РАНЕЕ ОТМЕНЕННЫХ (НАЛОГОВЫХ) ЛЬГОТ
RECAPTURE RATE
УРОВЕНЬ ВОЗМЕЩЕНИЯ ИНВЕСТИЦИЙ В УБЫВАЮЩИЕ РЕСУРСЫ
RECASTING A DEBT
КОРРЕКТИРОВКА УСЛОВИЙ КРЕДИТА, ЗАЙМА
RECEIPT, RECEIPT BOOK
РАСПИСКА (ЧЕК О ПОЛУЧЕНИИ ПЛАТЫ), КНИЖКА ДЛЯ РАСПИСОК
RECEIVABLES TURNOVER
ОБОРОТ СЧЕТОВ К ПОЛУЧЕНИЮ
RECEIVER
ПОЛУЧАТЕЛЬ; ЛИЦО, НАЗНАЧЕННОЕ СУДОМ ДЛЯ ПРОВЕДЕНИЯ
ЛИКВИДАЦИИ ОБАНКРОТИВШЕЙСЯ КОМПАНИИ
RECEIVER'S CERTIFICATE
СЕРТИФИКАТ, СВИДЕТЕЛЬСТВО ПОЛУЧАТЕЛЯ
RECEIVERSHIP
СТАТУС ЛИЦА, НАЗНАЧЕННОГО УПРАВЛЯТЬ БАНКРОТОМ или
ОСПАРИВАЕМЫМ ИМУЩЕСТВОМ
RECEIVING CLERK
СЕКРЕТАРЬ (СУДА)
RECEIVING RECORD
ДОКУМЕНТАЦИЯ ПОЛУЧЕНИЯ ДОКУМЕНТА ИЛИ ИМУЩЕСТВА
RECESSION
СПАД
RECIPROCAL BUYING
ВСТРЕЧНЫЕ ПОКУПКИ
RECIPROCITY
ВЗАИМНОСТЬ
RECKONING
СООБРАЖЕНИЯ; ОБОСНОВАНИЯ

RECOGNITION
ПРИЗНАНИЕ
RECOGNIZED GAIN
УЧТЕННАЯ ПРИБЫЛЬ
RECOMPENSE
КОМПЕНСИРОВАТЬ; ВОЗМЕСТИТЬ
RECONCILIATION
ПРИМИРЕНИЕ. УЛАЖИВАНИЕ
RECONDITIONING PROPERTY
ВОССТАНОВЛЕНИЕ КАЧЕСТВА ИМУЩЕСТВА
RECONSIGN
ИЗМЕНИТЬ УСЛОВИЯ КОНСИГНАЦИИ В ПРОЦЕССЕ ДОСТАВКИ
RECONVEYANCE
ОБРАТНАЯ ПЕРЕДАЧА ПРАВОВОГО ТИТУЛА
RECORD
ЗАПИСЬ; ДОКУМЕНТ; АКТ
RECORDER POINT
ПРИМЕЧАНИЕ В ПРОТОКОЛЕ (суд.)
RECORDING
ЗАПИСЬ
RECORDS MANAGEMENT
ВЕДЕНИЕ ЗАПИСЕЙ, АРХИВОВ
RECOUP, RECOUPMENT
КОМПЕНСИРОВАТЬ, ВОЗМЕЩАТЬ; КОМПЕНСАЦИЯ, ВОЗМЕЩЕНИЕ
RECOURSE
ПРАВО ОБОРОТА (РЕГРЕССА)
RECOURSE LOAN
ССУДА С ПРАВОМ РЕГРЕССА
RECOVER
ВОССТАНАВЛИВАТЬ
RECOVERY
«ВЫЗДОРОВЛЕНИЕ»: ПОВЫШЕНИЕ ЭКОНОМИЧЕСКОЙ АКТИВНОСТИ;
ПОЛУЧЕНИЕ СПИСАННОГО ДОЛГА
RECOVERY FUND
ФОНД НА ВОССТАНОВЛЕНИЕ (при наступлении неблагоприятных
обстоятельств)
RECOVERY OF BASIS
ОБРАТНОЕ ПОЛУчЕНИЕ БАЗОВОЙ СУММЫ
RECRUITMENT
НАБОР РАБОТНИКОВ; ВЕРБОВКА
RECRUITMENT BONUS
ПРЕМИЯ ЗА ПРИВЛЕЧЕНИЕ РАБОТНИКА
RECYCLING BIN
КОРЗИНА ДЛЯ СБОРА ВТОРСЫРЬЯ
RECYCLING
ПЕРЕРАБОТКА ВТОРСЫРЬЯ
REDEEM
ВЫКУПИТЬ; ПОГАСИТЬ (ЗАЕМ)
REDEMPTION
ПОГАШЕНИЕ КРЕДИТА или ЦЕННЫХ БУМАГ
REDEMPTION PERIOD
ПЕРИОД ПОГАШЕНИЯ
REDEVELOP
ПОВТОРНАЯ ЗАСТРОЙКА

REDISCOUNT
ПЕРЕУЧЁТ ВЕКСЕЛЕЙ
REDISCOUNT RATE
ПЕРЕУЧЁТНАЯ СТАВКА; СТАВКА, ПО КОТОРОЙ ФЕДЕРАЛЬНЫЙ
БАНК ДАЕТ КРЕДИТЫ УЧАСТВУЮЩИМ БАНКАМ
REDLINING
ДИСКРИМИНАЦИЯ В ВЫДЕЛЕНИИ ИПОТЕЧНЫХ ЗАЙМОВ В
ОТНОШЕНИИ ОПРЕДЕЛЕННЫХ РАЙОНОВ
RED TAPE
БЮРОКРАТИЯ, ПРОВОЛОЧКА
REDUCED RATE
СНИЖЕННАЯ СТАВКА
REDUCTION CERTIFICATE
ДОКУМЕНТ, ПОДТВЕРЖДАЮЩИЙ СУММУ ЗАДОЛЖЕННОСТИ ПО
ИПОТЕКЕ
REFEREE
СУДЬЯ, АРБИТР
REFERRAL
РЕКОМЕНДАЦИЯ СПЕЦИАЛИСТА, ВОЗМОЖНОГО КЛИЕНТА И Т. П.
REFINANCE
РЕФИНАНСИРОВАНИЕ
REFORMATION
ИСПРАВЛЕНИЕ ДОКУМЕНТА ПО РЕШЕНИЮ СУДА
REFRESH
ОБНОВЛЯТЬ, ВОССТАНАВЛИВАТЬ, РЕГЕНЕРИРОВАТЬ
REFUNDING
ВОЗВРАТ ДЕНЕГ ПОКУПАТЕЛЮ ПРИ ВОЗВРАТЕ ТОВАРА; ПОВТОРНОЕ
ФИНАНСИРОВАНИЕ
REFUND
ВОЗВРАТИТЬ ДЕНЬГИ; РЕФИНАНСИРОВАТЬ
REGISTERED BOND
ИМЕННАЯ ОБЛИГАЦИЯ
REGISTERED CHECK
ЗАРЕГИСТРИРОВАННЫЙ ЧЕК
REGISTERED COMPANY
ЗАРЕГИСТРИРОВАННАЯ КОМПАНИЯ
REGISTERED INVESTMENT COMPANY
ЗАРЕГИСТРИРОВАННАЯ ИНВЕСТИЦИОННАЯ КОМПАНИЯ
REGISTERED REPRESENTATIVE
ЗАРЕГИСТРИРОВАННЫЙ ПРЕДСТАВИТЕЛЬ
REGISTERED SECURITY
ИМЕННЫЕ ЦЕННЫЕ БУМАГИ
REGISTRAR
РЕГИСТРАТОР (АКЦИЙ)
REGISTRATION
РЕГИСТРАЦИЯ (ЦЕННЫХ БУМАГ)
REGISTRATION STATEMENT
РЕГИСТРАЦИОННЫЙ ДОКУМЕНТ
REGISTRY OF DEEDS
РЕЕСТР ЮРИДИЧЕСКИХ ДОКУМЕНТОВ
REGRESSION ANALYSIS
РЕГРЕССИВНЫЙ АНАЛИЗ
REGRESSION LINE
УРОВЕНЬ ОТСЧЕТА РЕГРЕССИИ

REGRESSIVE TAX
РЕГРЕССИВНЫЙ НАЛОГ
REGULAR-WAY DELIVERY (AND SETTLEMENT)
ОБЫЧНОЕ ВЫПОЛНЕНИЕ (И ОКОНЧАТЕЛЬНЫЙ РАСЧЕТ)
REGULATED COMMODITIES
РЕГУЛИРУЕМЫЕ ТОВАРЫ
REGULATED INDUSTRY
РЕГУЛИРУЕМАЯ ОТРАСЛЬ
REGULATED INVESTMENT COMPANY
РЕГУЛИРУЕМАЯ ИНВЕСТИЦИОННАЯ КОМПАНИЯ
REGULATION
РЕГУЛИРОВАНИЕ; ПРАВИЛО; НОРМА
REGULATORY AGENCY
РЕГУЛИРУЮЩИЙ ОРГАН
REHABILITATION
ОЗДОРОВЛЕНИЕ, РЕАБИЛИТАЦИЯ, ВОССТАНОВЛЕНИЕ (также в правах)
REINDUSTRIALIZATION
РЕИНДУСТРИАЛИЗАЦИи
REINSTATEMENT
ВОССТАНОВЛЕНИЕ (на прежней позиции)
REINSURANCE
ПОВТОРНОЕ СТРАХОВАНИЕ, ПЕРЕСТРАХОВАНИЕ
REINVESTMENT PRIVILEGE
РЕИНВЕСТИЦИОННАЯ ПРИВИЛЕГИЯ
REINVESTMENT RATE
СТЕПЕНЬ РЕИНВЕСТИЦИИ
RELATED PARTY TRANSACTION
ТРАНЗАКЦИЯ МЕЖДУ ДВУМЯ СТОРОНАМИ, ОДНА ИЗ КОТОРЫХ
ИМЕЕТ ЗНАЧИТЕЛЬНОЕ ВЛИЯНИЕ НА ДРУГУЮ
RELEASE
ВЫПУСТИТЬ; ОСВОБОДИТЬ
RELEASE CLAUSE
УСЛОВИЕ ИПОТЕКИ О ВОЗВРАТЕ ЗАЛОГОВОЙ СОБСТВЕННОСТИ ПО
МЕРЕ ВЫПОЛНЕНИЯ ПЛАТЕЖЕЙ
RELEVANCE
ЗНАЧИМОСТЬ; ОБОСНОВАННОСТЬ; РЕЛЕВАНТНОСТЬ
RELIABILITY
НАДЕЖНОСТЬ
RELOCATE
ПЕРЕМЕЩЕНИЕ (на новое место)
REMAINDER
ОСТАТОК; ПОСЛЕДУЮЩЕЕ ИМУЩЕСТВЕННОЕ ПРАВО
REMAINDERMAN
СУБЪЕКТ ПОСЛЕДУЮЩЕГО ИМУЩЕСТВЕННОГО ПРАВА
REMEDY
ИСПРАВЛЕНИЕ; СРЕДСТВО ЗАЩИТЫ ПРАВА
REMIT
ПЕРЕДАТЬ; ПЕРЕВОДИТЬ, ПЕРЕЧИСЛЯТЬ ФОНДЫ
REMIT RATE
СТАВКА ЗА ПЕРЕВОД
REMONETIZATION
РЕМОНЕТИЗАЦИЯ; ВОЗВРАТ К ТОВАРНО-ДЕНЕЖНЫМ ОТНОШЕНИЯМ
REMOTE ACCESS
ДИСТАНЦИОННЫЙ ДОСТУП

REMUNERATION
ВОЗНАГРАЖДЕНИЕ; КОМПЕНСАЦИЯ; ОПЛАТА
RENEGOTIATE
ПРОВЕСТИ ПОВТОРНЫЕ ПЕРЕГОВОРЫ; ИЗМЕНИТЬ УСЛОВИЯ
RENEGOTIATED RATE MORTGAGE (RRM)
ИПОТЕКА С ПЕРЕСМОТРЕННОЙ СТАВКОЙ
RENEWABLE NATURAL RESOURCE
ВОЗОБНОВЛЯЕМЫЕ ПРИРОДНЫЕ РЕСУРСЫ
RENEWAL OPTION
ВОЗМОЖНОСТЬ ВОЗОБНОВЛЕНИЯ; ПРОДЛЕНИЯ
RENT
РЕНТА; АРЕНДНАЯ ПЛАТА; ПРОКАТ (имущества)
RENTABLE AREA
СДАВАЕМАЯ В НАЕМ ПЛОЩАДЬ
RENTAL RATE
СТАВКА АРЕНДНОЙ ПЛАТЫ; СТАВКА ПРОКАТА
RENT CONTROL
PFRJYJLFNTKMYSQ КОНТРОЛЬ СТАВКИ АРЕНДЫ
RENT-FREE PERIOD
ПЕРИОД БЕЗ УПЛАТЫ ЗА АРЕНДУ
RENT-UP PERIOD
ПЕРИОД ДО ПОЛНОЙ СДАЧИ В АРЕНДЫ ВСЕХ ПЛОЩАДЕЙ НОВОГО ЗДАНИЯ
REOPENER CLAUSE
ОГОВОРКА О ПЕРЕСМОТРЕ КОЛЛЕКТИВНОГО ТРУДОВОГО СОГЛАШЕНИЯ
REORGANIZATION
РЕОРГАНИЗАЦИЯ
REPAIRS
РЕМОНТ
REPATRIATION
РЕПАТРИАЦИЯ (КАПИТАЛА)
REPLACE
ЗАМЕЩАТЬ, ВОЗВРАЩАТЬ
REPLACEMENT COST
ЗАМЕЩЁННАЯ СТОИМОСТЬ
REPLACEMENT COST ACCOUNTING
УЧЕТ ПО ЗАМЕЩЕННОЙ СТОИМОСТИ
REPLACEMENT RESERVE
РЕЗЕРВ НА ЗАМЕНУ
REPLEVIN
ИСК О ВОЗВРАЩЕНИИ НЕЗАКОННО УДЕРЖАННОЙ СОБСТВЕННОСТИ
REPORTING CURRENCY
УЧЕТНАЯ ВАЛЮТА
REPRESSIVE TAX
РЕПРЕССИВНЫЙ НАЛОГ
REPRODUCTION COST
СТОИМОСТЬ ВОСПРОИЗВОДСТВА
REPUDIATION
ОТКАЗ; АННУЛИРОВАНИЕ; РАСТОРЖЕНИЕ
REPURCHASE AGREEMENT (REPO; RP)
СОГЛАШЕНИЕ О ПРОДАЖЕ И ОБРАТНОЙ ПОКУПКЕ (РЕПО)
REPUTATION
РЕПУТАЦИЯ; ПРЕСТИЖ

REQUEST FOR PROPOSAL (RFP)
ЗАПРОС НА ПОДАЧУ ПРЕДЛОЖЕНИЙ, ЗАЯВОК
REQUIRED RATE OF RETURN
ТРЕБУЕМЫЙ (ИНВЕСТОРОМ) УРОВЕНЬ ДОХОДА
REQUISITION
РЕКВИЗИЦИЯ; ФОРМАЛЬНОЕ ПИСЬМЕННОЕ ТРЕБОВАНИЕ
RESALE PROCEEDS
ВЫРУЧКА ОТ ПОВТОРНОЙ ПРОДАЖИ
RESCISSION
АННУЛИРОВАНИЕ; РАСТОРЖЕНИЕ
RESEARCH
ИССЛЕДОВАНИЕ; ИССЛЕДОВАТЬ
RESEARCH AND DEVELOPMENT (R&D)
ИССЛЕДОВАНИЯ И РАЗРАБОТКИ (ИР)
RESEARCH DEPARTMENT
ИССЛЕДОВАТЕЛЬСКИЙ ОТДЕЛ
RESEARCH INTENSIVE
НАУКОЕМКИЙ; ТРЕБУЮЩИЙ БОЛЬШОГО ОБЪЕМА ИССЛЕДОВАНИЙ
RESERVE
РЕЗЕРВ; СОЗДАВАТЬ РЕЗЕРВЫ; СОХРАНЯТЬ (за собой право)
RESERVE FUND
РЕЗЕРВНЫЙ ФОНД
RESERVE REQUIREMENT
ТРЕБОВАНИЕ О НАЛИЧИИ РЕЗЕРВОВ
RESERVE-STOCK CONTROL
МЕТОД КОНТРОЛЯ ЗА УРОВНЕМ ЗАПАСОВ, УЧИТЫВАЮЩИЙ ВРЕМЯ,
НЕОБХОДИМОЕ ДЛЯ ИХ ПОПОЛНЕНИЯ
RESET
СБРОС; ВОЗВРАТ В ИСХОДНОЕ СОСТОЯНИЕ
RESIDENT BUYER
ПОКУПАТЕЛЬ – РЕЗИДЕНТ
RESIDENT BUYING OFFICE
МЕСТНЫЙ ОТДЕЛ ЗАКУПОК
RESIDENTIAL
ЖИЛИЩНЫЙ
RESIDENTIAL BROKER
БРОКЕР ПО ЖИЛИЩНОМУ ИМУЩЕСТВУ
RESIDENTIAL DISTRICT
ЖИЛОЙ РАЙОН, ЗОНА
RESIDENTIAL ENERGY CREDIT
КРЕДИТ НА ПОТРЕБЛЕНИЕ ЭНЕРГИИ В ЖИЛИЩНОМ
КОМПЛЕКСЕ
RESIDENTIAL SERVICE CONTRACT
КОНТРАКТ ОБСЛУЖИВАНИЯ ЖИЛОГО ФОНДА
RESIDUAL VALUE
ОСТАТОЧНАЯ СТОИМОСТЬ
RESOLUTION
РЕЗОЛЮЦИЯ; РЕШЕНИЕ; РАЗРЕШЕНИЕ
RESOURCE
РЕСУРС; ЗАПАС
RESPONDENT
ОТВЕТЧИК; АДРЕСАТ
RESPONSE
ОТВЕТ; РЕАКЦИЯ

RESPONSE PROJECTION
ПРОГНОЗ РЕАКЦИИ
RESTART
ПОВТОРНЫЙ ЗАПУСК, РЕСТАРТ
RESTITUTION
ВОССТАНОВЛЕНИЕ (ПЕРВОНАЧАЛЬНОГО) ПОЛОЖЕНИЯ;
РЕСТИТУЦИЯ
RESTRAINT OF TRADE
ОГРАНИЧЕНИЕ СВОБОДЫ ТОРГОВЛИ
RESTRAINT ON ALIENATION
ОГРАНИЧЕНИЕ НА ПЕРЕВОД ДЕЛ ЗАГРАНИЦУ
RESTRICTED SURPLUS
ОГРАНИЧЕННЫЙ ИЗЛИШЕК
RESTRICTION
ОГРАНИЧЕНИЕ
RESTRICTIVE COVENANT
ОГРАНИЧИВАЮЩЕЕ УСЛОВИЕ
RETAIL
РОЗНИЧНАЯ ТОРГОВЛЯ, РОЗНИЦА
RETAIL CREDIT
КРЕДИТ ПОТРЕБИТЕЛЮ ОТ РОЗНИЧНОГО ПРОДАВЦА
RETAIL DISPLAY ALLOWANCE
ДОБАВКА НА ДЕМОНСТРАЦИЮ РОЗНИЧНЫХ ТОВАРОВ
RETAILER'S SERVICE PROGRAM
ПОМОЩЬ РОЗНИЧНОМУ ПРОДАВЦУ В ПРОДВИЖЕНИИ ТОВАРА СО
СТОРОНЫ ОПТОВИКА, ПРОИЗВОДИТЕЛЯ
RETAIL INVENTORY METHOD
СПОСОБ УЧЕТА ПО ЗАПАСАМ РОЗНИЧНЫХ ТОВАРОВ
RETAIL OUTLET
ТОРГОВАЯ ТОЧКА РОЗНИЧНОЙ ТОРГОВЛИ
RETAIL RATE
СТАВКА РОЗНИЧНОЙ ТОРГОВЛИ
RETAINING
СОХРАНЕНИЕ; УДЕРЖИВАНИЕ
RETAINED EARNINGS
ЧИСТАЯ ПРИБЫЛЬ, НЕ РАСПРЕДЕЛЕННАЯ МЕЖДУ
АКЦИОНЕРАМИ
RETAINED EARNINGS, APPROPRIATED
ВЫДЕЛЕННАЯ НА ТЕКУЩИЕ ЦЕЛИ НЕРАСПРЕДЕЛЕННАЯ ПРИБЫЛЬ
RETAINED EARNINGS STATEMENT
ДОКУМЕНТ ОБ ИЗМЕНЕНИИ СУММЫ НЕРАСПРЕДЕЛЕННОЙ
ПРИБЫЛИ
RETALIATORY EVICTION
ВЫСЕЛЕНИЕ В ПОРЯДКЕ ВОЗМЕЗДИЯ
RETIRE
ВЫЙТИ НА ПЕНСИЮ; ПОГАСИТЬ (ценные бумаги)
RETIREMENT
ВЫХОД НА ПЕНСИЮ; ПОГАШЕНИЕ ЦЕННЫХ БУМАГ
RETIREMENT AGE
ПЕНСИОННЫЙ ВОЗРАСТ
RETIREMENT FUND
ПЕНСИОННЫЙ ФОНД
RETIREMENT INCOME
ПЕНСИОННЫЙ ДОХОД

RETIREMENT PLAN
ПРОГРАММА ПЕНСИОННЫХ СБЕРЕЖЕНИЙ
RETROACTIVE
ИМЕЮЩИЙ ОБРАТНУЮ СИЛУ
RETROACTIVE ADJUSTMENT
КОРРЕКТИРОВКА С ОБРАТНОЙ СИЛОЙ
RETURN
ВОЗВРАЩАТЬ; ДОХОД, ПРИБЫЛЬ, ОКУПАЕМОСТЬ
RETURN OF CAPITAL
КОЭФФИЦИЕНТ ДОХОДНОСТИ КАПИТАЛА
RETURN ON EQUITY
КОЭФФИЦИЕНТ ДОХОДНОСТИ АКЦИОНЕРНОГО КАПИТАЛА
RETURN ON INVESTED CAPITAL
КОЭФФИЦИЕНТ ДОХОДНОСТИ ИНВЕСТИРОВАННОГО КАПИТАЛА
RETURN ON PENSION PLAN ASSETS
КОЭФФИЦИЕНТ ДОХОДНОСТИ АКТИВОВ ПЕНСИОННОГО
ФОНДА
RETURN ON SALES
ДОХОДНОСТЬ ПРОДАЖ
RETURNS
ДОХОДЫ; ПРИБЫЛЬ; ОТЧЁТЫ; (НАЛОГОВЫЕ) ДЕКЛАРАЦИИ
REVALUATION
ПЕРЕОЦЕНКА; РЕВАЛЬВАЦИЯ (ВАЛЮТЫ)
REVENUE
ДОХОДЫ; ПОСТУПЛЕНИЯ
REVENUE ANTICIPATION NOTE (RAN)
КРАТКОСРОЧНОЕ ДОЛГОВОЕ ОБЯЗАТЕЛЬСТВО (местной власти)
REVENUE BOND
МУНИЦИПАЛЬНЫЕ ОБЛИГАЦИИ С ВЫПЛАТАМИ ИЗ ДОХОДОВ
REVENUE RULING
ОФИЦИАЛЬНОЕ РЕШЕНИЕ О ПРИМЕНИМОСТИ НАЛОГООБЛОЖЕНИЯ
К КОНКРЕТНЫМ ДОХОДАМ
REVERSAL
ИЗМЕНЕНИЕ; ОТМЕНА; ПОВОРОТ НА 180 ГРАДУСОВ
REVERSE ANNUITY MORTGAGE (RAM)
ОБРАТНАЯ РЕНТНАЯ ИПОТЕКА
REVERSE LEVERAGE
ОБРАТНЫЙ ЛЕВЕРИДЖ
REVERSE SPLIT
ОБРАТНЫЙ СПЛИТ
REVERSING ENTRY
ПОЗИЦИЯ РЕВЕРСИРОВАНИЯ
REVERSION
РЕВЕРСИРОВАНИЕ; ПРЕОБРАЗОВАНИЕ
REVERSIONARY FACTOR
КОЭФФИЦИЕНТ ПРЕОБРАЗОВАНИЯ
REVERSIONARY INTEREST
ЗАИНТЕРЕСОВАННОСТЬ СУБЪЕКТА ПОСЛЕДУЮЩЕГО
ИМУЩЕСТВЕННОГО ПРАВА
REVERSIONARY VALUE
ОЦЕНОЧНАЯ ЦЕННОСТЬ СОБСТВЕННОСТИ ПО ИСТЕЧЕНИИ
ОПРЕДЕЛЁННОГО ПЕРИОДА
REVIEW
ОБЗОР; РАССМОТРЕНИЕ; АНАЛИЗ

REVOCABLE TRUST
ОТЗЫВНОЙ ТРАСТ
REVOCATION
ОТЗЫВ; ОТМЕНА; АННУЛИРОВАНИЕ
REVOLVING CHARGE ACCOUNT
СЧЁТ, КОТОРЫЙ НЕ ТРЕБУЕТСЯ ПОЛНОСТЬЮ ВЫПЛАЧИВАТЬ, НО
СЛЕДУЕТ ДЕЛАТЬ ПЕРИОДИЧЕСКИЕ ПЛАТЕЖИ
REVOLVING CREDIT
АВТОМАТИЧЕСКИ ВОЗОБНОВЛЯЕМЫЙ КРЕДИТ
REVOLVING FUND
ОБОРОТНЫЙ ФОНД
REZONING
ИЗМЕНЕНИЕ ЗОНИРОВАНИЯ
RICH
БОГАТЫЙ; БОГАТСТВО
RIDER
НОВАЯ, ДОПОЛНИТЕЛЬНАЯ СТАТЬЯ СТРАХОВОГО ПОЛИСА
RIGHT OF FIRST REFUSAL
ПРАВО ПЕРВОГО ОТКАЗА
RIGHT OF REDEMPTION
ПРАВО ВЕРНУТЬ СОБСТВЕННОСТЬ ПО УПЛАТЕ ДОЛГА
RIGHT OF RESCISSION
ПРАВО ОТКАЗА ОТ ПОТРЕБИТЕЛЬСКОГО КРЕДИТА (без штрафа)
RIGHT OF RETURN
ПРАВО ВОЗВРАТА
RIGHT OF SURVIVORSHIP
ПРАВО (ВЫЖИВШЕГО) СУПРУГА
RIGHT-OF-WAY
ПРАВО ПРОХОДА, ПРОЕЗДА
RISK
РИСК; РИСКОВАТЬ
RISK-ADJUSTED DISCOUNT RATE
ПРОЦЕНТНАЯ СТАВКА С КОРРЕКЦИЕЙ НА РИСК
RISK ARBITRAGE
РИСКОВЫЙ АРБИТРАЖ
RISK AVERSE
НЕ РАСПОЛОЖЕННЫЙ К РИСКУ
RISK MANAGEMENT
УПРАВЛЕНИЕ РИСКОМ
ROLLING STOCK
ПОДВИЖНОЙ СОСТАВ (железнод.)
ROLLOVER
РОЛЛОВЕР; ПЕРЕВОД СРЕДСТВ ИЗ ОДНОЙ ФОРМЫ ИНВЕСТИЦИЙ В
ДРУГУЮ
ROLLOVER LOAN
РОЛЛОВЕРНЫЙ КРЕДИТ
ROM (READ-ONLY MEMORY)
ПОСТОЯННОЕ ЗАПОМИНАЮЩЕЕ УСТРОЙСТВО (ПЗУ)
ROTATING SHIFT
ВАХТА
ROUNDHOUSE
ЛОКОМОТИВНОЕ ДЕПО С ПОВОРОТНЫМ КРУГОМ
ROUND LOT
СТАНДАРТНАЯ СДЕЛКА (бирж.)

ROYALTY
РОЯЛТИ; КОМПЕНСАЦИЯ ЗА ИСПОЛЬЗОВАНИЕ ИСКЛЮЧИТЕЛЬНОГО
ПРАВА; ПЛАТА ЗА РАЗРАБОТКУ МИНЕРАЛЬНЫХ РЕСУРСОВ
ROYALTY TRUST
ТРАСТ С УПЛАТОЙ РОЯЛТИ
RUN
СПИСОК (ценных бумаг с текущими ценами); ТИРАЖ; ПРОГОН; «НАБЕГ»
(на банк)
RUNDOWN
ОБЗОР; КРАТКИЙ ПЕРЕЧЕНЬ
RUN OF PAPER (ROP)
МЕСТОРАСПОЛОЖЕНИЕ РЕКЛАМЫ НА ПОЛОСАХ ГАЗЕТНЫХ
СТРАНИЦ
RUN WITH THE LAND
ПЕРЕХОД УСЛОВИЙ ПРИ ПЕРЕХОДЕ ВЛАДЕНИЯ ЗЕМЛЕЙ
RURAL
СЕЛЬСКИЙ
RURBAN
РАЙОНЫ НА ТГАНИЦЕ БОЛЬШИХ ГОРОДОВ, ПОПАДАЮЩИЕ ПОД
ГОРОДСКУЮ ЗАСТРОЙКУ

S

SABOTAGE
САБОТАЖ
SAFE HARBOR RULE
НАЛОГОВОЕ УБЕЖЕЩЕ
SAFEKEEPING
БЕЗОПАСНОЕ ХРАНЕНИЕ ЦЕННОСТЕЙ (БАНКОМ)
SAFETY COMMISSION
КОМИССИЯ ПО БЕЗОПАСТНОСТИ (ПРОИЗВОДСТВА)
SAFETY MARGIN
ГАРАНТИЙНЫЙ РЕЗЕРВ
SALARIAT
РАБОЧИЙ КЛАСС
SALARY
ЖАЛОВАНИЕ, ОКЛАД
SALARY REDUCTION PLAN
ПЛАН, ПОЗВОЛЯЮЩИЙ РАБОТНИКАМ ИНВЕСТИРОВАТЬ ЧАСТЬ
СВОЕЙ ЗАРАБОТНОЙ ПЛАТЫ ПО СВОЕМУ УСМОТРЕНИЮ
SALE
ПРОДАЖА; РАСПРОДАЖА
SALE AND LEASEBACK
ПРОДАЖА С ПОСЛЕДУЮЩЕЙ АРЕНДОЙ
SALE OR EXCHANGE
РАСПОРЯЖЕНИЕ СОБСТВЕННОСТЬЮ НА ОСНОВЕ ОБМЕНЫ (А НЕ
ДАРЕНИЯ, НАПР.)
SALES ANALYST
АНАЛИТИК ПО СБЫТУ
SALES BUDGET
БЮДЖЕТ ПРОДАЖ, СБЫТА
SALES CHARGE
КОМИССИОННЫЙ СБОР (БРОКЕРА)
SALES CONTRACT
ДОГОВОР О ПРОДАЖЕ
SALES EFFECTIVENESS TEST
ПРОВЕРКА ЭФФЕКТИВНОСТИ СБЫТА
SALES INCENTIVE
СТИМУЛИРОВАНИЕ СБЫТА
SALES JOURNAL
КНИГА УЧЕТА ПРОДАЖ
SALES LETTER
ИЗВЕЩЕНИЕ О ПРОДАЖЕ
SALESPERSON
ПРОДАВЕЦ: ЧЕЛОВЕК, ПРОДАЮЩИЙ ТОВАРЫ И
УСЛУГИ
SALES PORTFOLIO
НАБОР ВСПОМАГАТЕЛЬНЫХ МАТЕРИАЛОВ ЧЕЛОВЕКА,
ПРОДАЮЩЕГО ТОВАРЫ И УСЛУГИ

SALES PROMOTION
ПРОДВИЖЕНИЕ ПРОДАЖ, СБЫТА
SALES RETURNS AND ALLOWANCES
СЧЁТ ДЛЯ УЧЁТА СКИДОК И ВОЗВРАТА НЕКАЧЕСТВЕННОЙ И
НЕПОДХОДЯЩЕЙ ПОКУПАТЕЛЮ ПРОДУКЦИИ
SALES REVENUE
ВЫРУЧКА ОТ ПРОДАЖ, СБЫТА
SALES TAX
НАЛОГ НА ПРОДАЖИ
SALES TYPE LEASE
ВИД БУХГАЛТЕРСКОГО УЧЁТА АРЕНДОДАТЕЛЯ
SALVAGE VALUE
ОСТАТОЧНАЯ ,ЛИКВИДАЦИОННАЯ СТОИМОСТЬ
SAMPLE BUYER
ПОКУПАТЕЛЬ ПРОБНОГО КОЛИЧЕСТВА ТОВАРА
SAMPLING
ОТБОР ОБРАЗЦОВ; ВЫБОРКА
SANDWICH LEASE
СДАЧА АРЕНДУЕМОЙ СОБСТВЕННОСТИ В АРЕНДУ
SATELLITE COMMUNICATION
СПУТНИКОВАЯ СВЯЗЬ
SATISFACTION OF A DEBT
ПОГАШЕНИЕ КРЕДИТА, ЗАЙМА
SATISFACTION PIECE
ДОКУИЕНТ, ПОДТВЕРЖДАЮЩИЙ ПОГАШЕНИЕ ДОЛГА
SAVINGS BOND
СБЕРЕГАТЕЛЬНАЯ ОБЛИГАЦИЯ
SAVINGS ELEMENT
КОМПОНЕНТ СБЕРЕЖЕНИЙ СТРАХОВОГО ПОЛИСА
SAVINGS RATE
УРОВЕНЬ СБЕРЕЖЕНИЙ
SCAB
ШТРЕЙКБРЕХЕР
SCALAGE
ДОПУЩЕНИЕ НА УТРЯСКУ И УТЕЧКУ ТОВАРА
SCALE
ШКАЛА; МАСШТАБ, СТАВКА ЗАРАБОТНОЙ
ПЛАТЫ
SCALE ORDER
ПРИКАЗ О ПОЭТАПНОЙ ПОКУПКЕ АКЦИЙ ПО МЕРЕ СНИЖЕНИЯ
ЦЕНЫ
SCALE RELATIONSHIP
СООТНОШЕНИЕ ШКАЛ
SCALPER
СПЕКУЛЯНТ НА ПЕРЕПРОДАЖЕ
SCANNER
СКАНМРУЮЩЕЕ УСТРОЙСТВО
SCARCITY, SCARCITY VALUE
РЕДКОСТЬ СТОИМОСТЬ РЕДКОСТИ
SCATTER DIAGRAM
КОРРЕЛЯЦИОННАЯ ДИАГРАММА
SCATTER PLAN
ПЛАН РАЗМЕЩЕНИЯ РЕКЛАМЫ ВО ВРЕМЯ РАЗЛИЧНЫХ РАДИО И
ТЕЛЕПЕРЕДАЧ

SCENIC EASEMENT
БРЕМЯ СОХРАНЕНИЯ ПРИРОДНОГО СОСТОЯНИЯ ЗЕМЛИ
SCHEDULE
ГРАФИК; ОПИСЬ; ПЕРЕЧЕНЬ; ПЛАН
SCHEDULING
ПОСТРОЕНИЕ ГРАФИКА, ПЛАНИРОВАНИЕ
SCHEDULED PRODUCTION
ПРОИЗВОДСТВО ПО ГРАФИКУ
SCIENTER
ЗАВЕДОМО
SCOPE OF EMPLOYMENT
ПЕРЕЧЕНЬ ВЫПОЛНЕННЫХ ЗАДАЧ ВО ВРЕМЯ НАХОЖДЕНИИ В
ДОЛЖНОСТИ
SCORCHED-EARTH DEFENSE
ЗАЩИТА ОТ ПОГЛАЩЕНИЯ ПУТЁМ ИЗБАВЛЕНИЯ ОТ НАИБОЛЕЕ
ЦЕННОЙ ДОЧЕРНЕЙ КОМПАНИИ
SCREEN FILTER
ЭКРАННЫЙ ФИЛЬТР
SCREEN SAVER
ЭКРАННАЯ ЗАЩИТА
SCRIP
ВРЕМЕННОЕ СВИДЕТЕЛЬСТВО НА АКЦИЮ ИЛИ ОБЛИГАЦИЮ: ЛЮБАЯ
ЦЕННАЯ БУМАГА
SCROL DOWN
ПЕРЕМЕЩЕНИЕ, ПРОСМАТРИВАНИЕ ВНИЗ СТРАНИЦЫ
SCROL UP
ПЕРЕМЕЩЕНИЕ, ПРОСМАТРИВАНИЕ ВВЕРХ СТРАНИЦЫ
SEAL
ПЕЧАТЬ; СТАВИТЬ ПЕЧАТЬ; ПЛОМБИРОВАТЬ
SEALED BID
СЕКРЕТНАЯ ТЕНДЕРНАЯ ЗАЯВКА
SEAL OF APPROVAL
СВИДЕТЕЛЬСТВО ОДОБРЕНИЯ
SEARCH ENGINE
ИНСТРУМЕНТ, ПРОГРАММА ПОИСКА
SEASONAL ADJUSTMENT
ПОПРАВКА НА ВРЕМЯ ГОДА
SEASONALITY
СЕЗОННЫЙ ХАРАКТЕР; СЕЗОННОСТЬ
SEASONED ISSUE
ОБЛИГАЦИИ ПОЛЬЗУЮЩИЕСЯ СПРОСОМ
SEASONED LOAN
ЗАЙМ, ПО КОТОРОМУ УЖЕ БЫЛО ПОЛУЧЕНО НЕСКОЛЬКО
ПЛАТЕЖЕЙ
SEAT
МЕСТО (на бирже); ШТАБ-КВАРТИРА; МЕСТО ПРЕБЫВАНИЯ
SECONDARY BOYCOTT
БОЙКОТ ТОВАРОВ И УСЛУГ, КОСВЕННО СВЯЗАННЫХ С
РАБОТОДАТЕЛЕМ, ПРОТИВ КОТОРОГО ОН НАЦЕЛЕН
SECONDARY DISTRIBUTION
ВТОРИЧНОЕ РАЗМЕЩЕНИЕ (ПРЕДЛОЖЕНИЕ)
(ценных бумаг)
SECONDARY MARKET
ВТОРИЧНЫЙ РЫНОК

SECONDARY MORTGAGE MARKET
ВТОРИЧНЫЙ ИПОТЕЧНЫЙ РЫНОК
SECOND LIEN or SECOND MORTGAGE
ВТОРИЧНЫЙ ЗАЛОГ или ВТОРАЯ ИПОТЕКА
SECOND MORTGAGE LENDING
КРЕДИТОВАНИЕ ПОД ВТОРИЧНУЮ ИПОТЕКУ
SECOND-PREFERRED STOCK
ВТОРИЧНЫЕ ПРИВИЛЕГИРОВАННЫЕ АКЦИИ, УСТУПАЮЩИЕ
ДРУГИМ ПРИВИЛЕГИРОВАННЫМ АКЦИЯМ (в правах на дивиденды и
активы при ликвидации)
SECTOR
СЕКТОР; ОТРАСЛЬ
SECURED BOND
ОБЕСПЕЧЕННАЯ ОБЛИГАЦИЯ (например, ипотекой)
SECURED DEBT
ОБЕСПЕЧЕННЫЙ КРЕДИТ
SECURED TRANSACTION
ОБЕСПЕЧЕННАЯ СДЕЛКА
SECURITIES
ЦЕННЫЕ БУМАГИ
SECURITIES ANALYST
АНАЛИТИК ЦЕННЫХ БУМАГ
SECURITIES AND COMMODITIES EXCHANGES
ФОНДОВЫЕ И ТОВАРНЫЕ БИРЖИ
SECURITIES AND EXCHANGE COMMISSION (SEC)
КОМИССИЯ ПО ЦЕННЫМ БУМАГАМ (США)
SECURITIES LOAN
ССУДА ЦЕННЫМИ БУМАГАМИ
SECURITY
БЕЗОПАСНОСТЬ; ОБЕСПЕЧЕНИЕ; ЦЕННАЯ БУМАГА
SECURITY DEPOSIT
ЗАЛОГ
SECURITY INTEREST
ПРАВО КРЕДИТОРА ВСТУПИТЬ ВО ВЛАДЕНИЕ СОБСТВЕННОСТЬ,
ПРЕДЛОЖЕННОЙ КАК ОБЕСПЕЧЕНИЕ
SECURITY RATING
РЕЙТИНГИ ЦЕННЫХ БУМАГ
SEED MONEY
ПЕРВИЧНОЕ ВЛОЖЕНИЕ КАПИТАЛА
SEGMENTATION STRATEGY
СТРАТЕГИЯ СЕГМЕНТАЦИИ (рынка)
SEGMENT MARGIN
МАРЖА СЕГМЕНТА, МЕРА ОЦЕНКИ ФИНАНСОВОГО СОСТОЯНИЯ
СЕГМЕНТА ДЕЛОВОГО ПРЕДПРИЯТИЯ
SEGMENT REPORTING
ОТЧЕТНОСТЬ ПО СЕГМЕНТАМ
SEGREGATION OF DUTIES
РАЗДЕЛЕНИЕ ОБЯЗАННОСТЕЙ
SEISIN
ВСТУПЛЕНИЕ ВО ВЛАДЕНИЕ
SELECT
ВЫБИРАТЬ, ВЫДЕЛЯТЬ, ОПЕРАЦИЯ, УКАЗЫВАЮЩАЯ ФРАГМЕНТ
ТЕКСТА ИЛИ ЭЛЕМЕНТ ИЗОБРАЖЕНИЯ, НАД КОТОРЫМ
ВЫПОЛНЯЕТСЯ СЛЕДУЮЩАЯ ОПЕРАЦИЯ

SELECTIVE CREDIT CONTROL
СЕЛЕКТИВНЫЙ КРЕДИТНЫЙ КОНТРОЛЬ
SELECTIVE DISTRIBUTION
СЕЛЕКТИВНОЕ (ВЫБОРОЧНОЕ) РАЗМЕЩЕНИЕ, РАСПРЕДЕЛЕНИЕ
SELF-AMORTIZING MORTGAGE
ИПОТЕКА, ВЫПЛАЧЕВАЕМАЯ ПОСРЕДСТВОМ ПЕРИОДИЧЕСКИХ
ВЫПЛАТ ПРОЦЕНТА И ОСНОВНОЙ СУММЫ
SELF-DIRECTED IRA
ИНДИВИДУАЛЬНЫЙ ПЕНСИОННЫЙ СЧЕТ ПОД ЛИЧНЫМ КОНТРОЛЕМ
SELF EMPLOYED
ИНДИВИДУАЛЬНЫЙ ПРЕДПРИНИМАТЕЛЬ
SELF-HELP
САМОПОМОЩЬ
SELF INSURANCE
СТРАХОВАНИЕ СОБСТВЕННЫМИ СИЛАМИ
SELF-TENDER OFFER
ПРЕДЛОЖЕНИЕ КОМПАНИЕЙ ВЫКУПА СВОИХ АКЦИЙ ОТ
АКЦИОНЕРОВ
SELLER'S MARKET
«РЫНОК ПРОДАВЦОВ» (где продавцы диктуют условия в силу превышения
спроса над предложением)
SELL-IN
ПРОДАТЬ ДЛЯ ПОЛУЧЕНИЯ ПРИБЫЛИ
SELLING AGENT or SELLING BROKER
АГЕНТ или БРОКЕР ПО ПРОДАЖЕ
SELLING CLIMAX
КУЛЬМИНАЦИЯ ПРОДАЖ (резкое падение цен на фондовой бирже)
SELLING SHORT
КОРОТКАЯ ПРОДАЖА
SELL-OFF
СБРОС, АКТИВНАЯ РАСПРОДАЖА (бумаг или товаров)
SEMIANNUAL
ПОЛУГОДОВОЙ
SEMICONDUCTOR
ПОЛУПРОВОДНИК
SEMIMONTHLY
ДВАЖДЫ В МЕСЯЦ
SEMIVARIABLE COSTS
ИЗДЕРЖКИ, РЕАГИРУЮЩИЕ НА ИЗМЕНЕНИЕ ОБЪЁМА, НО
НЕПРОПОРЦИОНАЛЬНО ЭТОМУ ИЗМЕНЕНИЮ
SENIOR DEBT
«СТАРШИЙ» ДОЛГ (кредиты и облигации с преимущественным правом на
активы при ликвидации)
SENIOR REFUNDING
РЕФИНАНСИРОВАНИЕ ЦЕННЫХ БУМАГ бумагами с большим сроком
погашения
SENIOR SECURITY
СТАРШАЯ ЦЕННАЯ БУМАГА с преимущественным правом на активы при
ликвидации
SENSITIVE MARKET
«ЧУТКИЙ» РЫНОК, РЫНОК, ЧУТКО РЕАГИРУЮЩИЙ НА
ОТРИЦАТЕЛЬНУЮ ИЛИ ПОЛОЖИТЕЛЬНУЮ ИНФОРМАЦИЮ
SENSITIVITY TRAINING
ИЗУЧЕНИЕ РЕАКЦИИ НА ИНФОРМАЦИЮ НА ПОДОПЫТНОЙ ГРУППЕ

SENTIMENT INDICATORS
ИНДИКАТОРЫ НАСТРОЕНИЯ (инвесторов)
SEPARATE PROPERTY
СОБСТВЕННОСТЬ В РАЗДЕЛЬНОМ ВЛАДЕНИИ СУПРУГОВ
SERIAL BOND
СЕРИЙНЫЕ ОБЛИГАЦИИ
SERIAL PORT
ПОСЛЕДОВАТЕЛЬНЫЙ ПОРТ
SERIES BOND
ГРУППА ОБЛИГАЦИЙ, ВЫПУЩЕННЫХ ПОД ОДНИМ КОНТРАКТОМ
SERVER
СЕРВЕР, СЛУЖЕБНЫЙ ПРОЦЕССОР, ОБСЛУЖИВАЮЩЕЕ УСТРОЙСТВО
SERVICE
УСЛУГА; ОБСЛУЖИВАНИЕ; ОБСЛУЖИВАНИЕ ЗАЙМА
SERVICE BUREAU
БЮРО УСЛУГ
SERVICE CLUB
ОБЪЕДИНЕНИЕ ДЛЯ ОКАЗАНИЯ ОБЩЕСТВЕННЫХ УСЛУГ И УСЛУГ
СВОИМ ЧЛЕНАМ
SERVICE DEPARTMENT
ОТДЕЛ ОБСЛУЖИВАНИЯ, СЕРВИСА
SERVICE ECONOMY
ЭКОНОМИКА СВЫСОКОЙ ДОЛЕЙ СЕКТОРА ОБСЛУЖИВАНИЯ
SERVICE FEE
ПЛАТА (СБОР) ЗА ОБСЛУЖИВАНИЕ
SERVICE WORKER
РАБОТНИК СЕРВИСНОЙ СЛУЖБЫ
SERVICING
ОБСЛУЖИВАНИЕ; ОБСЛУЖИВАНИЕ ДОЛГА
SETBACK
ОТКАТ НАЗАД; НЕУДАЧА
SETOFF
ЗАЧЕТ; КОНТРПРЕТЕНЗИЯ
SETTLE
УРЕГУЛИРОВАТЬ; УЛАДИТЬ
SETTLEMENT
РАСЧЕТ; УЛАЖИВАНИЕ; ОКОНЧАТЕЛЬНОЕ ОФОРМЛЕНИЕ
SETTLEMENT DATE
ДЕНЬ ОКОНЧАТЕЛЬНОГО РАССЧЁТА И ПЕРЕДАЧИ
БУМАГ
SETTLOR
ДОВЕРИТЕЛЬ; ЛИЦО, СОВЕРШАЮЩЕЕ АКТ РАСПОРЯЖЕНИЯ
ИМУЩЕСТВОМ
SEVERALTY
ВЛАДЕНИЕ СОБСТВЕННОСТЬЮ В КАЧЕСТВЕ ИНДИВИДУАЛЬНОГО
ВЛАДЕЛЬЦА
SEVERANCE DAMAGES
УЩЕРБ ОТ РАЗДЕЛЕНИЯ (СОБСТВЕННОСТИ)
SEVERANCE PAY
ВЫХОДНОЕ ПОСОБИЕ
SEXUAL HARASSMENT
СЕКСУАЛЬНОЕ ДОМОГАТЕЛЬСТВО
SHAKEDOWN
ПРИСПОСАБЛИВАНИЕ; ВЫМОГАТЕЛЬСТВО (под угрозой)

SHAKEOUT
ИЗМЕНЕНИЕ РЫНОЧНЫХ УСЛОВИЙ, ПРИВОДЯЩЕЕ К УСТРАНЕНИЮ СЛАБЫХ УЧАСТНИКОВ
SHAKEUP
РЕЗКОЕ ИЗМЕНЕНИЕ СТРУКТУРЫ И РУКОВОДСТВА ОРГАНИЗАЦИИ
SHARE
ДОЛи; АКЦИи
SHARECROPPER
КРЕСТЬиНИН – ИЗДОЛЬЩИК
SHARED-APPRECIATION MORTGAGE (SAM)
ДЕШЕВАЯ ИПОТЕКА когда заемщик должен поделиться с кредитором доходом от РОСТА СТОИМОСТИ СОБСТВЕННОСТИ
SHARED DRIVE
ДИСКОВОД СОВМЕСТНОГО ПОЛЬЗОВАНИЯ
SHARED-EQUITY MORTGAGE
ИПОТЕКА С ПРАВОМ КРЕДИТОРА НА ЧАСТЬ ДОХОДА ОТ ПОСЛЕДУЮЩЕЙ ПРОДАЖИ СОБСТВЕННОСТИ
SHAREHOLDER
АКЦИОНЕР
SHAREHOLDER'S EQUITY
АКЦИОНЕРНЫЙ КАПИТАЛ (все активы минус все пассивы)
SHARES AUTHORIZED
ЧИСЛО АКЦИЙ СОГЛАСНО УСТАВУ
SHAREWARE
ПАКЕТ КОЛЛЕКТИВНОГО ПОЛЬЗОВАНИЯ
SHARK REPELLENT
МЕРЫ ПО ЗАЩИТЕ ОТ ВРАЖДЕБНОГО ПОГЛОЩЕНИЯ
SHARK WATCHER
ФИРМА, СПЕЦИАЛИЗИРУЮЩАЯСЯ НА РАННЕМ ПРОГНОЗИРОВАНИИ ПОПЫТОК ПОГЛОЩЕНИЯ
SHEET FEEDER
УСТРОЙСТВО АВТОПОДАЧИ СТРАНИЦ БУМАГИ
SHELL CORPORATION
КОМПАНИЯ – ПРИКРЫТИЕ
SHIFT
ИЗМЕНЯТЬСЯ, СДВИГАТЬСЯ; СМЕНА; СДВИГ
SHIFT DIFFERENTIAL
НАДБАВКА ЗА РАБОТУ В НЕУДОБНУЮ (НАПР., НОЧНУЮ) СМЕНУ
SHIFT KEY
КЛАВИША СМЕНЫ РЕГИСТРА
SHIFT LOCK
ФИКСАЦИЯ РЕГИСТРА
SHOP
МАГАЗИН; ПРОИЗВОДСТВЕННОЕ ПОМЕЩЕНИЕ; ОФИС БРОКЕРА; ПРОФСОЮЗНАЯ ЯЧЕЙКА; ХОДИТЬ ЗА ПОКУПКАМИ; ПРИЦЕНИВАТЬСЯ
SHOPPER
ПОКУПАТЕЛЬ
SHOPPING SERVICE
УСЛУГИ ПО ПРИОБРЕТЕНИЮ ТОВАРОВ
SHORT BOND
КРАТКОСРОЧНАЯ ОБЛИГАЦИЯ
SHORT COVERING
ЗАЧЕТ КОРОТКОЙ ПОЗИЦИИ (бирж.)

SHORTFALL
НЕХВАТКА; НЕДОСТАТОК; ДЕФИЦИТ
SHORT FORM
СОКРАЩЕННАЯ ФОРМА
SHORT INTEREST
КОРОТКАu ПРОДАЖА ЗАИМСТВОВАННЫХ АКЦИЙ
SHORT POSITION
КОРОТКАЯ ПОЗИЦИЯ
SHORT-SALE RULE
ПРАВИЛО (Комиссии по ценным бумагам и биржам), ПО КОТОРОМУ
КОРОТКИЕ ПРОДАЖИ ДОПУСТИМЫ ЛИШЬ ПРИ ПОДЪЕМЕ
КОНЪЮНКТУРЫ (бирж.)
SHORT SQUEEZE
КОРОТКОЕ СЖАТИЕ (ситуация резкого подъема цен) (бирж.)
SHORT TERM
КРАТКОСРОчНЫЙ
SHORT-TERM CAPITAL GAIN (LOSS)
КРАТКОСРОЧНАЯ КАПИТАЛЬНАЯ ПРИБЫЛЬ (УБЫТОК)
SHORT-TERM DEBT or SHORT-TERM LIABILITY
КРАТКОСРОЧНЫЙ ДОЛГ (до 1 года)
SHRINKAGE
СЖАТИЕ; СОКРАЩЕНИЕ; УСАДКА
SHUTDOWN
ОСТАНОВКА (принудительная); ПРЕКРАЩЕНИЕ; ВЫКЛЮЧЕНИЕ
SIGHT DRAFT
ТРАТТА С ОПЛАТОЙ ПО ПРЕДЪЯВЛЕНИИ
SIGN OFF
ВЫХОД ИЗ СИСТЕМЫ
SIGN ON
ВХОД В СИСТЕМУ, ЛОГОН
SILENT PARTNER
«МОЛЧАЛИВЫЙ» ПАРТНЕР (внесший пай, но не принимающий активного
участия в делах товарищества)
SILVER STANDARD
СЕРЕБРuНЫЙ СТАНДАРТ
SIMPLE INTEREST
ПРОСТЫЕ ПРОЦЕНТЫ
SIMPLE TRUST
ПРОСТОЙ ТРАСТ
SIMPLE YIELD
ПРОСТОЙ ПРОЦЕНТНЫЙ ДОХОД ПО ЦЕННЫМ БУМАГАМ
SIMULATION
ИМИТАЦИЯ; МОДЕЛИРОВАНИЕ
SINGLE-ENTRY BOOKKEEPING
ПРОСТАЯ БУХГАЛТЕРИЯ
SINGLE PREMIUM LIFE INSURANCE
ПОЛИС СТРАХОВАНИЯ ЖИЗНИ С УПЛАТОЙ РАЗОВОЙ ПРЕМИИ В
НАЧАЛЕ
SINKING FUND
ФОНД ПОГАШЕНИЯ (ОБЛИГАЦИЙ)
SITE
УЧАСТОК; ПЛОЩАДКА; ОБЪЕКТ
SITE AUDIT
АУДИТ НА МЕСТЕ

SIT-DOWN STRIKE
СИДЯЧАЯ ЗАБАСТОВКА
SKILL INTENSIVE
ТРЕБУЮЩИЙ ВЫСОКИХ ЗАТРАТ квалифицированного труда
SKILL OBSOLESCENCE
УСТАРЕВАНИЕ НАВЫКОВ
SLACK
ОСЛАБЛЕНИЕ, СОКРАЩЕНИЕ АКТИВНОСТИ
SLANDER
УСТНАЯ КЛЕВЕТА
SLEEPER
ЦЕННАЯ БУМАГА С ВЫСОКИМ ПОТЕНЦИАЛОМ, НО НЕ
ПОЛЬЗУЮЩАЯСЯ ВЫСОКИМ СПРОСОМ
SLEEPING BEAUTY
«СПЯЩАЯ КРАСАВИЦА» (потенциальный объект поглощения без
предложений)
SLOWDOWN
ЗАМЕДЛЕНИЕ; СНИЖЕНИЕ АКТИВНОСТИ
SLUMP
ДЕПРЕССИЯ, СПАД
SMALL BUSINESS
МАЛОЕ ПРЕДПРИЯТИЕ; МЕЛКИЙ БИЗНЕС
SMALL INVESTOR
МЕЛКИЙ (РОЗНИЧНЫЙ) ИНВЕСТОР
SMOKE CLAUSE
ПОЛОЖЕНИЕ СТРАХОВОГО ПОЛИСА ОБ УРОНЕ, НАНЕСЁННОМ
ДЫМОМ
SMOKESTACK INDUSTRY
КРУПНАЯ ПРОМЫШЛЕННОСТЬ
SNOWBALLING
«ЭФФЕКТ СНЕЖНОГО КОМА» , БЫСТРЫЙ РОСТ ДЕЛОВОЙ
АКТИВНОСТИ
SOCIAL INSURANCE
СОЦИАЛЬНОЕ СТРАХОВАНИЕ
SOCIALISM
СОЦИАЛИЗМ
SOCIALLY CONSCIOUS INVESTOR
СОЦИАЛЬНО СОЗНАТЕЛЬНЫЙ ИНВЕСТОР
SOCIAL RESPONSIBILITY
СОЦИАЛЬНАЯ ОТВЕТСТВЕННОСТЬ
SOFT CURRENCY
СЛАБАЯ (МЯГКАЯ) ВАЛЮТА
SOFT GOODS
СЛАБО ПРОДАЮЩИЕСЯ ТОВАРЫ
SOFT MARKET
СЛАБЫЙ (ВЯЛЫЙ) РЫНОК
SOFT MONEY
«МЯГКИЕ» ДЕНЬГИ (обычно, в избирательной компании без указания
источников)
SOFT SPOT
УЯЗВИМАЯ ПОЗИЦИЯ; СЛАБОСТЬ
SOIL BANK
СЕЛЬСКОХОЗЯЙСТВЕННАЯ ПРОГРАММА ВЫПЛАТЫ ФЕРМЕРАМ
ДЕНЕГ ЗА НЕИСПОЛЬЗОВАНИЕ ЗЕМЛИ

SOLE PROPRIETORSHIP
ЕДИНОЛИЧНОЕ ВЛАДЕНИЕ
SOLVENCY
ПЛАТЕЖЕСПОСОБНОСТЬ
SOURCE
ИСТОЧНИК
SOURCE EVALUATION
ОЦЕНКА ИСТОЧНИКОВ
SOURCES OF FUNDS
ИСТОЧНИКИ ФИНАНСИРОВАНИЯ
SOURCE WORKSHEET
ИНСТРУМЕНТ ОЦЕНКИ ПОГРЕШНОСТИ ИЗМЕРЕНИЯ ОТДЕЛЬНОЙ
ВЕЛИЧИНЫ ИЛИ ИСТОЧНИКА ОШИБКИ
SOVEREIGN RISK
риск отказа иностранного правительства выполнять принятые обязательства
SPACE BAR
КЛАВИША ПРОБЕЛА
SPAMMING
РАССЫЛКА НЕВОСТРЕБОВАННЫХ ЭЛЕКТРОННЫХ СООБЩЕНИЙ
(СПЭМ)
SPAN OF CONTROL
ОБЪЕМ, ДИАПАЗОН КОНТРОЛЯ
SPECIAL AGENT
АГЕНТ ПО ОСОБЫМ ПОРУЧЕНИЯМ
SPECIAL ASSIGNMENT
ОСОБОЕ ПОРУЧЕНИЕ
SPECIAL DELIVERY
ДОСТАВКА НА ОСОБЫХ УСЛОВИЯХ
SPECIAL DRAWING RIGHTS (SDR)
СПЕЦИАЛЬНЫЕ ПРАВА ЗАИМСТВОВАНИЯ (СДР) (денежная единица на
основе корзины ведущих валют)
SPECIAL HANDLING
ОСОБОЕ ОБРАЩЕНИЕ
SPECIALIST
СПЕЦИАЛИСТ
SPECIAL PURCHASE
СПЕЦИАЛИЗИРОВАННАЯ ЗАКУПКА
SPECIAL SITUATION
ОСОБАЯ СИТУАЦИЯ; ОСОБЫЕ ОБСТОЯТЕЛЬСТВА
SPECIALTY ADVERTISING
СПЕЦИАЛИЗИРОВАННАЯ РЕКЛАМА
SPECIALTY GOODS
СПЕЦИАЛИЗИРОВАННЫЕ ТОВАРЫ
SPECIALTY RETAILER
СПЕЦИАЛИЗИРОВАННЫЙ РОЗНИЧНЫЙ
ТОРГОВЕЦ
SPECIALTY SELLING
СПЕЦИАЛИЗИРОВАННАЯ ПРОДАЖА
SPECIALTY SHOP
СПЕЦИАЛИЗИРОВАННЫЙ МАГАЗИН, ЦЕХ
SPECIAL-USE PERMIT
РАЗРЕШЕНИЕ НА ОСОБОЕ ПОЛЬЗОВАНИЕ
SPECIAL WARRANTY DEED
КУПЧАЯ С ОСОБОЙ ГАРАНТИЕЙ

SPECIE
ВИД, РАЗНОВИДНОСТЬ; МОНЕТА ИЗ БЛАГОРОДНЫХ МЕТАЛЛОВ
SPECIFICATION
ТЕХНИЧЕСКИЕ УСЛОВИЯ
SPECIFIC IDENTIFICATION
ИНВЕНТАРНЫЙ МЕТОД КОНКРЕТНОГО ОБОЗНАЧЕНИЯ
SPECIFIC PERFORMANCE
КОНКРЕТНЫЕ, ОСОБЫЕ ПОКАЗАТЕЛИ
SPECIFIC SUBSIDY
ЦЕЛЕВАЯ СУБСИДИЯ
SPECULATIVE RISK
СПЕКУЛЯТИВНЫЙ РИСК
SPEECH RECOGNITION
РАСПОЗНОВАНИЕ ГОЛОСА, РЕЧИ
SPEEDUP
УСКОРЕНИЕ
SPELL CHECKER
СПЕЛЛЕР
SPENDING MONEY
ДЕНЬГИ НА РАСХОДЫ
SPENDTHRIFT TRUST
ТРАСТ ДЛЯ ОБЕСПЕЧЕНИЯ БЕНЕФИЦИАРИЯ С ГАРАНТИЕЙ ПРОТИВ
НЕРАЗУМНОГО ИСПОЛЬЗОВАНИЯ СРЕДСТВ
SPILLOVER
ВЛИЯНИЕ ЭКОНОМИЧЕСКОЙ ДЕЯТЕЛЬНОСТИ НА НЕУЧАСТВУЮЩИХ
В НЕЙ СУБЪЕКТОВ
SPIN-OFF
СПИН-ОФ, СОЗДАНИЕ НОВОЙ КОМПАНИИ НА ОСНОВЕ
СТРУКТУРНОГО ПОДРАЗДЕЛЕНИЯ СТАРОЙ КОМПАНИИ
SPLINTERED AUTHORITY
РАЗДЕЛЁННЫЕ ПОЛНОМОчИи
SPLIT
СПЛИТ, РАЗБИВКА АКЦИЙ НА НЕСКОЛЬКО БУМАГ (с меньшим
номиналом)
SPLIT COMMISSION
КОМИССИОННЫЕ, ПОДЕЛЕННЫЕ МЕЖДУ ДВУМЯ БРОКЕРАМИ
SPLIT SHIFT
РАЗБИТАЯ РАБОЧАЯ СМЕНА
SPOKESPERSON
ПРЕСС-СЕКРЕТАРЬ (для общения со СМИ)
SPONSOR
СПОНСОР
SPOT CHECK
ЧЕК «СПОТ» (с немедленной наличной оплатой)
SPOT COMMODITY
ФИЗИЧЕСКИЙ (НАЛИЧНЫЙ) ТОВАР (на товарной бирже)
SPOT DELIVERY MONTH
БЛИЖАЙШИЙ МЕСЯЦ ПОСТАВКИ (в торговле на товарной бирже)
SPOT MARKET
РЫНОК «СПОТ», РЫНОК НАЛИЧНОСТИ
SPOT PRICE
НАЛИЧНАЯ ЦЕНА
SPOT ZONING
ЗОНИРОВАНИЕ ПО ОТДЕЛЬНЫМ КЛАССАМ УЧАСТКОВ

SPREAD
СПРЕД – РАЗНИЦА МЕЖДУ ЦЕНАМИ, КУРСАМИ, СТАВКАМ; МАРЖА

SPREADING AGREEMENT
ДОГОВОР УВЕЛИЧЕНИЯ ЗАЛОГА

SPREAD SHEET
ЭЛЕКТРОННАЯ ТАБЛИЦА

SQUATTER'S RIGHTS
ПОЛУЧЕНИЕ ПРАВОВОГО ТИТУЛА НА ИСПОЛЬЗУЕМУЮ ЗЕМЛЮ
ЧЕРЕЗ ОПРЕДЕЛЕННЫЙ СРОК (при соблюдении оговоренных условий)

SQUEEZE
ТЯЖЕЛОЕ ПОЛОЖЕНИЕ

STABILIZATION
СТАБИЛИЗАЦИЯ

STACKED COLUMN CHART
СТЕКОВАЯ СТОЛБИКОВАЯ ДИАГРАММА

STAGGERED ELECTION
МНОГОСТАДИЙНЫЕ ВЫБОРЫ

STAGGERING MATURITIES
ДИВЕРСИФИКАЦИЯ ОБЛИГАЦИОННОГО ПОРТФЕЛЯ ПО СРОКАМ

STAGNATION
ЗАСТОЙ

STAKE
СТАВКА; «ЗАСТОЛБИТЬ»

STAND-ALONE SYSTEM
АВТОНОМНАЯ СИСТЕМА

STANDARD
СТАНДАРТ; НОРМА; СТАНДАРТНЫЙ; ОБЩЕПРИНЯТЫЙ

STANDARD COST
СТАНДАРТНАЯ СТОИМОСТЬ

STANDARD DEDUCTION
СТАНДАРТНЫЕ СУММЫ ДОХОДА, НЕ ОБЛАГАЕМЫЕ НАЛОГОМ

STANDARD DEVIATION
СТАНДАРТНОЕ ОТКЛОНЕНИЕ

STANDARD INDUSTRIAL CLASSIFICATION (SIC) SYSTEM
СИСТЕМА СТАНДАРТНОЙ ПРОМЫШЛЕННОЙ КЛАССИФИКАЦИИ

STANDARD OF LIVING
ЖИЗНЕННЫЙ УРОВЕНЬ

STANDARD TIME
СТАНДАРТНОЕ (ПОЯСНОЕ) ВРЕМЯ

STANDARD WAGE RATE
СТАНДАРТНАЯ СТАВКА ЗАРАБОТНОЙ ПЛАТЫ

STANDBY
РЕЗЕРВИРОВАНИЕ

STANDBY FEE
ПЛАТА ЗА РЕЗЕРВИРОВАНИЕ КРЕДИТА

STANDBY LOAN
РЕЗЕРВНЫЙ (ГАРАНТИРОВАННЫЙ) ЗАЕМ, КРЕДИТ

STANDING ORDER
ПОСТОЯННОЕ ПОРУЧЕНИЕ

STAPLE STOCK
ЗАПАС ОСНОВНЫХ ТОВАРОВ

START-UP
ПУСК (в эксплуатацию); СОЗДАНИЕ
(новой компании)

START-UP SCREEN
УСТАНОВОЧНЫЙ ЭКРАН
STATED VALUE
ОБЪЯВЛЕННАЯ СТОИМОСТЬ АКЦИИ
STATEMENT
ЗАЯВЛЕНИЕ; ОТЧЕТ; СПРАВКА
STATEMENT OF AFFAIRS
ОТЧЕТ О СОСТОЯНИИ ДЕЛ
STATEMENT OF CONDITION
ДОКУМЕНТ О ФИНАНСОВОМ СОСТОЯНИИ (банка, компании)
STATEMENT OF PARTNERS' CAPITAL
ОБЪЯВЛЕННЫЙ КАПИТАЛ ПАРТНЕРОВ
STATIC ANALYSIS
СТАТИЧЕСКИЙ АНАЛИЗ
STATIC BUDGET
«СТАТИЧНЫЙ» БЮДЖЕТ
STATIC RISK
«СТАТИЧНЫЙ» РИСК
STATISTIC
СТАТИСТИЧЕСКИЙ
STATISTICAL INFERENCE
ВЫВОДЫ ИЗ СТАТИСТИКИ
STATISTICALLY SIGNIFICANT
СТАТИСТИЧЕСКАЯ ЗНАЧИМОСТЬ
STATISTICAL SAMPLING
СТАТИСТИЧЕСКАЯ ВЫБОРКА
STATISTICS
СТАТИСТИКА: ОТЧЕТНОСТЬ
STATUS
СТАТУС; СОСТОЯНИЕ (гражданское)
STATUS BAR
СТАТУСНАЯ ЛИНЕЙКА
STATUS SYMBOL
СИМВОЛ, ПРИЗНАК СТАТУСА
STATUTE
СТАТУТ (международный); ЗАКОН; УСТАВ
STATUTE OF FRAUDS
ЗАКОН О ПОДСУДНОСТИ ИСКОВ ПО ОПРЕДЕЛЕННЫМ ВИДАМ
ДОГОВОРОВ
STATUTE OF LIMITATIONS
ЗАКОН ОБ ИСКОВОЙ ДАВНОСТИ
STATUTORY AUDIT
ОБЯЗАТЕЛЬНЫЙ (по закону) АУДИТ
STATUTORY MERGER
ОБЯЗАТЕЛЬНОЕ (по закону) СЛИЯНИЕ
STATUTORY NOTICE
ОБЯЗАТЕЛЬНОЕ (по закону) ИЗВЕЩЕНИЕ,
УВЕДОМЛЕНИЕ
STATUTORY VOTING
ОБЯЗАТЕЛЬНОЕ ГОЛОСОВАНИЕ
STAYING POWER
«ВЫНОСЛИВОСТЬ» инвестора
STEADY-GROWTH METHOD
МЕТОД УСТОЙЧИВОГО РОСТА

STEERING
НАПРАВЛЕНИЕ; УПРАВЛЕНИЕ
STEPPED-UP BASIS
СТУПЕНЧАТАЯ ОСНОВА
STIPEND, STIPENDIARY
СТИПЕНДИЯ; ЖАЛОВАНИЕ; РЕГУЛЯРНО ВЫПЛАЧИВАЕМЫЙ
STIPULATION
УСЛОВИЕ ДОГОВОРА, КОНТРАКТА
STOCHASTIC
СТОХАСТИЧЕСКИЙ
STOCK
АКЦИИ; ЦЕННЫЕ БУМАГИ; ЗАПАСЫ; ЗАПАСАТЬ
STOCKBROKER
ФОНДОВЫЙ БРОКЕР
STOCK CERTIFICATE
ДОКУМЕНТ, ПОДТВЕРЖДАЮЩИЙ ДЕПОНИРОВАНИЕ АКЦИЙ
STOCK DIVIDEND
ДИВИДЕНД ПО АКЦИЯМ
STOCK EXCHANGE
ФОНДОВАЯ БИРЖА
STOCKHOLDER
АКЦИОНЕР
STOCKHOLDER OF RECORD
ЗАРЕГИСТРИРОВАННЫЙ АКЦИОНЕР
STOCKHOLDER'S DERIVATIVE ACTION
 СУДЕБНЫЙ ИСК АКЦИОНЕРОВ, ПОДДАННЫЙ ИМИ ОТ ЛИЦА
КОРПОРАЦИИ ПРОТИВ СУБЪЕКТОВ, НАНЁСШИХ УРОН КОРПОРАЦИИ
STOCKHOLDER'S EQUITY
СРЕДСТВА АКЦИОНЕРОВ КОМПАНИИ
STOCK INDEX FUTURE
ФЬЮЧЕРСКИЙ КОНТРАКТ НА ОСНОВЕ ФОНДОВЫХ ИНДЕКСОВ
STOCK INSURANCE COMPANY
АКЦИОНЕРНАЯ СТРАХОВАЯ КОМПАНИЯ
STOCK JOBBING
ПРОВЕДЕНИЕ СДЕЛКОК С ЦЕННЫМИ БУМАГАМИ
STOCK LEDGER
КНИГА УЧЕТА АКЦИЙ
STOCK MARKET
ФОНДОВЫЙ РЫНОК
STOCK OPTION
ПРАВО НА ПОЛУЧЕНИЕ, ВЫКУП АКЦИЙ; ФОНДОВЫЙ ОПЦИОН
STOCKOUT COST
ИЗДЕРЖКИ ИСТОЩЕНИЯ ЗАПАСОВ
STOCKPILE
НАКАПЛИВАТЬ; КОПИТЬ
STOCK POWER
ДОВЕРЕННОСТЬ НА ПЕРЕДАЧУ ПРАВ СОБСТВЕННОСТИ НА ЦЕННУЮ
БУМАГУ
STOCK RECORD
ДОКУМЕНТ УЧЕТА АКЦИЙ
STOCKROOM
СКЛАД; ХРАНИЛИЩЕ
STOCK SYMBOL
СТАНДАРТНЫЙ СИМВОЛ ЦЕННОЙ БУМАГИ

STOCK TURNOVER
ОБОРОТ МАТЕРИАЛЬНЫХ ЗАПАСОВ
STONEWALLING
ОТМАЛЧИВАНИЕ; ИСКУССТВЕННАЯ ЗАДЕРЖКА; ЗАТЯГИВАНИЕ
STOOL PIGEON
ДОНОЩИК; «СТУКАЧ»
STOP CLAUSE
ПРИ ЛИЗИНГЕ, УРОВЕНЬ ОПЕРАЦИОННЫХ РАСХОДОВ, ПРИ
КОТОРОМ АРЕНДАТОР ДОЛЖЕН БРАТЬ НА СЕБЯ ИХ ОПЛАТУ
STOP-LOSS REINSURANCE
ПЕРЕСТРАХОВКА УБЫТКОВ СВЕРХ ОГОВОРЕННОЙ СУММЫ
STOP ORDER
ПРИКАЗ «СТОП» (приказ продавать или покупать по достижении ценой
определенного уровня)
STOP PAYMENT
ПРИКАЗ БАНКУ (ОТ ЛИЦА ВЫПИСАВШЕГО ЧЕК) НЕ СОВЕРШАТЬ
ПЛАТЁЖ ПО ЧЕКУ
STORE
МАГАЗИН; СКЛАД; ХРАНИТЬ
STORE BRAND
ТОВАРНАЯ МАРКА
STRADDLE
«СТРЭДДЛ», СДЕЛКА с одновременной покупкой и продажей одного и того
же товара (БИРЖ.)
STRAIGHT BILL OF LADING
ПРЯМОЙ КОНОСАМЕНТ
STRAIGHT-LINE METHOD OF DEPRECIATION
МЕТОД УЧЕТА ОБЫЧНОЙ (НЕ УСКОРЕННОЙ) АМОРТИЗАЦИИ
STRAIGHT-LINE PRODUCTION
КОНВЕЕРНОЕ ПРОИЗВОДСТВО
STRAIGHT TIME
 УРОЧНОЕ ВРЕМЯ
STRAPHANGER
ЛИЦО, ПОЛЬЗУЮЩЕЕСЯ ОБЩЕСТВЕННЫМ ТРАНСПОРТОМ
(ОСОБЕННО СТОЯ)
STRATEGIC PLANNING
СТРАТЕГИЧЕСКОЕ ПЛАНИРОВАНИЕ
STRATEGY
СТРАТЕГИЯ
STRATIFIED RANDOM SAMPLING
РАССЛОЕННАЯ ПРОИЗВОЛЬНАЯ ВЫБОРКА
STRAW BOSS
ЗАМЕСТИТЕЛЬ МАСТЕРА; БРИГАДИР
STRAW MAN
ПОДСТАВНОЕ ЛИЦО
STREET NAME
НОМИНАЛЬНЫЙ ИНВЕСТОР
STRETCHOUT
РАСТЯГИВАНИЕ; ВЫНУЖДЕНИЕ ВЫПОЛНЯТЬ ДОПОЛНИТЕЛЬНУЮ
РАБОТУ БЕЗ ОПЛАТЫ
STRIKE
ЗАБАСТОВКА
STRIKE BENEFITS
ПРОФСОЮЗНЫЕ ВЫПЛАТЫ БАСТУЮЩИМ РАБОТНИКАМ

STRIKEBREAKER
ШТРЕЙКБРЕХЕР
STRIKE NOTICE
УВЕДОМЛЕНИЕ О ПРЕДСТОЯЩЕЙ ЗАБАСТОВКЕ
STRIKE PAY
ПРОФСОЮЗНЫЕ ВЫПЛАТЫ БАСТУЮЩИМ
STRIKE PRICE
ЦЕНА ИСПОЛНЕНИЯ ПРИКАЗА БРОКЕРУ (бирж.)
STRIKE VOTE
ГОЛОСОВАНИЕ О ЗАБАСТОВКЕ
STRIP
ПОЛОСА
STRUCTURAL INFLATION
СТРУКТУРНАи ИНФЛиЦИи
STRUCTURAL UNEMPLOYMENT
СТРУКТУРНАЯ БЕЗРАБОТИЦА
STRUCTURE
СТРУКТУРА
SUBCONTRACTOR
СУБПОДРЯДЧИК
SUBDIRECTORY
ПОДКАТАЛОГ
SUBDIVIDER
РАЗДЕЛИТЕЛЬ
SUBDIVIDING
ПОДРАЗДЕЛЕНИЕ
SUBDIVISION
ПОДРАЗДЕЛЕНИЕ; ОТДЕЛ
SUBJECT TO MORTGAGE
УСЛОВИЕ ПОКУПКИ ЗАЛОЖЕННОЙ ЗЕМЛИ
SUBLEASE
СДАЧА АРЕНДУЕМОЙ СОБСТВЕННОСТИ В АРЕНДУ
SUBLET
СУБАРЕНДА
SUBLIMINAL ADVERTISING
АССОЦИАТИВНАЯ РЕКЛАМА
SUBMARGINAL
НИЖЕ УСТАНОВЛЕННОГО ПРЕДЕЛА, МАРЖИ
SUBOPTIMIZE
НЕПОЛНАЯ ОПТИМИЗАЦИЯ
SUBORDINATED
ПОДЧИНЕННЫЙ
SUBORDINATE DEBT
ВТОРОСТЕПЕННЫЙ ДОЛГ
SUBORDINATION
ПОДЧИНЕНИЕ; СУБОРДИНАЦИЯ
SUBPOENA
ВЫЗОВ В СУД; ПОВЕСТКА О ЯВКЕ В СУД
SUBROGATION
ПРОДАЖА КРЕДИТА; ПЕРЕДАЧА ПРАВА
SUBROUTINE
ПОДПРОГРАММА (вычисл.)
SUBSCRIPT
ИНДЕКС, ВЫРАЖЕНИЕ, УКАЗЫВАЮЩЕЕ НОМЕР ЭЛЕМЕНТА МАССИВ;

НИЖНИЙ ИНДЕКС
SUBSCRIPTED VARIABLE
ИНДЕКСИРОВАННАЯ ПЕРЕМЕННАu
SUBSCRIPTION
ПОДПИСКА
SUBSCRIPTION PRICE
ЦЕНА ПОДПИСКИ; ЦЕНА БУМАГИ ПРИ ЕЕ ЭМИССИИ
SUBSCRIPTION PRIVILEGE
ПРИВИЛЕГИЯ ПОДПИСКИ
SUBSCRIPTION RIGHT
ПРАВО ПОДПИСКИ
SUBSEQUENT EVENT
ПОСЛЕДУЮЩЕЕ СОБЫТИЕ
SUBSIDIARY
ФИЛИАЛ; ДОЧЕРНЯЯ КОМПАНИЯ
SUBSIDIARY COMPANY
ДОЧЕРНЯЯ КОМПАНИЯ
SUBSIDIARY LEDGER
ГРОССБУХ ДОЧЕРНЕЙ КОМПАНИИ
SUBSIDY
СУБСИДИЯ
SUBSISTENCE
СРЕДСТВА К СУЩЕСТВОВАНИЮ; ПРОЖИТОЧНЫЙ МИНИМУМ
SUBSTITUTION
СУБСТИТУЦИЯ, ЗАМЕЩЕНИЕ
SUBSTITUTION EFFECT
ЭФФЕКТ ЗАМЕЩЕНИЯ
SUBSTITUTION LAW
ЗАКОН СУБСТИТУЦИИ
SUBSTITUTION SLOPE
НАКЛОННАЯ СУБСТИТУЦИИ
SUBTENANT
СУБАРЕНДАТОР
SUBTOTAL
ПРОМЕЖУТОЧНЫЙ ИТОГ
SUGGESTED RETAIL PRICE
ПРЕДЛАГАЕМАЯ (ПРОИЗВОДИТЕЛЕМ) РОЗНИЧНАЯ ЦЕНА
SUGGESTION SYSTEM
СИСТЕМА ПООЩРЕНИЯ ПРЕДЛОЖЕНИЙ ОТ РАБОТНИКОВ
SUICIDE CLAUSE
ОГОВОРКА О САМОУБИЙСТВЕ В ПОЛИСЕ СТРАХОВАНИЯ
ЖИЗНИ
SUITE
КОМПЛЕКТ ПРОГРАММ
SUMMONS
ВЫЗОВ В СУД
SUNSET INDUSTRY
ЗРЕЛАЯ ОТРАСЛЬ УСТАРЕВАЮЩИХ ТОВАРОВ
SUNSET PROVISION
УСЛОВИЕ ЗАКОНА или ПРАВИЛА, ОГОВАРИВАЮЩЕЕ СРОК
ПРЕКРАЩЕНИЯ ЕГО ДЕЙСТВИЯ
SUPERFUND
ФОНД, УСТАНОВЛЕННЫЙ ПРАВИТЕЛЬСТВОМ НА ОЧИСТКУ
ОКРУЖАЮЩЕЙ СРЕДЫ

SUPERINTENDENT
ЗАВЕДУЮЩИЙ, УПРАВЛЯЮЩИЙ
SUPERMARKET
«СУПЕРМАРКЕТ»; УНИВЕРСАЛЬНЫЙ МАГАЗИН
SUPER NOW ACCOUNT
БАНКОВСКИЙ СЧЁТ ДО ВОСТРЕБОВАНИЯ, ПО КОТОРОМУ
ВЫПЛАЧИВАЮТСЯ ПРОЦЕНТЫ
SUPERSAVER FARE
СВЕРХЭКОНОМИчНАu ПЛАТА ЗА ПРОЕЗД, ПЕРЕВОЗКУ
SUPERSCRIPT
ВЕРХНИЙ ИНДЕКС
SUPER SINKER BOND
ОБЛИГАЦИЯ С УРОВНЕМ КУПОНА, РАВНЫМ СТАВКАМ ПО
ДОЛГОСРОЧНЫМ ОБЛИГАЦИЯМ (но погашаемая гораздо раньше)
SUPERSTORE
КРУПНЫЙ МАГАЗИН
SUPPLEMENTALAGREEMENT
ДОПОЛНИТЕЛЬНОЕ СОГЛАШЕНИЕ
SUPPLIER
ПОСТАВЩИК
SUPPLY
ПРЕДЛОЖЕНИЕ; ПОСТАВКА; НАЛИЧИЕ ТОВАРА
SUPPLY PRICE
ЦЕНА ПРЕДЛОЖЕНИЯ
SUPPLY-SIDE ECONOMICS
ЭКОНОМИКА ПРЕДЛОЖЕНИЯ (теория)
SUPPORT LEVEL
УРОВЕНЬ ПОДДЕРЖКИ
SURCHARGE
НАДБАВКА К ЦЕНЕ
SURETY BOND
ГАРАНТИЙНАЯ ОБЛИГАЦИЯ
SURGE PROTECTOR
УСТРОЙСТВО ЗАЩИТЫ ОТ СКАЧКОВ НАПРЯЖЕНИЯ В СЕТИ
SURPLUS
ИЗЛИШЕК; ИЗБЫТОК
SURRENDER
СДАЧА; КАПИТУЛЯЦИЯ
SURRENDER, LIFE INSURANCE
ДОСРОЧНОЕ РАСТОРЖЕНИЕ ДОГОВОРА О СТРАХОВАНИИ ЖИЗНИ
SURTAX
ДОБАВОЧНЫЙ ПОДОХОДНЫЙ НАЛОГ
SURVEY
ОБЗОР; ОБСЛЕДОВАНИЕ; РАЗВЕДКА
SURVEY AREA
ОБСЛЕДУЕМАЯ (РАЗВЕДЫВАЕМАЯ) ПЛОЩАДЬ, ЗОНА
SURVEYOR
ИНСПЕКТОР; ЭКСПЕРТ; ГЕОДЕЗИСТ
SURVIVORSHIP
ВЫЖИВАНИЕ
SUSPENDED TRADING
ПРИОСТАНОВКА ТОРГОВЛИ (бирж.)
SUSPENSE ACCOUNT
ПРОМЕЖУТОЧНЫЙ СЧЕТ

SUSPENSION
ПРИОСТАНОВЛЕНИЕ; ПРЕРЫВАНИЕ; ПОДВЕСКА (техн.)
SWAP
«СВОП»; ОБМЕН (бирж.)
SWEAT EQUITY
ПРИРАЩЕНИЕ ЦЕННОСТИ СОБСТВЕННОСТИ ТРУДОМ ВЛАДЕЛЬЦА
SWEATSHOP
ПОТОГОННОЕ ПРЕДПРИЯТИЕ
SWEEPSTAKES
ЛОТЕРЕЯ
SWEETENER
«ПОДСЛАСТИТЕЛЬНАЯ» ХАРАКТЕРИСТИКА (ценной бумаги, товара)
SWING SHIFT
СМЕНА ПЕРЕД ПОЛНОЧНОЙ СМЕНОЙ
SWITCHING
ПЕРЕКЛЮЧЕНИЕ
SYMPATHETIC STRIKE
ЗАБАСТОВКА ДЛЯ ДЕМОНСТРАЦИИ СОЛИДАРНОСТИ
SYNDICATE
СИНДИКАТ; КОНСОРЦИУМ
SYNDICATION
ОБЪЕДИНЕНИЕ В СИНДИКАТ; СИНДИКАЦИЯ
SYNDICATOR
ИНИЦИАТОР ОБЪЕДИНЕНИЯ В СИНДИКАТ, СИНДИКАЦИИ
SYNERGY
СИНЕРГИЗМ; ЭФФЕКТ ВЗАИМОДЕЙСТВИЯ БОЛЬШЕ СУММЫ
ЭФФЕКТОВ ЧАСТЕЙ
SYSTEM
СИСТЕМА; СИСТЕМНЫЙ
SYSTEM ADMINISTRATOR
СПЕЦИАЛИСТ ПО ОБСЛУЖИВАНИЮ СИСТЕМ
SYSTEMATIC RISK
СИСТЕМАТИЧЕСКИЙ РИСК
SYSTEMATIC SAMPLING
СИСТЕМАТИЧЕСКАЯ ВЫБОРКА

T

TAB KEY
КЛАВИША ТАБУЛЯЦИИ
TABLE COLUMN
СТОЛБЕЦ ТАБЛИЦЫ
TABLE FIELD
ПОЛЕ ТАБЛИЦЫ
T-ACCOUNT
СЧЕТ В ФОРМЕ БУКВЫ «Т» (с именем заявителя сверху и двумя колонками
для дебета и кредита)
TACTIC
ТАКТИКА
TAG SALE
ПРОДАЖА ДОМАШНЕГО ИМУЩЕСТВА ВЛАДЕЛЬЦЕМ ИЗ СВОЕГО
ДОМА
TAKE A BATH, TAKE A BEATING
ПОНЕСТИ БОЛЬШИЕ УБЫТКИ (по спекулятивной сделке)
TAKE A FLIER
СПЕКУЛИРОВАТЬ, СОВЕРШАТЬ ЗАВЕДОМО РИСКОВАННУЮ СДЕЛКУ
TAKE A POSITION
ОТКРЫТЬ ПОЗИЦИЮ (купить акции компании с целью долгосрочных
инвестиций)
TAKE-HOME PAY
ФАКТИЧЕСКАЯ (ЧИСТАЯ) ЗАРАБОТНАЯ ПЛАТА (минус налоги,
страхование и т.п.)
TAKE
ПРИНЯТЬ; ВЗЯТЬ; ПРИЕМ
TAKEOFF
СТАРТ; ВЗЛЁТ,
TAKE-OUT LOAN, TAKE-OUT FINANCING
ДОЛГОСРОЧНЫЙ ИПОТЕЧНЫЙ КРЕДИТ ДЛЯ РЕФИНАНСИРОВАНИЯ
КРАТКОСРОЧНОГО
TAKEOVER
ПОГЛОЩЕНИЕ; ПОКУПКА КОНТРОЛЬНОГО ПАКЕТА АКЦИЙ
КОМПАНИИ
TAKING
ВЗЯТИЕ; ОВЛАДЕНИЕ; ПРИЕМ
TAKING DELIVERY
ПОЛУЧЕНИЕ ДОСТАВКИ
TAKING INVENTORY
ИНВЕНТАРИЗАЦИЯ
TALLY
СЧЕТ; ИТОГ; СХОЖДЕНИЕ РЕЗУЛЬТАТОВ
TANGIBLE ASSET
МАТЕРИАЛЬНЫЙ АКТИВ
TANGIBLE PERSONAL PROPERTY
ЛИЧНАЯ МАТЕРИАЛЬНАЯ СОБСТВЕННОСТЬ

TANK CAR
ЦИСТЕРНА
TAPE
ЛЕНТА (в т.ч. биржевая); ЗАПИСЫВАТЬ НА ЛЕНТУ, ПЛЕНКУ
TARGET AUDIENCE
ЦЕЛЕВАЯ АУДИТОРИЯ
TARGET GROUP INDEX (TGI)
ИНДЕКС ЦЕЛЕВЫХ ГРУПП
TARGET MARKET
ЦЕЛЕВОЙ РЫНОК
TARGET PRICE
КОНТРОЛЬНАЯ ЦЕНА
TARIFF
ТАРИФ
TARIFF WAR
«ВОЙНА ТАРИФОВ»
TASK FORCE
СПЕЦИАЛЬНОЕ ПОДРАЗДЕЛЕНИЕ (с особой задачей)
TASK GROUP
СПЕЦИАЛЬНАЯ ГРУППА (с особой задачей)
TASK LIST
СПИСОК ЗАДАЧ
TASK MANAGEMENT
ЦЕЛЕВОЕ УПРАВЛЕНИЕ
TASK MANAGER
ПРОГРАММА УПРАВЛЕНИЯ ЗАДАЧАМИ
TAX
НАЛОГ; ВЗИМАТЬ или ОБЛАГАТЬ НАЛОГОМ
TAX ABATEMENT
СНИЖЕНИЕ НАЛОГА; НАЛОГОВАЯ ЛЬГОТА
TAXABLE INCOME
НАЛОГООБЛАГАЕМЫЙ ДОХОД
TAXABLE YEAR
НАЛОГОВЫЙ ГОД (год для начисления налогов; совпадает либо с
календарным, либо с финансовым)
TAX AND LOAN ACCOUNT
СЧЕТ ДЛЯ УПЛАТЫ НАЛОГА И РАСЧЕТОВ ПО КРЕДИТУ
TAX ANTICIPATION BILL (TAB)
НАЛОГОВЫЙ ВЕКСЕЛЬ (выпускаемый Мин. финансов США)
TAX ANTICIPATION NOTE (TAN)
НАЛОГОВЫЕ ОБЛИГАЦИИ
TAXATION, INTEREST ON DIVIDENDS
ОБЛОЖЕНИЕ НАЛОГОМ ПРОЦЕНТОВ НА ДИВИДЕНДЫ
TAX BASE
НАЛОГОВАЯ БАЗА (сумма для вычисления налога)
TAX BRACKET
СТУПЕНЬ НАЛОГОВОЙ ШКАЛЫ (при прогрессивном
налогообложении)
TAX CREDIT
НАЛОГОВЫЙ КРЕДИТ
TAX DEDUCTIBLE
СТАТЬСЯ, ВЫЧИТАЕМАЯ ИЗ НАЛОГООБЛАГАЕМОЙ СУММЫ
TAX DEDUCTION
ВЫЧЕТ ИЗ НАЛОГООБЛАГАЕМОЙ СУММЫ

TAX DEED
СВИДЕТЕЛЬСТВО О ВЛАДЕНИИ ЗЕМЛЕЙ, ИЗЪЯТОЙ ЗА НЕУПЛАТУ НАЛОГОВ
TAX DEFERRED
ОТЛОЖЕННОЕ НАЛОГООБЛОЖЕНИЕ
TAX EVASION
УКЛОНЕНИЕ ОТ УПЛАТЫ НАЛОГОВ
TAX-EXEMPT PROPERTY
СОБСТВЕННОСТЬ, ДОХОД ОТ КОТОРОЙ НЕ ОБЛАГАЕТСЯ НАЛОГОМ
TAX-EXEMPT SECURITY
ЦЕННАЯ БУМАГА, ДОХОД ПО КОТОРОЙ НЕ ОБЛАГАЕТСЯ НАЛОГОМ
TAX FORECLOSURE
ИЗЪЯТИЕ И ПРОДАЖА ИМУЩЕСТВА ЗА НЕУПЛАТУ НАЛОГОВ
TAX-FREE EXCHANGE
ПЕРЕДАЧА СОБСТВЕННОСТИ, ОСОБО ИСКЛЮЧЕННАЯ ИЗ ОБЛОЖЕНИЯ НАЛОГОМ
TAX IMPACT
ВЛИЯНИЕ, ВОЗДЕЙСТВИЕ НАЛОГА
TAX INCENTIVE
НАЛОГОВАЯ ПОЛИТИКА, НАЦЕЛЕННАЯ НА СТИМУЛИРОВАНИЕ ОПРЕДЕЛЕННОГО ВИДА ДЕЯТЕЛЬНОСТИ
TAX INCIDENCE
СФЕРА ДЕЙСТВИЯ (РЕАЛЬНОЕ ВОЗДЕЙСТВИЕ) НАЛОГОВ
TAX LIEN
ПРАВО УДЕРЖАНИЯ В СИЛУ НАЛОГОВОЙ ЗАДОЛЖЕННОСТИ
TAX LOSS CARRYBACK (CARRYFORWARD)
ПЕРЕНОС УБЫТКА ДЛЯ ПОКРЫТИЯ ИЗ ПОШЛОЙ или БУДУЩЕЙ ПРИБЫЛИ, В ЦЕЛЯХ СНИЖЕНИЯ НАЛОГОВОГО БРЕМЕНИ
TAX MAP
СХЕМА НАЛОГООБЛОЖЕНИЯ
TAXPAYER
НАЛОГОПЛАТЕЛЬЩИК
TAX PLANNING
ПЛАНИРОВАНИЕ НАЛОГОВ
TAX PREFERENCE ITEM
ПОЗИЦИИ, УЧИТЫВАЕМЫЕ ПРИ РАСЧЕТЕ АЛЬТЕРНАТИВНОГО МИНИМАЛЬНОГО НАЛОГА
TAX RATE
СТАВКА НАЛОГООБЛОЖЕНИЯ
TAX RETURN
БЛАНК (И) ДЛЯ ОФОРМЛЕНИЯ НАЛОГОВОЙ ОТЧЕТНОСТИ; НАЛОГОВАЯ ДЕКЛАРАЦИЯ
TAX ROLL
УЧЕТ (ГОСУДАРСТВЕННЫЙ) НАЛОГОПЛАТЕЛЬЩИКОВ И НАЛОГООБЛАГАЕМОЙ СОБСТВЕННОСТИ
TAX SALE
ПРОДАЖА СОБСТВЕННОСТИ ЗА НЕУПЛАТУ НАЛОГОВ
TAX SELLING
ПРОДАЖА СОБСТВЕННОСТИ (например, ценных бумаг) ДЛЯ УМЕНЬШЕНИЯ НАЛОГОВОГО БРЕМЕНИ
TAX SHELTER
НАЛОГОВАЯ ЗАЩИТА (средство исключения или уменьшения налогового бремени)

TAX STOP
ПРИКАЗ «СТОП» (бирж.) (из соображений сокращения налогового бремени)
TAX STRADDLE
НАЛОГОВЫЙ «СТРЭДДЛ» (из соображений сокращения налогового бремени)
TAX WEDGE
НАЛОГОВЫЙ «КЛИН» (влияние налоговых соображений на выбор между операциями)
TEAM BUILDING
ПОСТРОЕНИЕ КОЛЛЕКТИВА
TEAM MANAGEMENT
РУКОВОДСТВО КОЛЛЕКТИВОМ
TEASER AD
«ЗАВЛЕКАТЕЛЬНАЯ» РЕКЛАМА, Т. Е. ИНТЕРЕСНАЯ РЕКЛАМА, НЕ ДАЮЩАЯ ПОЛНОЙ ИНФОРМАЦИИ О ПРОДУКТЕ ИЛИ РЕКЛАМОДЕТЕЛЕ
TEASER RATE
«ЗАВЛЕКАТЕЛЬНАЯ» СТАВКА, ВРЕМЕННО НИЗКАЯ ПРОЦЕНТНАЯ СТАВКА
TECHNICAL ANALYSIS
ТЕХНИЧЕСКИЙ АНАЛИЗ
TECHNICAL RALLY
ВСПЛЕСК ЦЕН НА ФИНАНСОВОМ РЫНКЕ ВО ВРЕМЯ ТЕНДЕНЦИИ К ПОНИЖЕНИЮ
TECHNOLOGICAL OBSOLESCENCE
ТЕХНИЧЕСКОЕ УСТАРЕВАНИЕ
TECHNOLOGICAL UNEMPLOYMENT
БЕЗРАБОТИЦА, ВЫЗВАННАЯ ИЗМЕНЕНИЯМИ ТЕХНОЛОГИЙ
TECHNOLOGY
ТЕХНОЛОГИЯ
TELECOMMUNICATIONS
ТЕЛЕКОММУНИКАЦИЯ; СРЕДСТВА СВЯЗИ
TELEMARKETING
ПРОДАЖА ПО ТЕЛЕФОНУ
TELEPHONE SWITCHING
ПЕРЕБРОСКА ИНВЕСТИЦИЙ ПО ТЕЛЕФОНУ
TEMPLATE
ШАБЛОН; ОБРАЗЕЦ
TENANCY
ПРОЖИВАНИЕ; ЗАСЕЛЕНИЕ
TENANCY AT SUFFERANCE
АРЕНДНОЕ ВЛАДЕНИЕ С МОЛЧАЛИВОГО СОГЛАСИЯ СОБСТВЕННИКА
TENANCY AT WILL
АРЕНДА БЕЗ ОПРЕДЕЛЕННОГО СРОКА, БЕССРОЧНАЯ
TENANCY BY THE ENTIRETY
СОВМЕСТНОЕ ПРАВО СУПРУГОВ НА НЕДВИЖИМУЮ СОБСТВЕННОСТЬ
TENANCY FOR YEARS
ВРЕМЕННОЕ ВЛАДЕНИЕ АРЕНДУЕМОЙ СОБСТВЕННОСТЬЮ
TENANCY IN COMMON
ОБЩЕЕ (СОВМЕСТНОЕ) ВЛАДЕНИЕ СОБСТВЕННОСТЬЮ
TENANCY IN SEVERALTY
САМОСТОЯТЕЛЬНОЕ ВЛАДЕНИЕ СОБСТВЕННОСТЬЮ

TENANT
ВЛАДЕЛЕЦ, АРЕНДАТОР НЕДВИЖИМОСТИ
TENANT FINISH-OUT ALLOWANCE
ВЫПЛАТЫ АРЕНДАТОРУ НА МЕЛКОЕ ПЕРЕОБОРУДОВАНИЕ
ПОМЕЩЕНИЯ ПОД СВОИ НУЖДЫ
TENDER
ТЕНДЕР; ЗАПРОС НА ПОКУПКУ
TENDER OF DELIVERY
ТЕНДЕР НА ПОСТАВКУ, ДОСТАВКУ
TENDER OFFER
ПРЕДЛОЖЕНИЕ О ПОКУПКЕ
TENURE
ВЛАДЕНИЕ НЕДВИЖИМОСТЬЮ; ПРЕБЫВАНИЕ (в должности)
TENURE IN LAND
ЗЕМЛЕВЛАДЕНИЕ
TERM
СРОК; ТЕРМИН; ВЫРАЖЕНИЕ
TERM, AMORTIZATION
СРОК АМОРТИЗАЦИИ
TERM CERTIFICATE
СРОЧНЫЙ СЕРТИФИКАТ
TERMINATION BENEFITS
ЛЬГОТЫ, ВЫГОДЫ ПРИ ПРЕКРАЩЕНИИ
TERM LIFE INSURANCE
СРОЧНОЕ СТРАХОВАНИЕ ЖИЗНИ
TERM LOAN
СРОЧНЫЙ КРЕДИТ
TERMS
УСЛОВИЯ, ПОЛОЖЕНИЯ (договора)
TEST
ПРОВЕРКА, ИСПЫТАНИЕ; ТЕСТ
TESTAMENT
ЗАВЕЩАНИЕ
TESTAMENTARY TRUST
ТРАСТ ПО ЗАВЕЩАНИЮ ДОВЕРИТЕЛЯ
TESTATE
ОСТАВЛЯТЬ ПО ЗАВЕЩАНИЮ
TESTATOR
ЗАВЕЩАТЕЛЬ
TESTCHECK
ПРОВЕРКА ИСПЫТАНИЕМ
TESTIMONIAL
АТТЕСТАТ; СВИДЕТЕЛЬСТВО; УДОСТОВЕРЕНИЕ
TESTIMONIUM
ЗАКЛЮЧИТЕЛЬНАЯ ЧАСТЬ (с подписями и адресами) ЮРИДИЧЕСКОГО
ДОКУМЕНТА
TEST MARKET
ПРОБНЫЙ РЫНОК
TEST STATISTIC
ПРОБНАЯ СТАТИСТИКА
TEXT EDITING
РЕДАКТИРОВАНИЕ ТЕКСТА
TEXT PROCESSING
ОБРАБОТКА ТЕКСТОВ

THIN MARKET
ВЯЛЫЙ РЫНОК
THIRD MARKET
«ТРЕТИЙ" РЫНОК; ВНЕБИРЖЕВОЙ РЫНОК
THIRD PARTY
ТРЕТЬЯ СТОРОНА; ТРЕТЬЕ ЛИЦО
THIRD-PARTY CHECK
КОНТРОЛЬ ТРЕТЬЕЙ СТОРОНЫ
THIRD-PARTY SALE
ПРОДАЖА ТРЕТЬЕЙ СТОРОНОЙ или ТРЕТЬЕЙ СТОРОНЕ
THRESHOLD-POINT ORDERING
ЗАКАЗ (ПРИКАЗ НА ПОКУПКУ) С НАЗНАЧЕНИЕМ КРАЙНЕЙ ТОЧКИ
THRIFT INSTITUTION
СБЕРЕГАТЕЛЬНОЕ УЧРЕЖДЕНИЕ
THRIFTY
БЕРЕЖЛИВЫЙ, ЭКОНОМНЫЙ
THROUGH RATE
ПОЛНЫЙ ТАРИФ
TICK
ИЗМЕНЕНИЕ БИРЖЕВОЙ ЦЕНЫ
TICKER
УСТРОЙСТВО ОПЕРАТИВНОЙ ВЫДАЧИ ФИН. ИНФОРМАЦИИ;
БЕГУЩАЯ СТРОКА
TIE-IN PROMOTION
СОВМЕСТНОЕ ПРОДВИЖЕНИЕ (на рынок)
TIGHT MARKET
РЫНОК с малым разрывом между ценами продавца и покупателя
TIGHT MONEY
НЕЖВАТКА ДЕНЕГ, СЛОЖНОСТИ В ПОЛУЧЕНИИ КРЕДИТОВ
TIGHT SHIP
ЖЕСТКАЯ ОРГАНИЗАЦИЯ
TILL
КАССА
TIME-AND-A-HALF
ПОЛУТОРНЫЙ, С 50-ПРОЦЕНТНОЙ НАДБАВКОЙ
TIME CARD
КАРТОЧКА РЕГИСТРАЦИИ ПРИХОДА И УХОДА РАБОТНИКОВ
TIME DEPOSIT
СРОЧНЫЙ ДЕПОЗИТ
TIME DRAFT
СРОЧНАЯ ТРАТТА; ПЕРЕВОДНОЙ ВЕКСЕЛЬ С ФИКСИРОВАННЫМ
СРОКОМ
TIME IS OF THE ESSENCE
С ЖЕСТКИМ УЧЕТОМ ВРЕМЕНИ, СРОКОВ
TIME MANAGEMENT
ЕФФЕКТИВНОСТЬ ИСПОЛЬЗОВАНИЯ ВРЕМЕНИ
TIME SERIES ANALYSIS
АНАЛИЗ ВРЕМЕННЫХ РЯДОВ
TIME SERIES DATA
ДАННЫЕ ВРЕМЕННЫХ РЯДОВ
TIME-SHARING
ВЛАДЕНИЕ СОБСТВЕННОСТЬЮ В РЕЖИМЕ РАЗДЕЛЕНИЯ ВРЕМЕНИ
TIMETABLE
РАСПИСАНИЕ, ГРАФИК

TIME VALUE
ВРЕМЕННАЯ (СРОЧНАЯ) СТОИМОСТЬ (опциона)
TIP
ИНФОРМАЦИЯ, ПОДСКАЗКА; ЧАЕВЫЕ
TITLE
ЗАКОННОЕ ПРАВО ВЛАДЕНИЯ; ПРАВОВОЙ ТИТУЛ
TITLE BAR
ЗАГОЛОВОК ОКНА
TITLE COMPANY
КОМПАНИЯ, ПРОВЕРЯЮЩАЯ ПРАВА НА НЕДВИЖИМОСТЬ
TITLE DEFECT
ДЕФЕКТ (уязвимое место) ПРАВОВОГО ТИТУЛА
TITLE INSURANCE
СТРАХОВАНИЕ ПРАВОВОГО ТИТУЛА
TITLE REPORT
ЗАКЛЮЧЕНИЕ ПО ПРОВЕРКЕ ПРАВОВОГО ТИТУЛА
TITLE SCREEN
ТИТУЛЬНАЯ СТРАНИЦА КОМПЬЮРЕНОЙ ИГРЫ, СОДЕРЖАЩАЯ ЕЁ НАЗВАНИЕ И ДР. ИНФОРМАЦИЮ
TITLE SEARCH
ПРОВЕРКА ПРАВОВОГО ТИТУЛА ПО АРХИВАМ
TITLE THEORY
ТЕОРИЯ ИПОТЕЧНОГО ЗАКОНА ОТНОСИТЕЛЬНО ПРЕЕМСТВЕННОСТИ ПРАВА ВЛАДЕНИЯ
TOGGLE KEY
КЛЮЧ, КЛАВИША ПЕРЕКЛЮЧЕНИЯ
TOKENISM
ФОРМАЛЬНЫЙ ПОДХОД К ВЫПОЛНЕНИЮ ТРЕБОВАНИЯ, СОЗДАНИЕ ВИДИМОСТИ
TOLL
ПЛАТА; ПОШЛИНА; СБОР; РЕЗУЛЬТАТ
TOMBSTONE AD
ОБЪЯВЛЕНИЕ В ГАЗЕТЕ О ПУБЛИЧНОЙ ПРОДАЖЕ ВЫПУСКА ЦЕННЫХ БУМАГ (получило название из-за внешней схожести с колонкой некрологов)
TONER CARTRIDGE
ТОННЕРНЫЙ КАРТРИДЖ
TOOL BAR
ЗОНА ИНДИКАЦИИ
TOOL BOX
ИНСТРУМЕНТАРИЙ
TOPPING OUT
ДОСТИЖЕНИЕ ЦЕНОЙ СВОЕГО ПИКА
TORT
ГРАЖДАНСКОЕ ПРАВОНАРУШЕНИЕ; ДЕЛИКТ
TOTAL CAPITALIZATION
ПОЛНАЯ КАПИТАЛИЗАЦИЯ
TOTAL LOSS
ПОЛНЫЕ УБЫТКИ
TOTAL PAID
ИТОГ ОПЛАТЫ, ВЫПЛАТ
TOTAL VOLUME
ИТОГОВЫЙ (ПОЛНЫЙ) ОБЪЕМ

TOUCH SCREEN
СЕНСОРНЫЙ ЭКРАН
TRACE, TRACER
ЛОКАЛИЗОВАТЬ; ЗАПРОС О ЛОКАЛИЗАЦИИ (ПОТЕРЯННОЙ ПАРТИИ ТОВАРА)
TRACKAGE
ОТСЛЕЖИВАНИЕ; ПРЕДЫСТОРИЯ
TRACKBALL
ОТСЛЕЖИВАЮЩИЙ ШАРИК
TRACT
ЧАСТЬ БОЛЕЕ КРУПНОГО ЗЕМЕЛЬНОГО УЧАСТКА
TRADE
ТОРГОВЛЯ; СДЕЛКА (с ценными бумагами)
TRADE ACCEPTANCE
ТОРГОВЫЙ АКЦЕПТ – ПЕРЕВОДНОЙ ВЕКСЕЛЬ, ВЫСТАВЛЕННЫЙ НА ЭКСПОРТЕРА или ИМПОРТЕРА
TRADE ADVERTISING
ТОРГОВАЯ РЕКЛАМА
TRADE AGREEMENT
ТОРГОВОЕ СОГЛАШЕНИЕ
TRADE BARRIER
ТОРГОВЫЙ БАРЬЕР
TRADE CREDIT
ТОРГОВЫЙ, КОММЕРЧЕСКИЙ КРЕДИТ
TRADE DATE
ДАТА ЗАКЛЮЧЕНИЯ или ИСПОЛНЕНИЯ СДЕЛКИ
TRADE DEFICIT (SURPLUS)
ТОРГОВЫЙ ДЕФИЦИТ (ИЗЛИШЕК)
TRADE FIXTURE
КОМПОНЕНТ ТОРГОВЛИ
TRADE MAGAZINE
ПРОФЕССИОНАЛЬНЫЙ ЖУРНАЛ
TRADEMARK
ТОВАРНЫЙ ЗНАК
TRADE-OFF
КОММЕРЧЕСКИЙ КОМПРОМИСС
TRADE RATE
УРОВЕНЬ ТОРГОВЛИ
TRADER
БИРЖЕВОЙ МАКЛЕР
TRADE SECRET
КОММЕРЧЕСКАЯ ТАЙНА
TRADE SHOW
СПЕЦИАЛИЗИРОВАННАЯ ВЫСТАВКА
TRADE UNION
ПРОФСОЮЗ
TRADING AUTHORIZATION
РАЗРЕШЕНИЕ НА ИСПОЛНЕНИЕ СДЕЛКИ
(бирж.)
TRADING POST
ТОРГОВЫЙ ПОСТ (бирж.)
TRADING RANGE
РАЗБРОС,
КОЛЕБАНИЕ ЦЕН

TRADING STAMP
ПООЩРИТЕЛЬНЫЕ МАРКИ (КУПОНЫ) ОТ ПРОДАВЦА ПОКУПАТЕЛЮ,
КОТОРЫЕ МОЖНО ОБМЕНЯТЬ НА ТОВАРЫ
TRADING UNIT
ТОРГОВАЯ ЕДИНИЦА
TRADITIONAL ECONOMY
ТРАДИЦИОННАЯ ЭКОНОМИКА
TRAMP
«ТРАМП», ТОРГОВОЕ СУДНО БЕЗ ФИКСИРОВАННОГО РАСПИСАНИЯ
РЕЙСОВ
TRANSACTION
ТРАНЗАКЦИЯ; СДЕЛКА; ОПЕРАЦИЯ
TRANSACTION COST
ОПЕРАЦИОННАЯ ИЗДЕРЖКА
TRANSFER AGENT
АГЕНТ ПО ТРАНСФЕРТАМ
TRANSFER DEVELOPMENT RIGHTS
ПРАВА НА ОСВОЕНИЕ ПЕРЕДАВАЕМОЙ НЕДВИЖИМОСТИ
TRANSFER PAYMENT
ПЕРЕВОДНОЙ (ТРАНСФЕРТНЫЙ) ПЛАТЕЖ
TRANSFER PRICE
ТРАНСФЕРТНАЯ ЦЕНА
TRANSFER TAX
НАЛОГ НА ПЕРЕДАЧУ СОБСТВЕННОСТИ
TRANSLATE
ПЕРЕВОДИТЬ (одну валюту в другую)
TRANSMIT A VIRUS
ПЕРЕДАВАТЬ, ПОСЫЛАТЬ КОМПЬЮТЕРНЫЙ ВИРУС
TRANSMITTAL LETTER
СОПРОВОДИТЕЛЬНОЕ ПИСЬМО
TRANSNATIONAL
ТРАНСНАЦИОНАЛЬНАЯ (компания)
TRANSPORTATION
ТРАНСПОРТИРОВАНИЕ
TREASON
ИЗМЕНА; ПРЕДАТЕЛЬСТВО
TREASURER
КАЗНАЧЕЙ; ФИНАНСОВЫЙ РУКОВОДИТЕЛЬ
TREE DIAGRAM
ДРЕВОВИДНАЯ СХЕМА
TREND
ТЕНДЕНЦИЯ РАЗВИТИЯ; ТРЕНД
TREND CHART
СХЕМА РАЗВИТИЯ ТЕНДЕНЦИИ
TREND LINE
КРИВАЯ ТРЕНДА
TRESPASS
НАРУШАТЬ ПРАВО ВЛАДЕНИЯ, ПОСЯГАТЬ НА ЧТО-ЛИБО
TRIAL AND ERROR
МЕТОД ПРОБ И ОШИБОК
TRIAL BALANCE
ПРОБНЫЙ БАЛАНС
TRIAL OFFER
ПРОБНОЕ ПРЕДЛОЖЕНИЕ

TRIAL SUBSCRIBER
ПРОБНЫЙ ПОДПИСЧИК
TRIGGER POINT
КРИТИЧЕСКАЯ ТОЧКА
TRIGGER PRICE
ТРИГГЕР – ЦЕНА: МИНИМАЛЬНАЯ ЦЕНА ПО ТОВАРНОМУ
СОГЛАШЕНИЮ
TRIPLE-NET LEASE
АРЕНДА, ГДЕ АРЕНДАТОР ОПЛАЧИВАЕТ ПОЛНОСТЬЮ ВСЕ РАСХОДЫ
И ИЗДЕРЖКИ (в т.ч. по закладной)
TROJAN HORSE
ТРОЯНСКИЙ КОНЬ
TROUBLED DEBT RESTRUCTURING
РЕСТРУКТУРИРОВАНИЕ НЕИСПРАВНОГО ДОЛГА
TROUBLESHOOTER
ЛИЦО, ЗАНИМАЮЩЕЕСЯ ПОИСКОМ И ИСПРАВЛЕНИЕМ
НЕИСПРАВНОСТЕЙ
TROUBLESHOOTING
ПОИСК И ИСПРАВЛЕНИЕМ НЕИСПРАВНОСТЕЙ
TROUGH
 ДНО, НИЗШАЯ ТОЧКА ДЕЛОВОГО ЦИКЛА
TRUE LEASE
ФАКТИЧЕСКАЯ АРЕНДА
TRUE TO SCALE
СООТВЕТСТВУЮЩИЙ МАСШТАБУ
TRUNCATION
УСЕЧЕНИЕ; ОТБРАСЫВАНИЕ
TURN OFF
ВЫКЛЮЧАТЬ
TURN ON
ВКЛЮЧАТЬ
TRUST
ТРАСТ. РАСПОРЯЖЕНИЕ ИМУЩЕСТВОМ НА ПРАВАХ
ДОВЕРИТЕЛЬНОЙ СОБСТВЕННОСТИ
TRUST ACCOUNT
ДОВЕРИТЕЛЬНЫЙ СЧЕТ, ТРАСТ-СЧЁТ
TRUST CERTIFICATE
СВИДЕТЕЛЬСТВО О ПЕРЕДАЧЕ В ДОВЕРИТЕЛЬНУЮ
СОБСТВЕННОСТЬ
TRUST COMPANY
ТРАСТОВАЯ КОМПАНИЯ (специализирующаяся на операциях по
доверенности)
TRUST DEED
ДОКУМЕНТ ОБ УЧРЕЖДЕНИИ ДОВЕРИТЕЛЬНОЙ
СОБСТВЕННОСТИ
TRUST, DISCRETIONARY
ТРАСТ, ДАЮЩИЙ ДОВЕРЕННОМУ ЛИЦУ СВОБОДУ В РАСПОРЯЖЕНИИ
ИМУЩЕСТВОМ
TRUSTEE
ДОВЕРИТЕЛЬНЫЙ СОБСТВЕННИК, ОПЕКУН
TRUSTEE IN BANKRUPTCY
УПРАВЛЯЮЩИЙ ПРИ ЛИКВИДАЦИИ ПО БАНКРОТСТВУ
TRUST FUND
ТРАСТОВЫЙ ФОНД

TRUST, GENERAL MANAGEMENT
ТРАСТ, ДАЮЩИЙ ДОВЕРЕННОМУ ЛИЦУ СВОБОДУ В РАСПОРЯЖЕНИИ
ИМУЩЕСТВОМ
TRUSTOR
ДОВЕРИТЕЛЬ
TRUTH IN LENDING ACT
ЗАКОН, ОБЯЗЫВАЮЩИЙ КРЕДИТОРОВ НАЗЫВАТЬ ИСТИННУЮ
ПРОЦЕНТНУЮ СТАВКУ
TURKEY
РАЗОЧАРОВЫВАЮЩАЯ ОПЕРАЦИЯ или СДЕЛКА
TURNAROUND
РЕЗКАЯ ПЕРЕМЕНА
TURNAROUND TIME
ВРЕМЯ, ТРЕБУЮЩЕЕСЯ ДЛЯ НАЧАЛА И ЗАВЕРШЕНИЯ ПРОЕКТА
TURNKEY
«ПОД КЛЮЧ»
TURNOVER
ОБОРОТ
TWISTING
НЕЧЕСТНАЯ ПРАКТИКА УБЕЖДЕНИЯ КЛИЕНТА
TWO PERCENT RULE
«ПРАВИЛО ДВУХ ПРОЦЕНТОВ»
TWO-TAILED TEST
ДВОЙСТВЕННОЕ ИСПЫТАНИЕ
T STATISTIC
СТАТИСТИКА «Т»
TYCOON
МАГНАТ
TYPEFACE
ТИП ШРИФТА
TYPE-OVER MODE
РЕЖИМ ЗАПЕЧАТЫВАНИЯ

U

UMBRELLA LIABILITY INSURANCE
ВСЕОБЪЕМЛЮЩЕЕ СТРАХОВАНИЕ ОТВЕТСТВЕННОСТИ
UNAPPROPRIATED RETAINED EARNINGS
НЕ РАСПИСАННЫЙ НЕРАСПРЕДЕЛЕННЫЙ ДОХОД
UNBALANCED GROWTH
НЕСБАЛАНСИРОВАННЫЙ РОСТ
UNBIASED ESTIMATOR
НЕПРЕДВЗЯТЫЙ, ОБЪЕКТИВНЫЙ ОЦЕНЩИК
UNCOLLECTED FUNDS
НЕ ИНКАССИРОВАННЫЕ СРЕДСТВА
UNCOLLECTIBLE
НЕ ПОДДАЮЩИЙСЯ ВЗЫСКАНИЮ, БЕЗНАДЁЖНЫЙ
UNCONSOLIDATED SUBSIDIARY
НЕКОНСОЛИДИРОВАННЫЙ ФИЛИАЛ, ДОЧЕРНЯЯ КОМПАНИЯ
UNDERAPPLIED OVERHEAD
НЕ ПОЛНОСТЬЮ УЧТЕННЫЕ НАКЛАДНЫЕ РАСХОДЫ
UNDERCAPITALIZTION
НЕПОЛНАЯ, НЕДОСТАТОЧНАЯ КАПИТАЛИЗАЦИЯ
UNDERCLASS
НЕСТАНДАРТНЫЙ; НИЗКОГО КАЧЕСТВА; НЕПРИВИЛЕГИРОВАННЫЙ
КЛАСС
UNDEREMPLOYED
НЕ ПОЛНОСТЬЮ ЗАНЯТЫЙ
UNDERGROUND ECONOMY
«ПОДПОЛЬНАЯ», ТЕНЕВАЯ ЭКОНОМИКА
UNDERINSURED
НЕДОСТАТОЧНО ПОКРЫТЫЙ СТРАХОВАНИЕМ
UNDERLINE
ПОДЧЁРКИВАТЬ
UNDERLYING DEBT
СТАРШИЙ ДОЛГ
UNDERLYING MORTGAGE
БАЗОВАЯ, ИСХОДНАЯ ИПОТЕКА
UNDERLYING SECURITY
ЦЕННАЯ БУМАГА, ЛЕЖАЩАЯ В ОСНОВЕ ФЬЮЧЕРСКИХ И
ОПЦИОННЫХ КОНТАКТОВ
UNDERPAY
НЕДОСТАТОЧНАЯ, ЗАНИЖЕННАЯ ЗАРАБОТНАЯ ПЛАТА;
НЕДОПЛАЧИВАТЬ
UNDER THE COUNTER
«ИЗ-ПОД ПРИЛАВКА» - НЕЗАКОННАЯ, СКРЫТАЯ НЕОФИЦИАЛЬНАЯ
ТОРГОВЛЯ
UNDERVALUED
НЕДООЦЕНЕННЫЙ; С ЗАНИЖЕННОЙ ЦЕНОЙ
UNDERWRITER
СТРАХОВЩИК; ГАРАНТ РАЗМЕЩЕНИЯ (ЗАЙМА И Т. П.),

АНДЕРРАЙТЕР
UNDERWRITING SPREAD
ГАРАНТИЙНЫЙ СПРЕД (разница между ценой, выплаченной заемщику гарантами, и ценой предложения на рынке)
UNDISCOUNTED
БЕЗ ДИСКОНТА; БЕЗ СКИДКИ
UNDIVIDED INTEREST
НЕРАСПРЕДЕЛЁННЫЕ ПРОЦЕНТЫ
UNDIVIDED PROFIT
НЕРАСПРЕДЕЛЁННАЯ ПРИБЫЛЬ
UNDUE INFLUENCE
НЕЗАКОННОЕ ВЛИЯНИЕ
UNEARNED DISCOUNT
НЕ ПОЛОЖЕННАЯ СКИДКА, ДИСКОНТ
UNEARNED INCOME (REVENUE)
НЕ ЗАРАБОТАННЫЙ ДОХОД (РЕНТНЫЕ ДОХОДЫ, ДОХОДЫ С ЦЕННЫХ БУМАГ)
UNEARNED INCREMENT
НЕ ЗАРАБОТАННЫЙ ПРИРОСТ
UNEARNED INTEREST
НЕ ЗАРАБОТАННЫЕ ПРОЦЕНТЫ
UNEARNED PREMIUM
НЕ ЗАРАБОТАННАЯ ПРЕМИЯ
UNEMPLOYABLE
НЕТРУДОСПОСОБНЫЙ
UNEMPLOYED LABOR FORCE
НЕЗАНЯТАЯ (БЕЗРАБОТНАЯ) РАБОЧАЯ СИЛА
UNEMPLOYMENT
БЕЗРАБОТИЦА
UNENCUMBERED PROPERTY
СОБСТВЕННОСТЬ, СВОБОДНАЯ ОТ ПРИТЯЗАНИЙ ДРУГИХ ЛИЦ
UNEXPIRED COST
НЕ ИСТЕКШИЙ СРОК УЧЕТА РАСХОДОВ
UNFAIR COMPETITION
НЕЧЕСТНАЯ КОНКУРЕНЦИЯ
UNFAVORABLE BALANCE OF TRADE
НЕБЛАГОПРИЯТНЫЙ ТОРГОВЫЙ БАЛАНС
UNFREEZE
«РАЗМОРОЗИТЬ»
UNIFIED ESTATE AND GIFT TAX
НАЛОГ НА ПЕРЕДАЧУ СОБСТВЕННОСТИ ПОСЛЕ СМЕРТИ ИЛИ НА ДАРЕНИЕ
UNILATERAL CONTRACT
ОДНОСТОРОННИЙ ДОГОВОР, КОНТРАКТ
UNIMPROVED PROPERTY
НЕБЛАГОУСТРОЕННАЯ СОБСТВЕННОСТЬ
UNINCORPORATED ASSOCIATION
НЕ ИНКОРПОРИРОВАННАЯ АССОЦИАЦИЯ
UNIQUE IMPAIRMENT
УНИКАЛЬНОЕ ПОВРЕЖДЕНИЕ
UNISSUED STOCK
НЕ ВЫПУЩЕННЫЙ АКЦИОНЕРНЫЙ КАПИТАЛ
UNIT
ЕДИНИЦА; ПОДРАЗДЕЛЕНИЕ

UNITARY ELASTICITY
ЕДИНИЧНАЯ ЭЛАСТИЧНОСТЬ
UNIT-LABOR COST
СЕБЕСТОИМОСТЬ В ТРУДОЗАТРАТАХ
UNIT OF TRADING
ЕДИНИЦА ТОРГОВЛИ (КОНТРАКТА)
UNITS-OF-PRODUCTION METHOD
СПОСОБ УЧЕТА В ЕДИНИЦАХ ПРОИЗВОДСТВА
UNITY OF COMMAND
ЦЕЛЬНОСТЬ УПРАВЛЕНИЯ
UNIVERSAL LIFE INSURANCE
УНИВЕРСАЛЬНОЕ СТРАХОВАНИЕ ЖИЗНИ
UNIVERSAL PRODUCT CODE (UPC)
 УНИВЕРСАЛЬНЫЙ КОД ИЗДЕЛИЙ
UNLISTED SECURITY
ЦЕННЫЕ БУМАГИ БЕЗ КОТИРОВКИ НА ОСНОВНОЙ БИРЖЕ
UNLOADING
«СБРОС» НА РЫНОК ФИНАНСОВЫХ ИНСТРУМЕНТОВ, ВАЛЮТЫ;
РАЗГРУЗКА
UNOCCUPANCY
НЕПОЛНЫЙ СЪЕМ ЖИЛЬЯ
UNPAID DIVIDEND
НЕВЫПЛАЧЕННЫЙ ДИВИДЕНД
UNREALIZED PROFIT (LOSS)
НЕРЕАЛИЗОВАННАЯ ПРИБЫЛЬ (УБЫТОК)
UNRECORDED DEED
НЕ ДОКУМЕНТИРОВАННАЯ СДЕЛКА
UNRECOVERABLE
НЕИСПРАВИМЫЙ, НЕВОССТОНАВЛИВАЕМЫЙ
UNRECOVERED COST
НЕВОЗВРАЩЕННЫЕ ИЗДЕРЖКИ
UNSECURED DEBT
НЕОБЕСПЕЧЕННЫЙ ДОЛГ
UNSKILLED
НЕКВАЛИФИЦИРОВАННЫЙ
UNWIND A TRADE
«ЗАКРЫТЬ» ТОРГОВУЮ ПОЗИЦИЮ
UPDATE
ОБНОВИТЬ; МОДЕРНИЗИРОВАТЬ
UP FRONT
(ПЛАТА) ВПЕРЕД
UPGRADE
МОДЕРНИЗИРОВАТЬ, РАСШИРИТЬ
UPGRADE SOFTWARE
МОДЕРНИЗИРОВАТЬ, РАСШИРИТЬ ПРОГРАМНОЕ
ОБЕСПЕЧЕНИЕ
UPGRADING
СОВЕРШЕНСТВОВАНИЕ; МОДЕРНИЗАЦИЯ
UPKEEP
СОДЕРЖАНИЕ; УХОД
UPLOAD
ЗАТРУЖАТЬ
UPPER CASE LETTER
БУКВА ВЕРХНЕГО РЕГИСТРА

UPRIGHT FORMAT
ВЕРТИКАЛЬНЫЙ ФОРМАТ
UPSIDE POTENTIAL
ПОТЕНЦИАЛ ДВИЖЕНИЯ ЦЕНЫ НА ПОВЫШЕНИЕ (по прогнозу)
UPSWING
ПОДЪЕМ (цен, конъюнктуры)
UP TICK
«ПЛЮС ТИК» (обозначение последней во времени биржевой сделки по цене выше предыдущей сделки)
UPTREND
ТЕНДЕНЦИЯ НА ПОВЫШЕНИЕ (движения цены)
UPWARDLY MOBILE
ПОДВИЖНЫЙ В НАПРАВЛЕНИИ ВВЕРХ
URBAN
ГОРОДСКОЙ; УРБАНИСТИЧЕСКИЙ
URBAN RENEWAL
ГОРОДСКОЕ ОБНОВЛЕНИЕ, ВОЗРОЖДЕНИЕ
USEFUL LIFE
СРОК СЛУЖБЫ
USER
ПОЛЬЗОВАТЕЛЬ
USER AUTHORIZATION
РАЗРЕШЕНИЕ НА ИСПОЛЬЗОВАНИЕ ПРОГРАМ ПОЛЬЗОВАТЕЛЕМ
USER MANUAL
РУКОВОДСТВО ДЛЯ ПОЛЬЗОВАТЕЛЯ
USUFRUCTUARY RIGHT
ПРАВО ЛИЦА НА ИСПОЛЬЗОВАНИЕ НЕ ПРИНАДЛЕЖАЩЕЙ ЕМУ СОБСТВЕННОСТИ
USURY
РОСТОВЩИЧЕСТВО
UTILITY
ЭНЕРГОНОСИТЕЛЬ; КОММУНИКАЦИИ; ПОЛЕЗНОСТЬ
UTILITY EASEMENT
СЕРВИТУТ В ПОЛЬЗУ КОММУНАЛЬНОЙ СЛУЖБЫ
UTILITY PROGRAM
СЕРВИСНАЯ ПРОГРАММА; СЛУЖЕБНАЯ ПРОГРАММА, УТИЛИТА

V

VACANCY RATE
УРОВЕНЬ ВАКАНСИЙ; УРОВЕНЬ НЕЗАНЯТОГО ЖИЛЬЯ
VACANT
СВОБОДНЫЙ; НЕЗАНЯТЫЙ; ВАКАНТНЫЙ
VACANT LAND
НЕЗАНЯТАЯ ЗЕМЛЯ
VACATE
ОСВОБОЖДАТЬ, ПОКИДАТЬ, ОСТАВЛЯТЬ; АННУЛИРОВАТЬ
VALID
ДЕЙСТВИТЕЛЬНЫЙ; ИМЕЮЩИЙ СИЛУ
VALUABLE CONSIDERATION
СУММА ВОЗНАГРАЖДЕНИ, УПЛАЧИВАЕМАЯ ОДНОЙ СТОРОНОЙ
СДЕЛКИ ДРУГОЙ (В ОБМЕН НА ОБЯЗАТЕЛЬСТВО ЧТО-ЛИБО
СДЕЛАТЬ)
VALUABLE PAPERS (RECORDS) INSURANCE
СТРАХОВАНИЕ ВАЖНЫХ БУМАГ (ДОКУМЕНТОВ)
VALUATION
ОЦЕНКА
VALUE
СТОИМОСТЬ; ЦЕННОСТЬ; ЦЕНА; ВЕЛИЧИНА
VALUE-ADDED TAX
НАЛОГ НА ДОБАВЛЕННУЮ СТОИМОСТЬ (НДС)
VALUE DATE
ДАТА ВАЛЮТИРОВАНИЯ; СРОК ВЕКСЕЛЯ
VALUE IN EXCHANGE
МЕНОВАЯ СТОИМОСТЬ
VALUE LINE INVESTMENT SURVEY
СЛУЖБА АНАЛИЗА ИНВЕСТИЦИЙ (ПОД НАЗВАНИЕМ Value Line)
VARIABLE
ПЕРЕМЕННАЯ (ВЕЛИЧИНА)
VARIABLE ANNUITY
ПЛАВАЮЩАЯ РЕНТА
VARIABLE COST
ПЕРЕМЕННАЯ ЗАТРАТА
VARIABLE INTEREST RATE
ПЛАВАЮЩАЯ ПРОЦЕНТНАЯ СТАВКА
VARIABLE LIFE INSURANCE
СТРАХОВАНИЕ ЖИЗНИ С ИНВЕСТИЦИЕЙ ЧАСТИ ГОДОВОЙ ПРЕМИИ В
ФИНАНСОВЫЕ АКТИВЫ
VARIABLE PRICING
ПЛАВАЮЩЕЕ ЦЕНООБРАЗОВАНИЕ
VARIABLE-RATE MORTGAGE (VRM)
ИПОТЕКА С ПЛАВАЮЩЕЙ СТАВКОЙ
VARIABLES SAMPLING
ВЫБОРКА ПЕРЕМЕННЫХ ВЕЛИЧИН (для анализа)
VARIANCE
РАЗНИЦА; ОТКЛОНЕНИЕ

VARIETY STORE
УНИВЕРСАЛЬНЫЙ МАГАЗИН
VELOCITY
СКОРОСТЬ ОБРАЩЕНИЯ ДЕНЕГ
VENDEE
ПОКУПАТЕЛЬ (по отношению к продавцу)
VENDOR
ПРОДАВЕЦ; ПОСТАВЩИК
VENDOR'S LIEN
ПРАВО УДЕРЖАНИЯ, ПРИНАДЛЕЖАЩЕЕ ПРОДАВЦУ
VENTURE
КОММЕРЧЕСКОЕ ПРЕДПРИЯТИЕ
VENTURE CAPITAL
«РИСКОВЫЙ», ВЕНЧУРНЫЙ КАПИТАЛ
VENTURE TEAM
КОЛЛЕКТИВ ВЕНЧУРНЫХ ИНВЕСТОРОВ
VERBATIONS
УСТНЫЕ, СЛОВЕСНЫЕ ДОКАЗАТЕЛЬСТВА
VERTICAL ANALYSIS
ВЕРТИКАЛЬНЫЙ АНАЛИЗ
VERTICAL DISCOUNT
ВЕРТИКАЛЬНЫЙ ДИСКОНТ
VERTICAL MANAGEMENT STRUCTURE
ВЕРТИКАЛЬНАЯ СТРУКТУРА РУКОВОДСТВА
VERTICAL PROMOTION
ПОВЫШЕНИЕ В ДОЛЖНОСТИ; ПРОДВИЖЕНИЕ «ПО
ВЕРТИКАЛИ»
VERTICAL SPECIALIZATION
ВЕРТИКАЛЬНАЯ СПЕЦИАЛИЗАЦИЯ
VERTICAL UNION
ВЕРТИКАЛЬНОЕ ОБЪЕДИНЕНИЕ
VESTED INTEREST
ЛИЧНЫЙ ИНТЕРЕС; ЗАКРЕПЛЁННОЕ ЗА КЕМ-ЛИБО ПРАВО (УЧАСТИЯ
И Т. П.)
VESTING
ВВЕДЕНИЕ ВО ВЛАДЕНИЕ; НАДЕЛЕНИЕ ПРАВАМИ, ПОЛНОМОЧИЯМИ
VICARIOUS LIABILITY
ПЕРЕНЕСЕННАЯ (на другое лицо) ОТВЕТСТВЕННОСТЬ
VICE-PRESIDENT
ВИЦЕ-ПРЕЗИДЕНТ
VIDEO CONFERENCE
ВИДЕО-КОНФЕРЕНЦИЯ
VIDEO GRAPHICS BOARD
ПЛАТА ВИДЕО-ГРАФИКИ
VIOLATION
НАРУШЕНИЕ (условия, обязательства, закона)
VIRTUAL MEMORY
ВИРТУАЛЬНАЯ ПАМЯТЬ
VISUAL INTERFACE
ВИЗУАЛЬНЫЙ ИНТЕРФЕЙС (ДИСПЛЕЙ)
VOCATIONAL GUIDANCE
ПРОФОРИЕНТАЦИЯ
VOCATIONAL REHABILITATION
ПОВЫШЕНИЕ КВАЛИФИКАЦИИ

VOICE MAIL
РЕЧЕВАЯ КОРРЕСПОНДЕНЦИЯ
VOICE RECOGNITION
РАСПОЗНАВАНИЕ РЕЧИ
VOIDABLE
ОТМЕНЯЕМЫЙ, АННУЛИРУЕМЫЙ
VOLATILE
НЕУСТОЙЧИВЫЙ
VOLUME
ОБЪЕМ; СУММА; ТОМ
VOLUME DISCOUNT
СКИДКА ЗА ОБЪЕМ
VOLUME MERCHANDISE ALLOWANCE
ПОПРАВКА НА ОБЪЕМ ТОВАРА
VOLUNTARY ACCUMULATION PLAN
ДОБРОВОЛЬНОЕ НАКОПЛЕНИЕ ВЗАИМНОГО ФОНДА
VOLUNTARY BANKRUPTCY
ДОБРОВОЛЬНОЕ БАНКРОТСТВО
VOLUNTARY CONVEYANCE
ДОБРОВОЛЬНАЯ ПЕРЕДАЧА (ПРАВОВОГО ТИТУЛА)
VOLUNTARY LIEN
ДОБРОВОЛЬНОЕ ПРАВО УДЕРЖАНИЯ
VOTING RIGHT
ПРАВО ГОЛОСА
VOTING STOCK
АКЦИИ С ПРАВОМ ГОЛОСА
VOTING TRUST CERTIFICATE
СЕРТИФИКАТ УЧАСТИЯ В «ГОЛОСУЮЩЕМ» ТРАСТЕ
VOUCHER
РАСПИСКА; ГАРАНТИЯ; ВАУЧЕР
VOUCHER REGISTER
РЕЕСТР ГАРАНТИЙНЫХ БУМАГ, ВАУЧЕРОВ

W

WAGE
ЗАРАБОТНАЯ ПЛАТА; СТАВКА ОПЛАТЫ
WAGE ASSIGNMENT
НАЗНАЧЕНИЕ (СТАВКИ) ЗАРАБОТНОЙ ПЛАТЫ
WAGE BRACKET
РАЗРЯД ЗАРАБОТНОЙ ПЛАТЫ
WAGE CEILING
ПРЕДЕЛ ЗАРАБОТНОЙ ПЛАТЫ
WAGE CONTROL
КОНТРОЛЬ ЗАРАБОТНОЙ ПЛАТЫ
WAGE FLOOR
БАЗИСНАЯ ЗАРАБОТНАЯ ПЛАТА
WAGE FREEZE
ЗАМОРАЖИВАНИЕ ЗАРАБОТНОЙ ПЛАТЫ
WAGE INCENTIVE
ПРОГРЕССИВНАЯ ЗАРАБОТНАЯ ПЛАТА
WAGE-PUSH INFLATION
РОСТ ЗАРАБОТНОЙ ПЛАТЫ ПОД ВОЗДЕЙСТВИЕМ ИНФЛЯЦИИ
WAGE RATE
СТАВКА ЗАРАБОТНОЙ ПЛАТЫ
WAGE SCALE
ШКАЛА ЗАРАБОТНОЙ ПЛАТЫ
WAGE STABILIZATION
СТАБИЛИЗАЦИЯ ЗАРАБОТНОЙ ПЛАТЫ
WAIVER
ОТКАЗ (от права, требования, привилегии)
WALKOUT
ЗАБАСТОВКА; ОТКАЗ РАБОТАТЬ
WALLFLOWER
ЦЕННАЯ БУМАГА, НЕ ПОПУЛЯРНАЯ СРЕДИ ИНВЕСТОРОВ
(бирж.)
WALLPAPER
НЕ ИМЕЮЩИЕ ЦЕННОСТИ ЦЕННЫЕ БУМАГИ;
ПРОСТЫНЯ
WARE
ТОВАР, ИЗДЕЛИЯ
WAREHOUSE
СКЛАД; ХРАНИЛИЩЕ
WARM BOOT/START
ПЕРЕЗАПУСК ИЗ ПАМЯТИ
WARRANTY
ГАРАНТИЯ; ПОРУЧИТЕЛЬСТВО
WARRANTY DEED
ДОКУМЕНТ ГАРАНТИИ
WARRANTY OF HABITABILITY
ГАРАНТИЯ ПРИГОДНОСТИ К ПРОЖИВАНИЮ

WARRANTY OF MERCHANTABILITY
ГАРАНТИЯ ПРИГОДНОСТИ К ПРОДАЖЕ
WASH SALE
КУПЛЯ ЦЕННОЙ БУМАГИ С ПРОДАЖЕЙ ЧЕРЕЗ ОЧЕНЬ КОРОТКОЕ
ВРЕМЯ
WASTE
ОТХОДЫ; НАПРАСНАЯ ТРАТА
WASTING ASSET
УБЫВАЮЩИЙ АКТИВ
WATCH LIST
СПИСОК (ценных бумаг), ЗА КОТОРЫМИ ВЕДЕТСЯ НАБЛЮДЕНИЕ
WATERED STOCK
ДУТАЯ АКЦИЯ
WAYBILL
ПУТЕВОЙ ЛИСТ; НАКЛАДНАЯ
WEAKEST LINK THEORY
ТЕОРИЯ СЛАБОГО ЗВЕНА
WEAK MARKET
«СЛАБЫЙ» РЫНОК (характеризуемый преобладанием продавцов и
понижением цен)
WEAR AND TEAR
ИЗНОС (оборудования)
WEAROUT FACTOR
КОЭФФИЦИЕНТ ИЗНОСА
WEB BROUSER
БРАУЗЕР
WEB SERVER
УЗЕЛ ЛОКАЛЬНОЙ СЕТИ, СВЯЗЫВАЮЩИЙ ПОЛЬЗОВАТЕЛЯ С
ИНТЕРНЕТОМ
WELFARE STATE
ГОСУДАРСТВО, ГДЕ БОЛЬШОЕ ЧИСЛО ЛЮДЕЙ ЖИВЕТ НА ПОСОБИЯ
WHEN ISSUED
«КОГДА И ЕСЛИ БУДЕТ ВЫПУЩЕН»
WHIPSAWED
ЛИЦО, ПОНЕСШЕЕ ДВОЙНОЙ УБЫТОК (купившее по высокой цене и
продавшее по низкой)
WHITE GOODS
БЫТОВАЯ ТЕХНИКА
WHITE KNIGHT
КОМПАНИЯ, ДЕЛАЮЩАЯ ПРЕДЛОЖЕНИЕ О ПРИОБРЕТЕНИИ
ФИРМЕ, ЯВЛЯЮЩЕЙСЯ ОБЪЕКТОМ НЕЖЕЛАТЕЛЬНОГО ПОГЛО
ЩЕНИЯ
WHITE PAPER
ПРАВИТЕЛЬСТВЕННЫЙ ДОКУМЕНТ
WHOLE LIFE INSURANCE
СТРАХОВАНИЕ ЖИЗНИ ВПЛОТЬ ДО СМЕРТИ
WHOLE LOAN
ЦЕЛЬНАЯ ССУДА
WHOLESALER
ОПТОВЫЙ ТОРГОВЕЦ
WIDGET
ГИПОТЕТИЧЕСКИЙ ПРИМЕР
WIDOW-AND-ORPHAN STOCK
«АКЦИИ ВДОВ И СИРОТ» (с высоким доходом и малым рисом)

WILDCAT DRILLING
БУРЕНИЕ СКВАЖИН НА НЕФТЬ И ГАЗ НА УДАЧУ
WILDCAT STRIKE
ЗАБАСТОВКА БЕЗ СОГЛАСОВАНИЯ С ПРОФСОЮЗОМ или В
НАРУШЕНИЕ ОГОВОРКИ ОБ ОТКАЗЕ ОТ ЗАБАСТОВОК
WILL
ВОЛЯ; ВОЛЕИЗЪЯВЛЕНИЕ; ЗАВЕЩАНИЕ
WINDFALL PROFIT
СЛУЧАЙНАЯ ПРИБЫЛЬ
WINDING UP
РОСПУСК; ПРЕКРАЩЕНИЕ ДЕЯТЕЛЬНОСТИ; ЗАВЕРШЕНИЕ
WINDOW 0
ОКНО;
ВРЕМЕННОЕ УЛУЧШЕНИЕ КОНЪЮНКТУРЫ
WINDOW DRESSING
«УКРАШЕНИЕ ВИТРИНЫ» – ПРИУКРАШИВАНИЕ или ПРИВЕДЕНИЕ В
ПОРЯДОК ОТЧЕТНОСТИ
WINDOWS APPLICATION
ПРОГРАММА, РАБОТАЮЩАЯ ПОД УПРАВЛЕНИЕМ СИСТЕМЫ Windows
WIPEOUT
УНИЧТОЖЕНИЕ
WIRE HOUSE
БРОКЕРСКАЯ ФИРМА, ИМЕЮЩАЯ ПРЯМЫЕ ЛИНИИ СВЯЗИ СО
СВОИМИ ОТДЕЛЕНИЯМИ
WITHDRAWAL
СНЯТИЕ СО СЧЕТА; ПРОДАЖА ДОЛИ УЧАСТИЯ
WITHDRAWAL PLAN
ПЛАН СИТЕМАТИЧЕСКОГО СНЯТИЯ СРЕДСТВ ИЗ ВЗАИМНОГО
ФОНДА
WITHHOLDING
УДЕРЖИВАТЬ ВО ВЛАДЕНИИ; ВЫЧИТАТЬ; УТАИВАТЬ
(ИНФОРМАЦИЮ)
WITHHOLDING TAX
НАЛОГ ПУТЕМ ВЫЧЕТОВ (УДЕРЖАНИЙ)
WITHOUT RECOURSE
БЕЗОБОРОТНО
WORD PROCESSING
ОБРАБОТКА ТЕКСТОВ
WORD WRAPPING
ПЕРЕХОД НА НОВУЮ СТРОКУ
WORK FORCE
РАБОЧАЯ СИЛА
WORKING CAPITAL
ОБОРОТНЫЙ КАПИТАЛ
WORK IN PROGRESS
НЕЗАВЕРШЕННАЯ РАБОТА
WORKLOAD
РАБОЧАЯ ПАГРУЗКА
WORK ORDER
ЗАКАЗ НА ПРОИЗВОДСТВО РАБОТ
WORKOUT
РАЗМИНКА, ПРОБНАЯ РАБОТА
WORK PERMIT
РАЗРЕШЕНИЕ НА РАБОТУ

WORKSHEET
РАБОЧАЯ ВЕДОМОСТЬ, СХЕМА
WORK SIMPLIFICATION
УПРОЩЕНИЕ ХАРАКТЕРА РАБОТЫ
WORK STATION
РАБОЧЕЕ МЕСТО
WORK STOPPAGE
ПРЕКРАЩЕНИЕ (ОСТАНОВКА) РАБОТЫ
WORK WEEK
РАБОЧАЯ НЕДЕЛЯ
WORLD BANK
МЕЖДУНАРОДНЫЙ БАНК РЕКОНСТРУКЦИИ И РАЗВИТИЯ
WORLD WIDE WEB (WWW)
ИНТЕРНЕТ
WORM (write-once media)
ИНФОРМАЦИОННЫЙ НОСИТЕЛЬ С ОДНОКРАТНОЙ ЗАПИСЬЮ
WORTH
ЦЕННОСТЬ, СТОИМОСТЬ
WRAPAROUND MORTGAGE
ВТОРИЧНАЯ ИПОТЕКА
WRAPAROUND TYPE
ВВОД ТЕКСТА С ПЕРЕХОДОМ НА НОВУЮ СТРОКУ
WRIT
СУДЕБНЫЙ ПРИКАЗ; ПРЕДПИСАНИЕ
WRITE ERROR
ОШИБКА ЗАПИСИ
WRITE-PROTECTED
С ЗАЩИТОЙ ОТ ЗАПИСИ
WRITER
ПРОДАВЕЦ ОПЦИОНА; ЛИЦО, ПРИНИМАЮЩЕЕ НА СЕБЯ СТРАХОВОЙ РИСК
WRITE-UP
ПОВЫШЕНИЕ ЦЕНЫ
WRITING NAKED
ПРОДАЖА НЕЗАЩИЩЁННОГО ОПЦИОНА
WRIT OF ERROR
СУДЕБНЫЙ ПРИКАЗ О ПЕРЕСМОТРЕ ДЕЛА
WRITTEN-DOWN VALUE
ПОНИЖЕННАЯ СТОИМОСТЬ

XYZ

X-COORDINATE
Х-КООРДИНАТА
Y-COORDINATE
Y-КООРДИНАТА
YEAR-END
КОНЕЦ ГОДА; ОКОНЧАНИЕ ГОДА
YEAR-END DIVIDEND
ДИВИДЕНД НА КОНЕЦ ГОДА
YEAR-TO-DATE (YTD)
ЗА ИСТЕКШИЙ ГОД
YELLOW DOG CONTRACT
СОГЛАШЕНИЕ О ПРИЕМЕ НА РАБОТУ С ОБЯЗАТЕЛЬСТВОМ
РАБОТНИКА НЕ ВСТУПАТЬ В ПРОФСОЮЗ (с увольнением в случае
вступления)
YELLOW GOODS
»ЖЁЛТЫЕ ТОВАРЫ», Т. Е. ПОТРЕБИТЕЛЬСКИЕ ТОВАРЫ
ДЛИТЕЛЬНОГО ПОЛЬЗОВАНИЯ
YELLOW SHEETS
«ЖЕЛТЫЕ ЛИСТЫ» – ЕЖЕДНЕВНАЯ ПУБЛИКАЦИЯ О ЦЕНАХ
ОБЛИГАЦИЙ
YIELD
ДОХОД (в частности, по ценным бумагам) В ФОРМЕ ПРОЦЕНТНОЙ
СТАВКИ
YIELD CURVE
КРИВАЯ ДОХОДНОСТИ
YIELD EQUIVALENCE
РАВЕНСТВО В ДОХОДНОСТИ
YIELD SPREAD
РАЗНИЦА В ДОХОДНОСТИ (различных типов ценных бумаг)
YIELD TO AVERAGE LIFE
ДОХОДНОСТЬ ОБЛИГАЦИИ, РАССЧИТАННАЯ ОТНОСИТЕЛЬНО
СРЕДНЕГО СРОКА ЕЕ ПОГАШЕНИЯ
YIELD TO CALL
ДОХОДНОСТЬ ОБЛИГАЦИИ, РАССЧИТАННАЯ ОТНОСИТЕЛЬНО
ПЕРВОЙ ВОЗМОЖНОЙ ДАТЫ ПОГАШЕНИЯ
YIELD-TO-MATURE (YTM)
ДОХОДНО ПО ЦЕННОЙ БУМАГЕ (В ПРОЦЕНТАХ), РАССЧИТАННЫЙ НА
ДАТУ ПОГАШЕНИЯ
YO-YO STOCK
ЦЕННАЯ БУМАГА С КРАЙНЕ НЕУСТОЙЧИВЫМ КУРСОМ
ZERO-BASE BUDGETING (ZBB)
БЮДЖЕТЫ С НУЛЕВОЙ БАЗОЙ
ZERO COUPON BOND
ОБЛИГАЦИЯ С НУЛЕВЫМИ КУПОНАМИ (БЕЗ ВЫПЛАТЫ ПРОЦЕНТОВ)
ZERO ECONOMIC GROWTH
НУЛЕВОЙ ЭКОНОМИЧЕСКИЙ РОСТ

ZERO LOT LINE
ОТСЧЕТНАЯ ГРАНИЦА ЗЕМЕЛЬНОГО УЧАСТКА
ZERO POPULATION GROWTH (ZPG)
НУЛЕВОЙ ПРИРОСТ НАСЕЛЕНИЯ
ZERO-SUM GAME
ИГРА С НУЛЕВЫМ ИТОГОМ, НИЧЬЯ
ZONE OF EMPLOYMENT
ЗОНА ЗАНЯТОСТИ
ZONING
РАЙОНИРОВАНИЕ
ZONING MAP
КАРТА РАЙОНИРОВАНИЯ
ZONING ORDINANCE
ПРИКАЗ, ПОСТАНОВЛЕНИЕ О РАЙОНИРОВАНИИ
ZOOM FUNCTION
ФУНКЦИЯ ИЗМЕНЕНИЯ МАСШТАБА ИЗОБРАЖЕНИЯ
Z SCORE
МОДЕЛЬ, РАЗРАБОТАННАЯ ДЛЯ ВЫЯВЛЕНИЯ КОМПАНИИ, КОТОРОЙ
ГРОЗЯТ ФИНАНСОВЫЕ ТРУДНОСТИ, ПО ЕЕ ОТЧЕТНОСТИ

Order Form

Fax orders (Send this form): (301) 424-2518.
Telephone orders: Call 1(800) 822-3213 (in Maryland: (301)424-7737)
E-mail orders: spbooks@aol.com or: books@schreiberpublishing.com
Mail orders to:
Schreiber Publishing, 51 Monroe St., Suite 101, Rockville MD 20850 USA

Please send the following books, programs, and/or a free catalog. I understand that I may return any of them for a full refund, for any reason, no questions asked:

❏ **The Translator's Handbook** 5th Revised Edition - $25.95
❏ **Spanish Business Dictionary** - Multicultural Spanish - $24.95
❏ **German Business Dictionary** - $24.95
❏ **French (France and Canada) Business Dictionary** - $24.95
❏ **Chinese Business Dictionary** - $24.95
❏ **Japanese Business Dictionary** - $24.95
❏ **Russian Business Dictionary** - $24.95
❏ **Global Business Dictionary (English, French, German, Russian, Japanese, Chinese)** - $33.95
❏ **Spanish Chemical and Pharamceutical Glossary** - $29.95
❏ **The Translator's Self-Training Program** (circle the language/s of your choice): Spanish French German Japanese Chinese Italian Portuguese Russian Arabic Hebrew - $69.00
❏ **The Translator's Self-Training Program Spanish Medical** - $69.00
❏ **The Translator's Self-Training Program Spanish Legal** - $69.00
❏ **The Translator's Self-Training Program - German Patents** - $69.00
❏ **The Translator's Self-Training Program - Japanese Patents** - $69.00
❏ **Multicultural Spanish Dictionary** - How Spanish Differs from Country to Country - $24.95
❏ **21st Century American English Compendium** - The "Odds and Ends" of American English Usage - $24.95
❏ **Dictionary of Medicine French/English** - Over one million terms in medical terminology - $179.50

Name: _____

Address: _____

City: _____   State: _____   Zip: _____

Telephone: _____   e-mail: _____
Sales tax: Please add 5% sales tax in Maryland
Shipping (est.): $4 for the first book and $2 for each additional book
International: $9 for the first book, and $5 for each additional book
Payment: ❏ Cheque ❏ Credit card: ❏ Visa ❏ MasterCard

Card number: _____

Name on card: _____   Exp. Date: /___